4차 산업혁명과 한국사 연구

4차 산업혁명과
한국사 연구

고려대학교 한국사연구소 저 | 이진한 편

역사인

서문

4차 산업혁명 시대에 대비한 한국사 연구와
디지털 인문학 교육의 여정

1. 4차 산업혁명 시대가 오고 있다.

　세상이 참 빨리도 변하는 것 같다. 특히 정보통신 기술의 발전 속도는 엄청나다. 70년대초만해도 도시에서 조금 벗어난 시골 동네만해도 전기가 들어가지 않은 집이 많았고, 전화기는 하나도 없었다. 그러나, 지금은 통신기능과 컴퓨터의 기능을 합쳐놓은 스마트폰을 시간과 장소에 구애받지 않고 남녀노소가 편리하게 사용하고 있는데 그 보급률이 95%로 대한민국은 세계 1위를 차지하고 있다. 스마트폰은 핀테크(금융혁명), 모바일쇼핑(유통혁명), 유튜브 1인미디어(미디어혁명)의 플랫폼과 사물인터넷, 가상현실(VR, Virtual Reality), 증강현실(AR, Augmented Reality) 등의 구현을 주도하고 있다. 게다가 인간계 바둑 최고수의 하나인 이세돌이 인공지능 알파고와의 세기적 대결에서 4 대 1로 무릎을 꿇자 사람들은 예상 밖의 결과에 큰 충격을 받았다.

　이러한 변화에 대해 클라우스 슈밥 교수는 2016년 세계경제포럼에서 '제4차 산업혁명'이라는 낯선 용어를 새로운 화두로 참석자들에게 던졌다. 그에 따르면 인공지능, 빅데이터 처리, 가상현실, 증강현실, 로봇공학, 사물인터넷 등으로 대표되는 새로운 과학기술로 인해 인류의 삶은 '혁명'이라고 명할 수 있을 정도의 급진적이고 근본적인 변화를 맞이할 것이라고 예측하였다. 그는 디지털 혁명을 기반으로 하여 유비쿼터스 모바일, 인공지능, 기계학습 등을 통해 가상의 세계와 실제 물리적 세계를 하나로 결합하는 제4차 산업혁명은 시작되었으며, 파괴적인 혁신과 변화를 목전에 두고 우리는 이에 대해 대비를 해야 한다고 주장하였다.

인류의 미래에 대한 고민은 과학자들만이 아니라 인문학자들에게도 동일하게 적용되는 것이다. 역사학자는 과거의 사료를 연구대상으로 삼지만, 그 목적은 인간의 미래를 위한 것이다. 사학사적으로도 시대의 변화와 흐름에 따라서 역사학은 사상적 변화를 수용하고 이를 기반으로 삼아 독자적인 학문적 영역을 구축해 나갔다.

'4차 산업혁명'으로 인해 세상이 변화하고 인간의 생활 방식이 달라지며 가치관이 바뀌어 가는 현실에서 역사학 연구자들이 그것을 외면하면 미래에 대한 전망을 제대로 할 수 없을 것이다. 이와 같은 시대적 흐름 속에서 4차 산업혁명을 탐색하고 인류의 행복한 삶을 위해 기여할 것이 무엇인지를 찾으려고 노력하는 일은 역사학자의 의무이다.

한국사 연구자를 양성하는 교수로서 다가오는 4차 산업혁명이라는 변화가 과연 역사학에 어떠한 영향을 불러올 것이며, 그러한 환경 속에서 역사학과 역사학 연구자가 할 수 있는 또는 해야 하는 역할이 무엇인지에 대한 성찰과 준비가 필요할 것 같았다. 한국사학과 교수들과 협의하여 2018년 1월에 고려대 한국사학과 대학원생들을 위한 신년특강을 마련하고, 고려대 정보보호대학원 이동훈 교수님을 모셨다. 그는 '4차 산업혁명 개론'이라는 주제 강연을 통해 데이터와 지식이 산업의 새로운 경제 원칙으로 부각되는 시기가 도래하고 있으며, 국내외의 선진 사례를 통해 보건대 한국사를 비롯한 인문학이 처한 위기 상황을 반전시켜 발전의 기회로 삼을 수 있다고 하였다.

본 강연이 끝나자 대학원생들의 열띤 질의가 있었고, 끝난 후 뒤풀이 자리에서도 '4차 산업 혁명'에 대한 이야기가 이어졌다. 한국사를 전공하는 대학원생들의 관심이 많다는 것이 약간 의외였지만, 한편으로 그만큼 강연의 기획을 잘했다는 만족감도 생겨났다. 나도 그 강연을 함께 듣고 나서 '사무실에서 근무하는 사람이 줄고 집에서 더 많은 자유로운 시간을 보낼 수 있는 사람들이 점차 늘어난다면 역사학자들은 그들의 여가 활동을 위해 무엇을 할 것인가?', '역사 연구의 대상이 되는 원천 자료를 어떤 방식으로 만들어 제공할 수 있고, 연구자들은 그것을 어떻게 연구에 효과적으로 활용할 수 있을까?', '4차 산업 혁명 시대에는 역사학 연구는 여전히 생업이 될 수 있을까?', '4차 산업 혁명 시대에 한국 사학자는 어떻게 변화에 적응하며 살아남아야 할 것인가?' 등 약간 유치하면서도 황당한 상상을 해보았다.

2. 한국사학과 대학원생들이 4차 산업혁명을 공부하다.

대학원생의 교육을 담당하고 그들의 미래에 대해 일부 책임을 져야 할 교수로서 앞으로 세상이 바뀐다는 얘기를 들었는데 그냥 손 놓고 가만히 있을 수 없고 무언가 해봐야 할 것 같다는 의무감이 생겼다. 이에 학과 교수들과 협의하는 자리에서 이번 신년 특강의 주제를 살려서 학생들을 중심으로 한 이른 바 '4차 산업 혁명시대에 대비한 한국사 연구팀'을 만들어보자는 제안을 하였으며, 교수님들이 모두 흔쾌히 동의해 주었다.

그래서 각 전공별로 이 분야에 흥미가 있는 지원자를 모아 2월에 첫 만남을 가졌다. 그 자리에서 참석자들로부터 지원한 동기를 간단히 듣고 세미나팀의 별명을 지었는데, 격려의 의미를 담아 '드림팀'이라고 하였다. '드림팀'이란 우수한 선수로 구성된 팀이라는 뜻과 더불어 팀원 스스로가 미래에 대한 꿈을 실현해나가자는 뜻도 있었다.

나는 향후 세미나 팀에게 구성원들이 자발적으로 논의해 운영해 나가라는 지침을 주었고, 6개월 동안 '4차 산업 혁명'을 공부하고 이해하는 데 필요한 책을 사줄 것을 약속하였다. 그리고 1년쯤 지나서 세미나팀에서 공부한 성과를 발표해줄 것을 요청하였다.

3월부터 본격적으로 대학원생들이 모임을 운영하고, 한 달에 한두 차례 만나서 관련 책들을 읽고 토론하며, 4차 산업혁명에 대해 조금씩 탐구해나갔다. 세미나는 발표자가 각자 관심주제에 해당하는 한 권의 책을 선정하여 정리하고, 이에 대해 질의와 응답을 통해 내용을 이해하는 방식으로 진행되었다. 세미나에서 읽은 책을 회차별로 소개하면 다음과 같다.

1차 세미나(2019년 4월 9일)

최연구, 『4차 산업혁명시대 문화경제의 힘』, 중앙경제평론사, 2017.

클라우스 슈밥, 송경진 역, 『클라우스 슈밥의 제4차 산업혁명』, 새로운현재, 2016.

김소영 외, 『4차 산업혁명이라는 유령』, 휴머니스트, 2017.

2차 세미나(5월 14일)

마셜 밴 앨스타인 상지트 폴 초더리 제프리 파커, 이현경 역, 『플랫폼 레볼루션』, 부키, 2017.

칼 폴라니, 『거대한 전환』, 길, 2009.

3차 세미나(6월 11일)

유선영, 『미디어와 한국현대사』, 대한민국역사박물관, 2016.

재레드 다이아몬드, 브록만 편, 강주헌 역, 『컬처 쇼크』, 와이즈베리, 2013.

4차 세미나(7월 16일)

서울대학교 창의성 교육을 위한 교수 모임, 『창의혁명』, 코리아닷컴, 2018.

강태진, 『코리아 아젠다 2018』, 나녹, 2018.

버나드 마, 안준우 최지은 역, 『빅데이터 4차 산업혁명의 언어』, 학고재, 2017.

바라트 아난드, 김인수 역, 『콘텐츠의 미래』, 리더스북, 2017

이상 5차례에 걸쳐 11권의 '4차 산업혁명'에 관한 책을 읽고, 8월 30일 세미나에서 팀원들은 자신의 관심사를 반영하여 하고 싶은 발표 주제를 다음과 같이 제시하였다.

곽금선, 「한국사 지식플랫폼의 검토와 설계」

김태현, 「스마트미디어 시대의 역사학」

문민기, 「빅데이터」

박수찬, 「4차 산업혁명과 역사가의 역할」

임동민, 「4차 산업혁명 시대의 고대사 연구와 교육」

홍근혜, 「인공지능과 번역」

홍민호, 「대중을 대상으로 한 역사관광 콘텐츠」

세미나의 구성원들은 9월부터 자기의 발표 주제와 관련된 자료를 모으고, 선행 연구를 검토하면서 발표문을 만들어나갔다. 10월에는 2주에 한 번씩 만나 팀원이 번갈아 가며 자신이 준비하고 있는 주제의 구상을 설명하고 팀원들의 조언과 비판을 받았으며, 11월에는 그 성과를 반영하여 초고 수준의 발표문을 만들었다. 이어 팀원들 간에 '연구 발표회'의 발표자를 논의하여 4명을 선정하였으며, 2019년 1월 16일에 고려대 문과대 서관 B110호에서 정식 발표를 하였다.

이 때 7편의 발표문 가운데 4편은 25분씩 발표를 하였고, 3편은 운영상의 이유로 5분 정도로 자신의 논문을 구두로 설명하였는데, 그 발표자와 제목은 다음과 같다.

박수찬, 「고려시대 연구의 새로운 길」
홍근혜, 「4차 산업혁명 시대의 사료 번역과 역사학의 미래」
곽금선, 「연구자 네트워크 기반 역사지식플랫폼」
김태현, 「4차 산업혁명 속에서 역사는 어떻게 소비되는가」
임동민, 「'4차 산업혁명'의 첨단 기술과 한국 고대사」
홍민호, 「'연결'을 통한 문화유산 정보 제공」
문민기, 「빅데이터와 역사학 연구의 미래」

　　각 발표문의 제목을 보면 2018년 8월에 생각했던 제목과 달라진 것
이 많았는데, 그것은 발표자들이 주제에 대해 고민하고 내용을 여러 차
례 수정을 거듭하여 완성도를 높였음을 반증한다고 생각된다. 팀원들의
발표에 대해 한국사를 전공하고 문화콘텐츠학 분야에서 맹활약하고 있
는 건국대학교 문화콘텐츠학과 김기덕 교수님과, 학부 때 자연과학을
공부하셨지만 사회학으로 박사학위를 받으셔서 과학문명사에 조예가
깊으신 고려대학교 사회학과 김문조 명예교수님께서 토론을 맡아주셨
다. 두 분은 전체 발표문을 꼼꼼히 읽어주셨을 뿐 아니라 대학원생들의
설익은 글에 대해 격려의 말과 함께 수정의 방향성과 구체적인 보완할
점 등을 일일이 지적해주셨다.
　　그리고 김기덕 교수님은 역사학자들을 인문학 원천 자료를 활용하는
'전통역사학자', '시각화된 디지털 기술의 도움을 받는 역사학자' '산업
화된 디지털 기술을 다루는 역사학자'로 구분하고, 4차 산업혁명시대에
최소한 디지털 기술의 도움을 받는 학자를 양성하기 위해 디지털 기술
을 활용할 능력을 배양해야 한다고 강조하였다. 이어 발표자들이 한국
사를 공부하는 학생들이니, 기왕 시작한 김에 발표한 글과 관련 깊은 디
지털 인문학을 전공하시는 분에게 전문적인 조언을 들어보는 것이 좋
겠다는 의견을 내주셨다. 토론자 선생님들의 자상한 코멘트 덕분에 발
표자들이 논문의 완성도를 높이는데 큰 도움을 받았으며, 디지털 인문

학 교육을 생각해보는 계기가 되었다.

3. 디지털 인문학을 접하다.

발표회를 마친 뒤에 한국학중앙연구원에서 인문정보학을 전공하고 있는 김현 교수님에게 연락하였다. 전화로 고려대학교 한국사학과 대학원생들이 '4차 산업혁명에 대비한 한국사 연구'라는 팀을 꾸려 얼마 전에 발표를 했으며, 어떤 분이 선생님을 찾아가 한 수 배우면 글이 훨씬 좋아질 것 같다는 말씀을 해주셨는데, 도와주실 수 있는지를 물었다. 김교수님은 바쁘신 와중에도 기꺼이 허락을 해주셨다. 사전에 발표 원고를 보내고 2월 21일에 나를 비롯해 팀원 전원이 한국학중앙연구원을 방문하였다. 막상 갔더니 우리가 예상한 바와 달리 김교수님에게 인문정보학 ―디지털 인문학― 을 배우고 있는 대학원생들이 우리의 글을 읽고 참석하여 조금은 당황하기도 하였다. 김교수님은 디지털 인문학을 소개하고 디지털 인문학에 대한 기초 지식과 개념 및 몇가지 응용 사례를 알려주셨으며, 그 지도학생들로부터 우리 팀원들의 글에 대한 감상과 비평을 들었다.

대체로 디지털 인문학은 '디지털 기술의 도움을 받는 역사학자'와 '디지털 기술을 다루는 역사학자' 사이에 있는 것 같았다. 한국사 전공자는 정보 통신 기술을 공부하는 데 필요한 부차적인 지식이나 도구 정도의 하나 정도로 여기는데 반하여, 디지털 인문학은 인문학의 입장에서 그것을 이용하여 새로운 연구 성과를 내고 석사·박사 학위까지 받는 것이 새삼스럽게 느껴졌다. 그렇지만 중요한 점은 디지털 인문학이라는 것도 결국 그 본령은 인문학이라는 것이고, 디지털은 단순히 기술이 아니라 인문학 연구의 새로운 방법론이라는 것이었다. 이는 매우 중요한 언급인데 이때만 해도 정확히 그 의미가 무엇인지 깨닫지 못하였다.

한국학중앙연구원을 다녀온 뒤 한국사 전공 대학원생들에게 디지털 인문학을 알려주면 역사 공부에도 도움이 될 뿐 아니라 연구소나 공공 기관의 취업에도 유리할 것 같아 김교수님께 프로그램을 만들어줄 것을 요청하였다. 본래 디지털 인문학 교육 과정은 대학의 '디지털 인문학' 강좌를 담당하거나 강좌 개설을 준비하는 교수 및 강사, 디지털 인문학 방법에 의한 인문학 연구를 수행하는 연구원, 대학원생, 학부생 등을 교육 대상으로 하여, 디지털 환경에서의 인문 콘텐츠 교육자 및 연구자 양성을 목표로 한다고 한다.

처음에는 '드림팀'만을 위한 교육 프로그램을 계획했으나, 희망하는 한국사학과 대학원생을 참여시키기로 하였다. 뿐만 아니라 교내외에서 소문을 듣고 신청한 분들도 다수 참가하였으며, 교육 일정은 다음과 같았다.

날짜	시간	내용
8월 6일	12:30 ~ 13:00	등록 및 준비
	13:00 ~ 15:30	[제1강] 디지털 인문학의 이해
	15:30 ~ 16:00	휴식
	16:00 ~ 18:30	[제2강] 디지털 인문학 연구과제 수행 사례 소개 디지털 환경에서의 조선시대 생활일기 편찬 연구
8월 7일	09:30 ~ 12:00	[제3강] 디지털 환경에서의 협업 위키소프트웨어의 이해 위키 문법의 사용법
	12:00 ~ 13:20	점심식사
	13:20 ~ 15:50	[제4강] 디지털 세계에서 소통하는 지식의 설계 온톨로지의 이해 온톨로지 설계 방법
	15:50 ~ 16:00	휴식
	16:00 ~ 18:30	인문 지식 콘텐츠 제작 실습 1
8월 8일	09:30 ~ 12:00	[제5강] 인문 지식 데이터 편찬 실습 네트워크 그래프 제작 방법 인문 지식 관계망 구현 사례

	12:00 ~ 13:20	점심식사
	13:20 ~ 15:50	[제6강] 개방형 지식 데이터의 연결 시맨틱 웹과 LOD
	15:50 ~ 16:00	휴식
8월 8일	16:00 ~ 18:30	[제7강] 맞춤형 심화학습 · 나의 위키 만들기 · 가상현실 콘텐츠 제작 체험 · 네트워크 분석 및 시각화 툴 : Gephi · 디지털 스토리텔링 툴 : Timeline, Google My Maps
	09:30 ~ 12:00	인문 지식 콘텐츠 제작 실습 2
	12:00 ~ 13:20	점심식사
8월 9일	13:20 ~ 15:50	[제8강] 디지털 인문학 교육 프로그램 설계
	15:50 ~ 16:00	휴식
	16:00 ~ 18:30	[제9강] 인문 지식 콘텐츠 제작 결과물 발표

　　교육 프로그램은 9개의 강좌를 2019년 8월 6일부터 8월 9일까지 4일 간 진행하였으며 위키소프트웨어, 온톨로지 설계, 네트워크 그래프 제 작, 시맨틱 웹 이해, 타임라인과 구글맵 이용 등 다양한 디지털 기술을 학습하고 활용할 수 있도록 구성되었다. 프로그램에 참여한 대학원생들 은 실습을 통해 인문학에 디지털 기술을 응용해보고, 조교 선생님들로 부터 멘토링을 받았다.

　　4일간의 아주 빡빡한 교육 일정이었지만 대부분의 참여 대학원생들 이 자리를 비우는 일 없이 열심히 강의를 듣고 실습에 참여하였다. 참여 자 가운데 몇 명에게 수강 소감을 부탁해서 받았는데, 그 일부를 소개하 면 다음과 같다.

　　"… 소개된 디지털 인문학 연구 사례들이 대부분 조선 후기의 사료를 활 용한 결과물이기 때문에 같은 시대를 전공하는 입장에서 흥미로웠다. 단 순히 사료를 분석하는데 그치지 않고 일정한 기준에 따라 데이터로 정리해 다양한 결과물을 추출하는 것이 인상적이었다. 여전히 역사 해석은 인간만의 영역이라고 생각하지만, 역사적 맥락을 파악하는데 디지털 기술의 도움도 받을 수 있다는 걸 경험하였다"(한국중세사 박사과정 입학생 甲).

"… 강의와 함께 진행된 실습 활동을 통해서는 디지털 인문학을 실질적인 연구에 어떻게 적용할 수 있을지 고민해 볼 수 있었다. 여러 활동 가운데 인문 지식 관계망의 구현과 지도 및 타임라인 제작 활동이 가장 흥미로웠다. 역사 연구 가운데 인물사, 지역사와 같은 분야에 적용한다면 하나의 관점에 국한되지 않은 보다 입체적인 분석이 가능할 것으로 예상된다. 또한 접근이 용이하고 가시성이 높다는 점은 연구 내용을 전달함에 있어서도 도움이 될 듯하다."(한국중세사 박사과정 입학생 乙).

"… 지금도 한국사DB 사이트에 일정한 용어를 검색하였을 때 온톨로지 형식으로 유사 단어가 함께 검색된다. 이와 같은 접근 방식의 기본 툴을 이번 특강에서 배울 수 있었다. 이는 일정 자료를 탐구할 때 주어진 개체로부터 다양한 방향으로 정보를 저장하고, 연결시킬 수 있다는 점에서 인문학에 유용하다고 생각했다. 보다 더 많은 자료를 봐야 논문을 쓰는데 유리하여 지식 싸움이라고 할 수 있는 고대사 영역에 있어서 이와 같은 디지털 정보 접근법, 혹은 저장법이 앞으로의 연구에 큰 도움이 되지 않을까 기대한다"(한국고대사 전공 석사과정 재학생 丙).

"… 연구자들의 성과를 공유하고 토론하며 소통하는 디지털 공간에서 '광장'의 필요성에 대해서는 동감한다. 하지만 그 공간이 왜 강의의 주 대상이 되었던 '미디어위키' 플랫폼을 기반으로 해야 하는지는 의문이었다. ctext서비스와 같이 여러 연구자가 '자료 자체를 만들어가는' 데에는 위키가 강점을 보일 수 있지만, 자료를 활용해 인문학적으로 '연구를 진행하는' 단계에서 효용성이 있을지 의문이 들었다. 특히 자료의 해석에 대한 개인의 입장이 충돌하게 되면, 강의 때 다루었던 미디어위키 플랫폼 하에서는 연구 결과물 자체가 나오지 못할 수 있을 것도 같다."(한국중세사 전공 석사과정 수료생 丁).

"… 여러 주제를 실습해본 결과 '네트워크 그래프'의 제작이 역사분야에서 활용하였을 때 그 효과가 가시적으로 보이는 주제였다. 왜냐하면 네트워크 그래프를 통해서 파악해보고 싶었던 관계망을 도식적이고 효과적으로 표현하고 파악할 수 있었기 때문이었다. 하지만 다른 부분들은 역사 분야에 있어서 얼마나 접목이 가능한지에 대해서는 의문이 들며, 또한 앞에서 실습한 '위키'로는 구현할 수 있는 부분이 제한되어 보였다. 차라리 JAVA 등을 학습하거나 혹은 이 JAVA를 코딩할 수 있는 이들과 역사분야가 연결된다면 '기존보다 더욱 역사를 효과적으로 이해하고 파악할 수 있겠다.' 라는 생각 또한 갖게 되었다"(한국중세사 석사과정 수료생 戊).

위의 세 명은 교육의 효과에 대해 긍정적인 답변을 했지만, 뒤의 두 명은 교육 프로그램의 한계를 지적하였다. 그러나 후자도 역시 이번 교육을 통해 역사학 연구에 새로운 방법론으로서 디지털 인문학의 도입이 필요하다는 것에 동의하였으므로 어느 경우이든 대학원생들이 연구자로서 성장하는데 도움이 될 것임은 분명하다.

이번 교육 프로그램을 통해 한국사학과 대학원생들은 디지털 인문학에 대해 보다 깊은 이해를 하게 되었다. 처음에 디지털 인문학 특강을 기획할 때에는 4차 산업혁명과 관련된 기술의 습득, 즉 빅데이터 처리, 증강현실 및 가상현실 프로그램의 제작과 운용 등이 중심 내용을 이룰 것이라고 예상하였는데 그것은 사실 부차적인 것이었다. 김교수님은 교육 프로그램의 첫 날과 마지막 날에 디지털 인문학은 어디까지나 인문학이라는 점을 재차 강조하였고, 디지털 기술의 활용은 인문학 연구자 집단이 존재하지 않고서는 이루어질 수 없다고 하였다.

디지털 인문학은 단순히 인문학 연구 성과를 디지털 기술로 표현한 다거나 디지털 기술을 적용하여 연구하는 것이 아니라 연구 그 자체를 디지털 방법론으로 한다는데 특징이 있다. 그리고 이를 위해서는 대규모의 데이터를 다룰 수 있는 연구자 모임과 네트워크가 구축되는 것이 급선무임을 알려주었다.

기왕의 역사 연구는 문헌과 고고학적 자료를 인간이 해석하는 방법으로 성과를 냈으나 이제는 그러한 자료를 컴퓨터와 인공지능이 이해할 수 있는 데이터로 전환하고 분석하여 새로운 결과를 얻게 되었다. 이것이 디지털 인문학에서 말하는 역사연구의 새로운 방법이다. 한국사 연구에 이용되는 원천자료를 데이터로 전환하는데 그것을 보고 이해할 수 있는 연구자가 필수적임은 두말할 나위가 없을 것이다. 4차 산업혁명에 대비하는 방법으로서 인문학자의 기술 습득이 중요하다고 단순하게 인식하였으나 교육 프로그램을 통해서 그 맥락과 의미가 뚜렷해졌다.

4. '4차 산업혁명 연구팀'의 성과를 세상에 내놓다.

2018년 2월에 출범한 '4차 산업혁명 시대에 대비한 한국사 연구팀'은 자율적으로 '4차 산업혁명'에 대해 학습하고, 자신의 주제를 정하여 6개월 간 연구하고 학술발표회를 가졌다. 한국사 연구자가 되기 위한 공부만을 하던 대학원생들이 잠시 외도를 하여 작성한 글이므로 여러 가지 부족한 점이 있었던 것도 사실이다. 그러나 관련 학술지에 투고하여 전원이 심사를 통과하고 게재되는 성취를 이루어냈다. 그 배경에는 발표회 때 토론을 맡아 글의 방향을 제시해준 김문조·김기덕 선생님, 직접 인문정보학에 대한 핵심을 짚어주신 김현 선생님, 학술지 심사과정에서 논문을 읽고 수정할 것들을 지적해주신 심사위원들의 도움이 있었기 때문이다. 또한 인문콘텐츠나 인문정보학의 선행 연구자들이 이 분야에 생소했던 팀원들의 논문을 기꺼이 끌어안아 주신 것도 우리로서는 잊을 수 없다.

이제 다시금 디지털 인문학 교육의 경험을 참고하고 내용을 가다듬어 한 권의 책으로 세상에 내놓으려고 한다. 이 책에 수록된 7개의 논문을 주제에 따라 4차 산업혁명 시대의 대표적인 특징과 연계시켜 3편으로 나누었으며 그 대강의 요지는 다음과 같다.

1편 한국사 연구의 원천 자료와 ICT·AI

「고려시대 사료 서비스의 현황과 새로운 방향성
― 외국 사례의 분석과 활용 ― 」

- 오늘날의 연구 환경에서 사료는 데이터의 형태로 제공되는 경우가 많다. 이러한 상황에서 미래의 고려시대 사료 서비스가 추구해야 할 첫 번째 길은 바로 '개방성'이다. 이는 비단 연구의 영역 뿐만 아니라 고려시대 역사 그 자체가 개방성을 확보할 수 있는 길이 되는 작업이다. 그러나 지나친 개방성은 오히려 역사 연구의 방해 요소로 작용할 수 있다는 점 역시 명확히 해야 한다. 고려시대 사료 서비스가 추구해야 할 두 번째 길은 '전문성'이며, 교육을 통해 역사 연구를 할 수 있는 기본 소양을 갖춘 전문화된 연구원을 양성하는 것이 필요하다.

「'4차 산업혁명' 시대에 인공지능을 통한
고전문헌 사료 번역과 역사학의 미래」

- '4차 산업혁명'으로 인공지능 기술을 이용한 고전문헌 자동번역
  시스템이 구축되고 있다. 역사학자는 사료 번역을 위한 시간과 노
  력을 줄이고 더욱 생산적이고 지평이 넓은 연구를 할 수 있게 되었
  다. 그러나 그러한 변화는 역사학자에게 원문 해독으로부터 자유
  를 부여한 것은 아니었다. '4차 산업혁명' 시대에도 여전히 역사학
  자들은 고전문헌 사료를 번역할 수 있는 능력을 갖추어야만 자신
  들의 전문성과 창의성을 발휘할 수 있을 것이다.

「'4차 산업혁명'의 첨단 기술과 한국 고대사 ─ 목간의 인공지능
판독과 고대사 유적의 VR·AR 복원을 중심으로 ─ 」

- 한국 고대사 분야의 새로운 활로는 인공지능이나 VR·AR 등을 통
  해 찾을 수 있다. 먼저, 한국 고대의 목간 판독을 위한 인공지능 기
  반의 글자 판독시스템이 필요하다. 다음으로 한국 고대사 유적의
  가시적 활용을 위해서 VR·AR 복원이 요구된다. 이러한 첨단기술의
  적용에는 역사 연구자의 참여가 중요하다.

2편 문화유산 정보의 초연결성과 역사 지식 플랫폼

「문화유산 정보 제공의 현황과 정보의 '연결'」

- 초연결 사회의 도래로 현대사회는 수많은 '연결'들이 이루어짐에
  따라 대중들이 문화유산에 대한 정보를 얻는 통로도 이러한 연결
  들을 바탕으로 다양화되고 있다. 하지만 다양한 통로에서 제공되는
  정보들은 여전히 과거의 것을 그대로 둔 채 통로만 달리하였을 뿐,
  사용자와 정보 사이에 '연결'이 이루어지지 않고 있다. 이 글은 이러

한 현황을 지적하고, 사용자-정보간·사용자-사용자간·사용자-생산자간 '연결' 될 수 있는 모델 중 하나를 제안하였다. 문화유산의 가치를 나누고 공유하는 과정에 역사가가 참여하여 대중들과의 '연결'에 기여해야 한다.

「한국사 연구자 네트워크기반 역사지식 플랫폼의 구축 방안
　　－ 연구자간 소통 확대와 역사대중화를 위한 모색 － 」
－ 4차 산업혁명 시대를 맞아 역사 전공자와 대중과의 단절을 해결하기 위한 방법으로 '위키'형태의 한국사 연구자 네트워크 기반 역사콘텐츠플랫폼을 제안한다. 이 플랫폼은 새로운 학설의 실시간 토론의 공간인 한편, 역사대중화와 관련한 역사콘텐츠, 인문콘텐츠를 생산하고 보급하는 역할을 담당하게 될 것이다.

3편 역사학의 대중화와 빅데이터 기술

「 '4차 산업혁명'시대 '역사학의 대중화'를 위한 시론
　　－ 팟캐스트: 만인만색 〈역사공작단〉을 중심으로 － 」
－ '역사 대중화'와 '역사학의 대중화'를 구분하고, 역사학의 대중화의 방향을 잡기 위한 문제 제기를 시도했다. '4차 산업혁명'의 기술 활용과 미래에도 역사학이 유용하기 위해서는 '역사 대중화'에 대한 비평을 넘어서, '역사학의 대중화'로 나아가야 한다. 이러한 문제 의식을 바탕으로 팟캐스트 〈역사공작단〉의 이용자 데이터를 분석했다. 팟캐스트를 기획하는 역사 연구자와 청취자의 관계 맺기, 청취자 반응 분석을 위해 댓글, 청취자 성별, 연령, 에피소드 조회수를 활용했으며, 앞으로 빅데이터로 구조화시킬 필요성이 있음을 지적했다.

「빅데이터와 역사학 연구의 전망
　― 한국근현대사 연구사례와 과제를 중심으로 ― 」

- 빅데이터 기술의 발전은 역사학 연구에 큰 변화를 가져올 것으로
보이며, 특히 근현대사 연구에는 더욱 중요하다. 현재 생산되는 수
많은 데이터와 자료를 수집하고 보관하며, 분석하기 위해서 필요
한 기술이기 때문이다. 하지만 기술의 발전에 따라 '쓰레기 데이터'
의 분류, 개인정보 보호와 관련된 논쟁 등 새롭게 해결해야 할 문
제들도 존재한다. 이 과정에서는 무엇보다도 역사학 연구자의 역
할이 요구된다.

5. 역사학 연구자가 역사 콘텐츠의 주인이 되자.

이 책은 '4차 산업혁명 시대에 역사학 전공자들이 무엇을 할 수 있을
것인가?'라는 어려운 화두를 받은 대학원생들이 스스로 세미나팀을 운
영하며 해결책을 찾아낸 성과물이라는 점에서 더욱 의미가 깊다. 그 과
정에서 디지털 인문학 교육이나 여러 전문가들의 큰 도움을 받았지만,
과제를 받은지 2년이 채 못 되어 이처럼 훌륭한 글을 써낼 수 있는 능
력은 결코 평가절하 되어서는 안 된다. 이들은 잠시 '4차 산업혁명'이라
는 역사와는 조금 거리가 있어 보이는 분야를 연구했는데 이 과정이 역
사학자로 성장하는데 결코 헛된 일은 아니라고 확신한다. 실제로 7편의
글 곳곳에서 사료의 중요성과 역사학적 방법론을 강조하는 것은 한국
사를 전공하는 집필자들의 자부심을 보여주는 것이라고 생각하여 내심
흐뭇하였다.

한편 한국사학과 교수 입장에서 우리 학생들이 한문을 열심히 공부
하고, 사료와 논문을 많이 읽은 뒤 학계에서 주목받는 논문을 써서 모두
대학 교수가 되기를 바란다. 하지만, 현실은 우리 대학원생들의 희망을

채워줄 여건이 되지 못하기 때문에 교육자나 연구자가 아닌 제3의 길을 갈 수 있도록 도와주어야 할 것 같다.

요즈음 젊은 세대들은 물론 나이 드신 분들도 정보를 책이 아닌 동영상에서 찾는 시대가 되었다. 역사를 옛날 얘기처럼 해주는 팟캐스트도 성행하고 있으며, '유튜버'가 요즘 가장 되고 싶은 직업 1순위라는 보도도 있었다. 그동안 역사학 연구자들은 새로운 역사지식 정보를 만들어내는 일을 최우선으로 삼았을 뿐 내가 밝혀낸 새로운 사실들을 효과적으로 대중들에게 전달하는 일은 소홀히 하는 경향이 있다.

그것은 마치 농민은 맛있는 쌀을 재배하면 되고, 광부는 순도 높은 금광석을 캐내면 자신의 역할을 다한 것이라고 생각하고 그 나머지 가공이나 유통은 수공업자나 상인에게 넘겨 더 큰 이익을 버리는 것과 같다. 요즘 농민들은 콩을 재배한 뒤, 가공하여 두부를 만들어 판매할 뿐 아니라 관광객들에게 그것을 만드는 과정을 체험하도록 하여 더 많은 수익을 거두고 있다. 이것을 이른바 '6차산업'(1차 농업+2차 가공+3차 관광서비스)이라고 하여 농촌과 농민을 살리는 방안으로 각광 받고 있다고 한다. 이 사례는 역사학 연구자에게도 적용될 수 있을 것이다. 역사 연구의 원천 자료를 직접 보고 연구하여 역사 콘텐츠를 생산하는 역사학 연구자들이 자신들의 성과물을 쉽고 재미있게 풀어서 각종 플랫폼을 이용하여 역사를 원하는 대중들에게 전달하는 것이다. 역사학 연구자들이 정보기술, 디지털 인문학, 뉴미디어 등에 대해 관심을 갖고 주체적으로 통섭과 융합을 실현한다면, 그들은 사료를 직접 접해왔기 때문에 사실에 충실한 역사 콘텐츠를 만들어낼 것이다. 그로 인해 에듀테이너의 '가짜 역사'의 유통을 근절할 수 있으며, 경제적으로도 수익을 얻는 부수적인 효과도 거둘 수 있을 것이다.

예전에는 '재주는 곰이 부리고, 돈은 왕서방이 번다'는 말처럼 정작 역사 콘텐츠의 생산자인 역사학 연구자는 자신의 연구 성과물로 돈을 벌지 못하고 정보 기술자들이 많은 이익을 가져갔다. 그러나 이제는 첨

4차 산업혁명과 한국사 연구

단 정보 통신 기술과 새로운 미디어에 익숙한 한국사 학문 후속세대들이 '곰'과 '왕서방'의 역할을 해주어야 하며, '드림팀'이 과제를 해내는 것을 통해 그러한 일들이 일어날 때가 머지 않았음을 느끼고 있다. 다만, 역사학 연구자가 자신이 만들어낸 역사 정보를 가치화하여 진정한 주인의 노릇을 하기 위해서는 역사학 전공자로서 본연의 자질과 능력을 충분히 갖추어야만 한다는 점을 다시 한 번 강조해둔다.

　이제 7편의 내용을 종합하여 '4차 산업혁명과 한국사 연구'라고 책이름을 정하고, 서문에 이런저런 사연을 담다보니 글이 다소 길어졌다. 그래도 이 책이 나오는데 이바지한 여러 분에게 감사의 인사는 빼놓을 수 없다. 먼저 전공 공부하기도 바쁜데, '4차 산업혁명 시대에 대비한 한국사 연구'라는 어려운 과제를 받아 멋지게 풀어준 집필자들의 노고는 아무리 칭찬해도 지나침이 없다. 아울러 역사 이외의 분야에 대해서는 잘 알지 못하는 초심자들에게 조언을 아끼지 않고 새로운 길을 열어준 이동훈·김기덕·김문조·김현 선생님 등의 은덕을 잊을 수 없다. 끝으로 양서를 만들어도 팔리지 않는 어려운 출판계의 현실에서도 기꺼이 책의 출판을 허락해주신 경인문화사 한정희 사장님과 깔끔하게 편집을 해준 김지선 과장님에게도 고마운 마음을 전하고 싶다.

2019년 10월
이진한

:: 본서에 수록된 논문의 게재 학술지와 발행 연도

박수찬, 「A New Path for the Study of the Koryŏ Dynasty: Exploring the Future of Online Historical Source Archives」, 『International Journal of Korean History』 24-2, 2019.

홍근혜, 「Translation of Historical Documents and the Study of History Using Artificial Intelligence」 『International Journal of Korean History』 24-2, 2019.

임동민, 「Advanced Technology of the Fourth Industrial Revolution and Korean Ancient History – Study on the use of artificial intelligence to decipher wooden tablets and the restoration of ancient historical remains using virtual reality and augmented reality–」 『International Journal of Korean History』 24-2, 2019.

곽금선, 「연구자 네트워크 기반 역사콘텐츠 플랫폼의 구축 방안 – 연구자간 소통 확대와 역사대중화를 위한 모색」 『인문콘텐츠』 52, 2019.

홍민호, 「문화유산 정보 제공의 현황과 정보의 '연결'방안 모색」 『인문콘텐츠』 54, 2019.

문민기, 「Big Data and the Prospects of Historical Research : A study of research in modern and contemporary Korean history」, 『International Journal of Korean History』 24-2, 2019.

김태현, 「'역사학의 대중화'를 위한 시론–팟캐스트: 만인만색 〈역사공작단〉을 중심으로」 『중앙사론』 49, 2019.

차 례

1편 _ 한국사 연구의 원천 자료와 ICT · AI

2편 _ 문화유산 정보의 초연결성과 역사 지식 플랫폼

3편 _ 역사학의 대중화와 빅데이터 기술

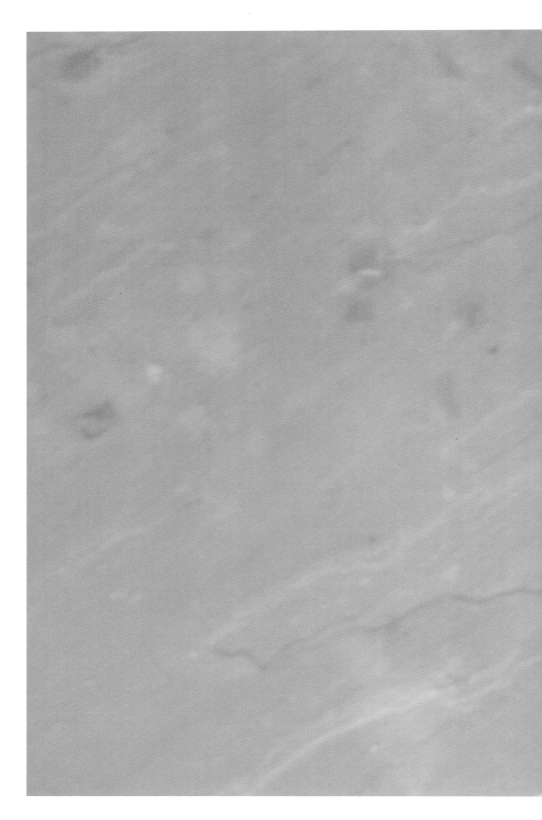

1편
한국사 연구의 원천 자료와 ICT·AI

고려시대 사료 서비스의 현황과 새로운 방향성

― 외국 사례의 분석과 활용 ―

박수찬

머리말 ― 미래사회와 역사학 ―

'4차 산업혁명'의 시대를 맞이한 오늘날, 산업과 과학은 빠른 속도로 변화해가고 있다. 이러한 변화는 자칫 그 속도에 맞추지 못한 다른 영역들의 것들을 뒤처진 것처럼 보이게 할 정도로 그 변화의 폭이 크다. 이러한 상황에서 인문학 역시 변화를 직간접적으로 마주하고 있다.

역사학에서 과학기술의 발달은 쉽게 인식하기 어려운 영역이다. 역사학은 오랜 시간 동안 사료의 분석을 통해 논리적 결과물을 도출해낸다는 기본 틀에서 벗어나지 않고 있다. 이를 위해 연구자는 끊임없이 사료를 검토하고, 정리하는 작업을 지속해 나아간다. 과학기술뿐만 아니라 어떠한 발전이나 혹은 쇠락이 있다 하더라도 위와 같은 원리가 변할 수는 없다.

그럼에도 불구하고 역사학이야말로 과학기술의 발달에 민감하게 반응해야 하는 분야이기도 하다. 이는 역사학이 어디까지나 사료로 대표되는 자료에 대한 분석을 최우선으로 삼고 있기 때문이다. 수많은 사료를 교차 검증하고, 이들을 하나의 연결고리로 묶기 위해서 선학들은 끊임없는 노력을 해왔다. 이러한 노력의 결과로 오늘날 많은 연구 결과물들이 축적되어 있으며 연구자들은 이를 바탕으로 더 나은 성과를 내기 위해 노력하고 있다. 그러나 이제는 단순히 노력만으로는 극복하기 힘든 상황에 봉착하고 있다. 축적된 연구 성과는 이미 한 사람이 모두 파악하고 비교하기에는 분량이 방대해지고 있으며, 추가되는 사료의 양역시 쉽게 감당하기 힘든 상황이다.

위와 같은 상황을 단순히 연구자들의 역량 부족만으로 이해하기는 힘들다. 분명 기존과 비교하면 접근해야 할 사료뿐만 아니라 연구들이 증가하고 있으며, 각 연구 역시 세부적인 내용에 대한 분석이 증가하여 그 이해의 폭은 점차 넓어지고 있다. 이러한 상황에서 자칫 연구자들은 기존의 연구를 모두 이해하지 못하거나, 사료를 모두 파악할 수 없는 지경에 까지 이르게 되고 있다.

본 글에서 목표로 삼고 있는 고려시대의 경우 이후의 시대에 비해 형편이 나은 것이 사실이다. 전해지는 사료의 절대적인 분량이 조선을 비롯한 후대에 비해 훨씬 적기 때문이다. 그럼에도 불구하고 중국의 사료, 조선시대 문집 등, 기존에는 사용하지 않았던 고려시대 관련 자료들이 속속 등장하고 있다. 또한 절대적인 양이 부족한 결과 사료에 대한 전체적인 이해와 이들을 비교·분석하는 것이 무엇보다도 강조되고 있으며, 이를 위해서는 세부적인 내용을 파악하기 위해서라도 전체적인 사료에 대한 검토가 필요한 경우가 대부분이다.

이러한 배경에도 불구하고 현재 고려시대의 연구에는 기술적으로 획기적인 변화가 와닿아 있지 않은 것이 사실이다. 가령 고대사의 경우 금석문들을 검토하는 빅데이터 활용안이 제시되고 있으며, 조선시대도 『승정원일기』 등을 분석하는 과정에서 이미 AI 기술이 사용되고 있다. 그러나 고려시대의 경우에는 아직도 사료 일부를 NAVER 지식백과나 국사편찬위원회에서 서비스 해주는 수준에 머무는 현실이다.

앞서도 언급했다시피 과학기술은 눈이 부시게 발달하고 있다. 이를 인문학에서 활용할 방법은 무수히 많으며, 역사학 역시 과학기술을 도입했을 때 큰 효과를 거둘 수 있는 영역이 많다. 특히 사료에 대한 접근성을 높여 분석을 용이하게 하는 기술은 이미 다양한 분야의 연구들과 접목되어 실제로 적용되고 있다. 이에 따라 본고에서는 역사학 연구, 그 중에서도 고려시대의 사료를 다루는 데 있어서 '4차 산업혁명'을 비롯한 새로운 기술들이 어떻게 적용될 수 있을지를 파악해보고자 한다. 이를 위해서 우선 과거와 현재에는 어떻게 사료들을 다루어 왔는지에 대해서 확인해보고자 한다. 나아가 지금 활용할 수 있는 기술이 어떤 것이 있는지 외국의 사례들을 검토해보겠다. 마지막으로 이러한 과학기술들을 고려시대 사료에 적용했을 때의 방향성과, 연구자들이 있어야 할 지점들에 대해서 언급해보겠다. 이를 통해 고려시대의 연구에 더 나은 발전이 있기를 기원한다.

1. 과거와 현재의 고려시대 연구
─ 사료의 온라인화와 그 활용 ─

과거의 사료 연구는 대부분 직접 종이 등으로 만들어진 사료를 검토하고 이를 정리하는 방식으로 이루어졌다. 특히 대부분의 사료 정리는 카드 등을 제작하는 방식으로 진행되었다. 각 사료 중 필요한 부분들에 대한 정리가 카드를 제작하는 형태로 이루어졌으며, 이들을 비교하여 사료를 파악하였다. 그러므로 개인이 제작한 카드는 연구자가 결과물을 낼 수 있는 가장 중요한 자료의 하나였다.[1]

이처럼 카드 제작과 같은 수작업이 필요했던 이유는 사료에 대한 접근이나 이를 가공하는 과정이 대부분은 종이로만 가능했기 때문이다. 즉 복사된 문서, 혹은 촬영된 사료를 직접 손으로 넘겨 가며 읽는 것을 통해 사료를 이해하였으며, 이 과정에서 연구자들은 각자 자신의 '카드'

를 제작하고 활용하였다. 이렇게 만들어진 '카드' 역시 그들이 접할 수 있는 사료와 동일하게 종이 등으로 제작되었으며, 연구가 진행됨에 따라 '카드'의 물리적인 양 역시 증가해갔다.

이와 같은 연구 방법은 지금 시대에는 비효율적인 것으로 보일 수도 있으나 당시에는 매우 효과적이고, 또한 확실한 방법이었다. 사료에 대한 이해 없이는 연구가 불가능한 것은 예나 지금이나 동일하기 때문에, 사료를 끊임없이 검토하는 것은 연구자의 가장 중요한 덕목이다. 이때 물리적으로 직접 사료를 접하였던 선학들은 이들을 정리하는데 있어서도 직접 자신만의 '카드'를 제작하였다. 이렇게 정리된 '카드'가 곧 자신만의 데이터가 되었으며, 정리된 카드들에 대한 이해를 바탕으로 연구의 결과물이라고 할 수 있는 논문이 작성되었다.

고려시대의 연구에 있어서도 이와 같은 자료의 분석은 동일하게 적용되었다. 『高麗史』를 중심으로 『高麗史節要』, 『宣和奉使 高麗圖經』, 묘지명 등에 대한 카드가 만들어졌으며, 각 카드는 주제와 키워드, 사료 자체 등이 함께 포함되어 있었다. 이렇게 연구자들이 만들어낸 데이터를 중심으로 각 사료들이 비교 검토될 수 있었으며, 수많은 논문들이 작성될 수 있었다. 오늘날 우리가 접하는 많은 연구 성과들은 이처럼 각고의 노력 끝에 작성된 결과물인 것이다. 그러나 현대의 역사 연구에서 이처럼 카드 등을 제작하는 경우는 드물다. 물론 사료에 대한 이해와 그 정리는 역사 연구에 필수적인 요소이다. 오늘날 대부분의 사료는 종이로 제공되기도 하지만, 많은 경우 PC나 태블릿 등의 전자기기로 활용할 수 있는 데이터의 형태로 제공되는 경우가 많다. 예를 들어 고려시대 연구의 대표적인 사료인 『고려사』에 대해서 확인해보자.

우선 『고려사』의 영인본은 1908년 일본 국서간행회에서 활판본을 간행하였으며, 1948년에는 국제신문사에서 『고려사』 중 世家를 간행하기도 하였다. 또한 그 이후에는 1955년 연세대학교 동방학연구소에서 목판본을 가지고 영인 간행하였으나 일부가 결락되거나 상하가 바뀌어

자료 1 _ 『국역 고려사』(동아대본)과 고려사 판본

인쇄된 한계가 있었다. 이후 1972년에 아세아 문화사에서 영인본을 출판하였는데, 크게 3권으로 나뉘어져 있으며 각 권은 1,000쪽에 육박하는 분량이다. 앞서 언급하였던 선학들의 연구에서 사용된 자료가 바로 이러한 영인본 자료들이다. 이 사료를 일일이 손으로 넘겨 가며 확인하고 이를 각 주제에 따라 분류하여 정리한 것이 '카드'였다.

한편 『고려사』의 각종 번역본도 여러 차례 편찬된다. 1966년 북한의 사회과학원 고전연구실에서 『고려사』를 번역하여 출판하였으며(북역본), 1973년에는 동아대 고전연구소에서 『역주 고려사』를 간행(구동아대본)하였다. 또한 2011년에는 구동아대본의 여러 가지 한계점들을 보완한 『국역 고려사』(동아대본)가 완간되었다. 이들 자료 역시 영인본과 마찬가지로 종이로 출판되는 형태로 만들어져 그 부피는 영인본에 비해 훨씬 방대한 크기를 자랑하였다. 북역본과 구동아대본은 각각 11권으로 편찬되었으며, 동아대본의 경우에는 모두 30권에 달하였다. 특히 동아대본은 책의 판형 역시 기존의 책에 비해 훨씬 큰 B4 정도의 크기를

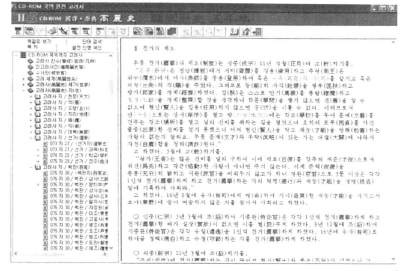

자료 2 _ 『CD-ROM 국역 · 원전 고려사』의 화면[3]

채택하고 있어서 물리적인 부피가 훨씬 크다고 할 수 있겠다. 이처럼 여러 종류의 국역본의 『고려사』를 좀 더 쉽게 이해할 수 있게 되기는 하였으나 물리적인 접근성이 크게 발전되었다고 하기에는 무리가 있다.

이러한 『고려사』가 종이의 틀을 벗어난 것은 1990년대 말에서 2000년대 초반에 이루어진 CD-ROM 개발을 통해서였다.[2] 1998년에는 누리미디어에서 북역본을 기반으로 『국역 고려사 CD-ROM』을 간행하였으며, 동방미디어에서는 동아대본을 바탕으로 『CD-ROM 국역 · 원전 고려사』가 간행하였다. 다만 이들 CD-ROM은 고가로 일반인이 쉽게 접하기 어려운 형편이었다. 누리미디어의 CD-ROM은 300만원에 판매되었으며, 동방미디어에서는 『삼국사기』, 『조선왕조실록』 등을 포함한 세트가 49만원으로 책정되었다. 이에 따라 이들 CD-ROM은 대개 도서관과 같은 기관에 의해 구매되었으며, 사용자 역시 기관에 속한 구성원을 대상으로만 국한될 수 밖에 없었다. 뿐만 아니라 일부 불법복제된

국사편찬위원회　　　　　　　　　　　　　　　　　　　　한국사데이터베이스

고려시대 史料
DATABASE
고려사, 고려사절요를 비롯 500년 고려시대의 역사 자료를
집대성한 종합 사료 포털

＋ 시소러스 검색　　　＋ 상세 검색

고려사
高麗史
정인지(鄭麟趾) 등이 1451년(조선 문종
원년)에 편찬한 고려 왕조의 정사(正史)

➡ 바로가기

고려사절요
高麗史節要
김종서(金宗瑞) 등이 1452년(조선 문종
2년)에 편찬한 편년체 역사서

➡ 바로가기

**고려시대
문집류**

동인지문사륙
東人之文四六

동인지문오칠
東人之文五七

제왕운기
帝王韻紀

보한집
補閑集

파한집
破閑集

**고려관련
중국사료**

선화봉사고려도경
宣和奉使高麗圖經
1123년(인종 원)에 국신사(國信使)의 일
원으로 고려에 온 서긍(徐兢)이 고려에
대한 다방면의 정보를 서술한 기록

원고려기사
元高麗記事
청말의 학자인 문정식(文廷式)이 청세대
전(經世大典)과 원고려전(高麗
傳)의 고려·몽고 대외관계 기록을 정리한
책

중국사서
고려·발해유민 기사
中國史書 高麗·渤海遺民 記事
중국 정사와 명실록에 기록된 고려 발해
유민 관련 기사를 발췌한 자료

자료 3 _ 국사편찬위원회 고려시대 史料 DATABASE

CD-ROM이 유통되면서 『고려사』의 전산화에 부정적인 영향을 끼치기도 하였다.[4]

　『고려사』에 대한 접근성이 획기적으로 변화하게 된 계기는 인터넷 서비스에 있다.[5] 현재(2019년 5월)를 기준으로 『고려사』는 국사편찬위원회의 고려시대 史料 DATABASE에서 열람이 가능하다.[6] 국사편찬위원회에 따르면 해당 자료는 '2009년부터 1단계로 구점본(句點本) 고려사를 규장각 원본이미지와 연계하여 서비스하고, 이용의 편의를 위해 권별, 날짜별, 주제별(세가, 지, 표, 열전) 서비스를 제공하였다. 2010년에는 2단계로 문장 부호, 색인어 태그(인명, 지명, 서명, 관직명), 기사제목 등이

자료 4 _ 국사편찬위원회 고려시대 史料 DATABASE의 색인어 열람 화면

포함된 표점본(標點本) 고려사를 서비스하여 이용자의 이해를 도왔다. 2014~2015년에는 3단계로 최신 연구 성과를 반영한 현대어 국역문을 구축하였고 고려사에 수록된 외교문서를 분류별로 열람할 수 있는 고려시대 외교문서 콜렉션을 추가하였다.'고 설명하고 있다.

나아가 고려시대 史料 DATABASE에서는 다양한 부가 기능 서비스를 제공하고 있다. 우선 일자별 보기의 기능에서는 『고려시대 연력표』의 연구 성과를 기반으로 선택한 월일의 각종 사료들을 한번에 확인할 수 있다. 또한 다양한 형태로 표기된 용어들을 하나의 색인어로 열람할 수 있는 색인어 열람도 가능하다. 마지막으로 외교문서와 관련된 자료들을 엑셀의 필터 기능과 유사하게 분류하여 볼 수 있는 외교문서 콜렉션도 현재 서비스 중이다.[7]

한편 오늘날에는 일반인들에게도 『고려사』는 쉽게 접근할 수 있는 사료이다. 2012년 NAVER 지식백과에서 『국역 고려사』를 서비스하기 시

자료 5 _ NAVER 지식백과 『국역 고려사』 화면

작하였다.[8] 이에 따라 인터넷에 연결된 곳이라면 언제 어디서든 『국역 고려사』의 열람이 가능하게 되었다. NAVER에서는 영인본의 이미지 파일을 제공했을 뿐만 아니라 국역까지 완전히 서비스 함으로써 접근성이 크게 발전하였다.

또한 중세사연구회 회원들을 대상으로 제한적으로 제공되는 고려대학교 고려시대사 연구실의 '고려사 연구'도 존재한다.[9] '고려사 연구'의 경우에는 국역은 제공하고 있지 않지만 연구자들을 위한 여러 가지 활용점이 있다는 점이 주목된다. 우선 『고려사』가 갖고 있는 여러 가지 오류들이나 중요 사항에 대한 분석과 비교를 고차주해라는 항목으로 제공하고 있다. 예를 들어 간지가 없는 기사들은 앞 뒤 기사들을 통해 간지를 유추해내고 있으며, 편년이 없는 지나 열전의 내용들을 세가를 통

자료 6 _ 고려사 연구의 기본 화면

해 수정된 편년을 파악하고 있다. 이에 따라 '고려사 연구'에서는 기존의 사료에서 제시되고 있는 원전년대 뿐만 아니라 본 서비스 내에서 재정리한 수정편년을 제시하여 연구자들의 고려시대 이해를 돕고 있다. 즉 기존의 『고려사』에 기록된 편년뿐만 아니라 사료를 비교 분석하여 도출된 수정편년에 따라 사료들을 나열시킬 수 있다는 점이 그 특징이라 할 수 있겠다.

'고려사 연구'에서는 인물이나 건축물들에 태깅을 시도했다는 특징이 있다. 즉 사료에서 인물이나 건축물들에 태깅을 하고 동일한 인물이나 건축물을 가리키는 다양한 단어들을 하나로 연결시키는 작업이 이루어진 것이다. 예를 들어 고려 후기의 인물인 楊伯淵의 이명인 梁伯淵, 楊伯顏 등이 하나의 태깅어로 묶이게 하였으며, 동명이인의 경우 다른 태깅어로 묶이게 하는 작업이 마무리된 상태로 공개된 서비스이다. 이를 통해 사료가 다양하게 분석될 기회가 확대될 수 있었다.

이처럼 오늘날의 연구 환경에서 『고려사』는 종이와 같은 실물로 접해지기 보다는 pdf나 웹 검색 등을 통해 얻을 수 있는 데이터의 형태로 제

자료 7 _ 고려사 연구의 태깅 화면

공되는 경우가 많다. 이에 따라 사료의 정리 역시 직접 손으로 분류하기
보다는 대부분 PC를 비롯한 전자기기를 통해 이루어지는 경우가 많다.
이는 단순히 『고려사』뿐만이 아니다. 『고려사절요』 역시 위에서 언급한
국사편찬위원회의 한국사 데이터베이스에서 확인이 가능한데, 그 외에
도 『동인지문사륙』, 『동인지문오칠』, 『제왕운기』, 『보한집』, 『파한집』 등
의 문집류와 『선화봉사 고려도경』, 『원고려기사』, 『고려발해유민기사』
등 고려 관련 중국 사료 역시 함께 서비스하고 있다. 또한 고전번역원에
서 제공하는 한국고전종합 DB[10] 역시 『고려사절요』와 『선화봉사 고려
도경』을 포함한 각종 문집류 등의 자료를 서비스하고 있다.
　'고려사 연구'에서 역시 마찬가지이다. 『고려사』와 『고려사절요』를
모두 제공할 뿐만 아니라 그 이외에 고승비, 기문, 반자명 등의 금석문
류를 포함하고 있다. 또한 『목은집』, 『동문선』, 『가정집』, 『동국이상국
집』, 『익재집』, 『파한집』, 『동안거사집』, 『졸고천백』, 『보한집』 등의 각종
문집류도 함께 확인이 가능하다. 특히 앞서 언급했던 수정편년 작업이

이들에도 함께 적용되어 하나의 편년 하에 들어가 있어서 서비스되는 연구의 용이성에 획기적인 발전을 가져다 주기도 하였다.

이처럼 다양한 서비스들을 통해 고려시대 사료에 대한 접근이 연구자 뿐만 아니라 일반인에게까지 용이해진 것이 사실이다. 비록 다른 사료들에 비해 늦긴 했지만 고려시대의 자료들 역시 새로운 기술에 적응하고 있으며 그 내용 역시 주목할 만하다.

그러나 현재의 수준은 기초적인 자료 제공에 일부 편의성을 높일 수 있는 서비스가 이루어지고 있는 수준이며 아직 발전의 여지는 많다고 할 수 있겠다. 특히 외국의 경우에는 이미 사료가 단순히 서비스 되는 것 뿐만 아니라 자체적으로 검증을 거치고, 분석해 나아가는 과정에서 연구에 직접적으로 활용되는 단계에까지 이르게 되었다. 이에 대해서는 다음 장에서 분석해보도록 하겠다.

2. 새로운 형태의 사료 서비스
— Project Gutenberg와 Chinese Text Project —

미래의 고려시대 연구에서 사료는 어떠한 방식으로 다루어져야 할까? 이에 대해서는 해외에서 서비스되고 있는 주목할 만한 사례들이 있다. 첫 번째로 1971년 일리노이 대학교의 대학생이었던 마이클 하트(Michael Hart)가 시작한 구텐베르크 프로젝트(Project Gutenberg)를 들 수 있다.[11] 그는 학교의 메인 프레임 컴퓨터 시스템을 이용 권한을 획득한 이후, 문학작품을 전자책으로 만들어 무료로 배포할 계획을 세운다.[12] 그가 처음으로 만든 전자책은 미국 독립선언문이었으며 이를 온라인 커뮤니티에 무료로 배포한다. 이후 구텐베르크 프로젝트에서는 저작권의 부담 없이 자유롭게 활용할 수 있는 공유 저작물을 e-book의 형태로 제공하는 서비스를 지속하게 되었다. 첫 100권이 배포되는 데에는

Free eBooks - Project Gutenberg

Book search · Book categories · Browse catalog · Mobile site · Report errors · Terms of use

Some of the Latest eBooks

Welcome

Project Gutenberg offers over 58,000 free eBooks. Choose among free epub and Kindle eBooks, download them or read them online. You will find the world's great literature here, with focus on older works for which U.S. copyright has expired. Thousands of volunteers digitized and diligently proofread the eBooks, for enjoyment and education.

No fee or registration! Everything from Project Gutenberg is gratis, libre, and completely without cost to readers. If you find Project Gutenberg useful, please consider a small donation, to help Project Gutenberg digitize more books, maintain our online presence, and improve Project Gutenberg programs and offerings. Other ways to help include digitizing, proofreading and formatting, recording audio books, or reporting errors.

Project Gutenberg
Mobile Site

자료 8 _ Project Gutenberg의 기본 화면

20여 년이 걸렸지만, 이후 계속되는 관심의 증가와 자원 봉사자들의 노력의 결과 2019년 5월 현재는 약 59,000권의 책들이 제공되고 있다.[13]

앞서 언급했지만 구텐베르크 프로젝트의 대상은 저작권이 이미 소멸한 공유 저작물에 국한되어 있다. 그에 따라 저작권의 영향을 비교적 적게 받는 서양의 주요 고전들이 주요한 대상이 되고 있는데, 대부분의 경우에는 검색을 통해 무료로 특별한 프로그램 없이 자유롭게 읽고 활용하는 것이 가능하다.[14] 또한 영어 뿐만 아니라 프랑스어, 포르투갈어, 독일어의 서비스를 함께 제공하고 있으며 나아가 더 많은 서적의 공유를 위해 작가들에게 저작권 이용을 요청하는 경우 역시 존재한다.

이 프로젝트에서 주목할 만한 점은 주요 고전들이 별다른 제약 없이 쉽게 접근할 수 있다는 것이다. 특히 기존의 e-book은 출판사나 사용 기기에 따라 다양한 형식으로 제공되는 것과는 달리 공통 포맷인 HTML을 이용하고 있으며, 전자책 리더를 활용하기 위한 E-PUB 등의 형식은 파생 포맷으로 지원하고 있다. 뿐만 아니라 이렇게 만들어진 고전의 경우에는 저작권을 주장하지 않음으로써 전자책이 다양한 방식으

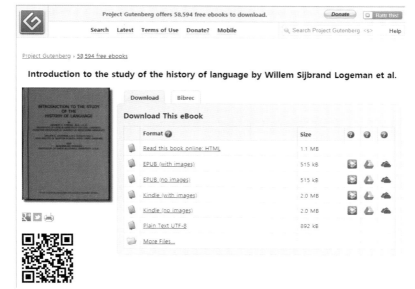

로 이용되기를 적극 권장하고 있다. 또한 다른 프로젝트와는 다르게 교정과 교열 등 여러 차례의 작업을 거쳐 규격화된 'e-book'의 형식을 띤 결과물이 만들어진다는 점이 큰 특징이다.

한편 구텐베르크 프로젝트 전자책 제작에서는 혁신적인 기술이 도입되어 있는데 그것이 바로 '디스트리뷰티드 프루프리더(Distributed Proofreaders)'이다. 이는 크라우드 소싱의 초기 예라고 할 수 있는데, 자원봉사자들은 디스트리뷰티드 프루프리더를 통해 저작권 청산, 교정, 포맷팅, 검토, 업로드 전 최종 점검 등 전자책 제작 과정 중 일부분에 참여하였다. 이런 과정들이 조직화되어, 기존의 인쇄물이 새로운 전자책으로 만들어질 수 있었다.

이처럼 구텐베르크 프로젝트는 기존에 없던 방식으로 전자책의 공유를 이끌어 왔으며, 나아가 직접 제작에 참가하는 자원 봉사자들의 노력

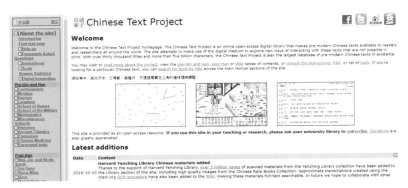

자료 10 _ c-text의 기본 화면

을 바탕으로 저작권 없이 누구나 활용할 수 없는 규격화된 전자책을 서비스하고 있다. 이를 통해 기존에 비해 고전에 대한 접근이 획기적으로 용이해 질 수 있었으며, 이는 최초의 '가상 도서관'이 만들어진 것이라고 평가받고 있다.

구텐베르크 프로젝트에서는 해당 저작물들을 이미지 뿐만 아니라 디지털 문서로 만드는 작업 역시 진행하고 있다. 이 과정에서 컴퓨터가 읽어내지 못하는 글자를 인간이 직접 확인할 수 밖에 없는 상황이 등장한다. 이 작업을 수월하게 하기 위해 고안해 낸 방식이 'reCAPTCHA'이다. reCAPTCHA는 이미지로 표현된 글자를 사람들이 직접 입력하게 하여 웹보안을 향상시키는 프로그램이다. 구텐베르크 프로젝트에서는 reCAPTCHA에 고문서 이미지를 제공하고, 사람들이 입력한 결과를 빅데이터로 분석하여 정확도를 높이고 있다. 즉 수많은 인터넷 사용자들이 알지 못하는 사이에 구텐베르크 프로젝트의 고문서 디지털 문서화 작업에 참여하고 있었던 것이다.

구텐베르크 프로젝트가 고전을 공유하고, 이를 디지털화 하는 것에 주안점을 맞추었다면 사료의 영역을 중심적으로 다루는 프로젝트 역시 존재한다. 이러한 예로는 Chinese Text Project(이하 c-text)가 주목된다.[15] 이는 중국의 다양한 사료들을 집대성한 것으로 Harvard University에서 East Asian Languages and Civilizations를 전공한 도널드 스터전(Donald Sturgeon)의 주도로 만들어진 서비스이다.

다양한 분야의 연구들이 어떠한 방식으로 연결되는지를 확인하기 위해 처음 시작된 c-text는 현재 26,072,942자에 달하는 문자자료들이 서비스되고 있으며 이들에 대한 이미지 파일을 활자화 하는 작업을 진행하여 현재 7.9%의 진행률을 보이고 있다. 여기에서 주목할 점은 이 작업을 진행하는 것이 도널드 스터전 개인의 일이 아니라는 것이다. 현재 하루의 30,000명이 넘는 이용자가 서비스를 활용하고 있으며, 이들은 단순히 사이트를 '열람'할 뿐만 아니라 활자화와 연결 작업에 '기여'하고 있다. 즉 이용자와 제공자의 벽이 사라진 것이다.

특히 c-text의 큰 장점은 누구나 쉽게 접근 할 수 있다는 것이다. 특히 c-text에서는 다양한 게시판을 통해 유저들과 소통하고 있는데, 그 중에서도 discussion과 wiki 게시판이 주목된다. 전자의 경우에는 한눈에 알아보기 힘든 글자나, 다양한 판본들의 오류 등에 대한 토론이 이루어지는 장이다. 물론 경우에 따라서는 비전문가의 소모적인 논쟁이 지속될 수 있겠지만 대부분의 경우 그러한 단점이 부각되기보다는 집단 지성의 힘을 이용해 올바른 해답을 찾는 경우가 많은 것으로 파악된다. 예를 들어 지난 2018년 11월 28일에는 『史記三家注』의 OCR 자료에 누락된 글자들을 지적한 아이디 'oscarsun72'의 주장이 정확한 것으로 파악되어 프로젝트 내에서 반영되기도 하였다.

후자인 wiki 게시판의 경우에는 더욱 획기적이다. 중국사의 수많은 사료들은 그 양이 너무나도 방대하여 개개인이 파악하기 힘든 수준이다. 이에 따라 각 자료가 누군가에게는 이미지로, 누군가에게는 텍스트 자료로 나뉘어져 있는 경우가 많다. wiki에서는 다양한 자료들을 자유롭게 공여받고 있다. 즉 자신이 사료의 파일을 가지고 있고, 그것이 c-text 내에서 반영되어 있지 않다면 누구라도 wiki를 통해 제공할 수

자료 11 _ c-text에서 제공하는 검색 추가 기능

있게 된 것이다. 이에 포함된 자료만도 이미 10,000권 이상인 것으로 추정된다.

이처럼 c-text가 성공적인 작업을 이룰 수 있는 데에는 단순한 개인의 노력 그 이상의 것이 있었다. 2015년에는 문연각 사고전서의 OCR 작업이 완료되어 c-text에 반영되었으며, 2016년에는 하버드대 옌칭 연구소에서 50,000 페이지 이상의 자료들이 제공되기도 하였다. 이들 자료에 대한 검토는 c-text를 활용하는 모든 인원들이 참가하였다. 그 결과 OCR의 부족한 정확도가 수많은 사람들에 의해 보완되었으며, c-text는 마치 온라인 사고전서와 같은 역할을 할 수 있을 정도로 성장하게 되었다고 할 수 있겠다.

그러나 c-text가 모든 사료들을 대체해 줄 수 있는 것은 아니다. 결국 사료를 직접 눈으로 확인하는 것은 연구자의 몫이며, 이들 자료는 어디까지나 2차로 활용할 수 있는 것일 뿐이다. 그러나 이들 자료를 통해 연구의 용이성이 획기적으로 증가한 것은 사실이며, 그간 파악하기 힘

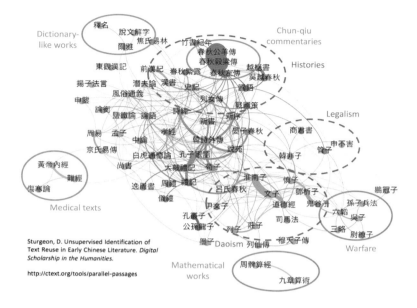

Dictionary-like works

釋名
說文解字
焦氏易林
爾雅
竹書紀年
春秋公羊傳
春秋穀梁傳

東觀漢記
前漢紀　春秋繁露　春秋左傳　越絕書
揚子法言　潛夫論　漢書　　　　　吳越春秋
風俗通義　史記
申鑒　　　　　　　　列女傳　　　　國語
論衡　鹽鐵論　論語　　　　戰國策
新書
周易　孟子　詩緯
京氏易傳　中論　　　韓詩外傳　晏子春秋
白虎通德論　孔子家語　說苑　　商君書
尚書　　　　　大戴禮記　　荀子　　韓非子　管子　申不害
黃帝內經
難經　逸周書　周禮　禮記　　呂氏春秋　淮南子　慎子
傷寒論　　儀禮　　　　　　　　文子　鄧析子
尹文子　　　　道德經　鬼谷子
孔叢子　　　　　　　　　司馬法
公孫龍子　　列子　莊子　　　　　　孫子兵法
墨子　Daoism　列仙傳　穆天子傳　六韜　吳子
三略　尉繚子

Chun-qiu commentaries

Histories

Legalism

鶡冠子

Warfare

Medical texts

Mathematical works
周髀算經
九章算術

Sturgeon, D. Unsupervised Identification of Text Reuse in Early Chinese Literature. *Digital Scholarship in the Humanities.*

http://ctext.org/tools/parallel-passages

자료 12 _ c-text를 통해 분석한 선진시대 자료의 이용관계

들었던 내용들이 밝혀지기도 하였다. 우선 c-text를 주도한 도널드 스터전의 연구 결과와 연구자들이 만들어낸 c-text 자료를 통해 선진시대 문학 작품들의 상호 인용 방식과 그 연결고리가 도식화된 형태로 제공되기도 하였다.

또한 이미 c-text를 교육적으로 활용하기 위한 다양한 시도들이 확인되고 있는데, 미국의 하버드대, 듀크대 뿐만 아니라 일본의 교토대, 중국의 칭화대, 대만의 국립대만대 등 다양한 대학에서 이미 c-text와 교육적 활용을 위한 작업에 참가하고 있는 상황이다. 이를 통해 방대한 중국 자료들을 간단하게 비교 분석할 수 있으며, 사료의 활용도를 높이고 있는 것으로 추정된다.

3. 미래의 고려시대 사료 관리 ― 개방성과 전문성 ―

오늘날의 역사 연구, 그 중에서도 고려시대 연구는 이전에 비해 많은 부분에서 발전해왔다. 그러나 아직 현재의 사료 관리 체계에는 많은 한계점이 있다. 앞서 정리했다시피 오늘날 다양한 곳에서 고려시대 연구와 관련된 많은 자료들을 확인할 수 있다. 그러나 이들 서비스의 한계는 상호 연계성이 전무하다는 것이다. NAVER 지식백과와 국사편찬위원회의 서비스의 경우 비록 같은 저본을 바탕으로 하고 있지만 각각 검색해서 확인하지 않는 이상, 서로 간의 연계점은 전혀 찾아볼 수 없다. 가령 이해하기 힘든 단어나 서술상의 오류들을 지적하는 경우에도 각자 따로 접근해야 하며, 둘을 한꺼번에 처리하기는 힘들다. 또한 국사편찬위원회의 서비스가 최근에 이루어진 작업의 결과물로 여러 가지 편의성을 제공하는 것에 비해 NAVER에서는 오히려 다른 지식 백과와의 혼합으로 인해 더 접근이 어려워지는 경우까지 생겨나고 있다.

'고려사 연구' 역시 마찬가지이다. '고려사 연구'가 갖고 있는 최대의 장점은 수정 편년과 태깅 작업이다. 이를 통해 한 시점, 한 인물들에 대한 사료를 한눈에 파악하는 것이 가능해진 것이다. 그러나 이는 폐쇄적인 '고려사 연구' 사이트에서만 가능하며 이에 대한 역문을 확인하거나, 영인본을 확인하기 위해서는 또 다른 서비스를 이용할 수밖에 없는 상황이다.

뿐만 아니라 앞서 언급했던 서비스의 전체적인 문제점은 이것들이 모든 사료를 반영하고 있지는 못하다는 점이다. 단순히 『고려사』의 경우에도 하나의 판본만이 존재하는 것이 아니며 각 판본에 따라 차이가 있기도 하다. 이처럼 연구에 있어서 중요한 부분을 웹 서비스에서는 대부분 생략하고 있다. 또한 모든 사료가 제공되기는 힘들겠지만, 출판물로는 쉽게 접근할 수 있는 묘지명이나 『선화봉사 고려도경』 등이 특정 서비스에서는 제공되고, 나머지에서는 그렇지 않고 있다는 점 역시 큰

한계로 지적할 수 있겠다.[16]

　고려시대 사료의 전산화의 사례는 위의 것들에만 국한되는 것이 아니다. 고려시대 대장경문집고문서 역시 DB화 작업이 상당 부분 이루어졌으며,[17] 섬 데이터베이스와 같은 특정 분야에 대한 자료 DB화 역시 이루어진 상황이다.[18] 다만 이러한 서비스 역시 그 대상의 자료만을 제공한다는 한계가 동일하게 존재한다. 이는 각 사이트가 모든 연구자들을 위해 만들어지기는 했으나, 모든 연구자들이 이를 함께 관리하는 것이 아니라 일부가 이를 전담하는 형태로 제공되고 있기 때문이다.

　반면에 이미 외국에서 다양한 방식으로 이루어지는 역사 연구에 대한 온라인 서비스 작업은 다른 방식을 택하고 있는 경우가 많았다. 우선 구텐베르크 프로젝트를 통해 다양한 책들이 자유롭게 공유되고 있는 모습을 살펴볼 수 있었다. 특히 중요한 점은 대상이 되는 많은 서적들이 자유로운 포맷으로 누구나 이용 가능하다는 점이다. 이는 c-text에서도 비슷하게 드러나는데, 수많은 데이터를 수많은 사람들이 제공하며 이를 통해 다룰 수 있는 DB의 규모는 계속 증가하고 있다. 그뿐만 아니라 구텐베르크 프로젝트와 c-text에서는 자료를 모두가 함께 관리하고 작업하는 일종의 오픈소스의 형태로 서비스가 이루어지고 있다. 특히 c-text의 경우에는 이러한 작업의 효과가 명확하게 드러나는데, 한 사람이나 한 단체의 힘으로는 파악하기 힘든 수준의 자료 정리가 단기간 내에 이루어지고 있다는 점을 확인할 수 있었다.

　위와 같은 사례는 고려사 연구, 특히 이를 위한 사료의 정리가 어떠한 방향성을 가져야 할지에 대한 큰 시사점을 제공해주고 있다. 앞서 언급하였듯이 고려시대 사료의 디지털화가 갖는 단점은 각 서비스가 연계되고 있지 못하고 있다는 점이다. 또한 각 사이트에서 제공하고 있는 결과물 역시 특정 집단의 노력을 통해 완성된 것이 대부분이다. 그러나 앞으로는 현재와 같은 '폐쇄성'은 재고되어야 할 것이다. 이를 위해서 선결되어야 할 과제는 사료를 제공할 수 있는 하나의 통일된 서비스이다.

고려시대의 주요 사료는 『고려사』와 『고려사절요』이다. 또한 이에 추가적으로 묘지명 자료와 『선화봉사 고려도경』이 당대의 사료로써 활용되고 있다. 뿐만 아니라 『졸고천백』, 『파한집』과 같은 당대의 문집들, 그리고 후대에 작성된 다양한 문집들에서 역시 고려시대와 관련된 내용들이 언급되고 있다. 물론 이들 사료를 하나의 서비스로 제공하는 것은 저작권 등 다양한 문제들을 넘어서야 가능할 것이다. 그러나 고려시대 연구를 위해서는 어느 하나 경시할 수 없는 것이 사실이다. 특히 사료의 양이 절대적으로 부족한 고려시대의 경우에는 사료 하나하나가 매우 중요하다. 그러므로 이들 사료를 하나의 서비스로 제공하고 이들을 비교 분석할 수 있게 하는 것은 큰 의미가 있는 일이다.

오늘날의 연구에서는 이처럼 다양한 사료가 반영되고 있다. 그러나 앞서 언급하였듯이 대부분의 문집은 번역은 물론 텍스트화 되지도 않은 경우가 많다. 이들을 텍스트화하는 작업, 나아가 번역하는 작업은 매우 값진 일이지만, 더 많은 사람들이 참여하여 완성도를 높일 수 있는 것이 사실이다. 특히 번역의 경우에는 한문에 대한 이해나 어투에 따라 그 차이가 생길 수 있겠으나 텍스트화 작업에서는 c-text와 같은 노력이 필수적이다. 특히 수많은 글자들을 확인하고 이를 검토해 나가는 일은 어느 한 집단만의 노력으로는 성공적인 결과물을 얻어내기가 매우 힘들다.

c-text의 장점은 그저 방대한 자료를 모아놓은 것이나, 검색의 용이성이 아니다. 수많은 사람들이 확인하고, 서로 의견을 교류하며 얻어낸 집단 지성의 결과물이 c-text가 갖고 있는 자산인 것이다. 이미지화 되어 있는 문서에서 글자를 텍스트로 만드는 작업은 기술의 영역이다. 그러나 이를 확인하여 오류를 바로잡고, 더 나은 텍스트로 발전 시키는 작업은 결국 인간의 노력 없이는 불가능하다. 이 과정을 c-text에서는 수많은 사람들이 자발적으로 참여할 수 있도록 유도하였고, 실제로 이는 성공적인 결과물로 나타나고 있다.

고려시대의 사료 정리도 이와 같은 방향성을 추구할 수 있다면 어떨까? 특히 『고려사』나 『고려사절요』처럼 기존에 수많은 검증을 거친 사료와는 달리 문집류의 자료들은 아직 그러한 과정을 거치지 않은 것들이 많다. 특히 조선시대에 작성된 수많은 사료들에서 고려시대 관련된 내용을 추출하고, 이를 정리하는 것은 그 작업 자체로 큰 의미가 있는 것이다. 이를 개방적인 작업을 통해 더 발전된 텍스트를 정리할 수 있다면 이는 고려시대 연구에 큰 의미가 담긴 일이라고 할 수 있겠다.

이러한 상황들을 고려할 때 미래의 고려시대 사료 서비스가 추구해야 할 첫 번째 길은 바로 '개방성'이다. 이미 사료들은 온라인 상에서 수없이 제공되고 있다. 이들을 하나로 묶어 정리하고, 이들에 대한 수많은 공여자를 확보할 수 있다면 고려시대 사료의 개방성이 확보된 것으로 파악할 수 있을 것이다. 또한 그 공여자들은 단순히 사료를 활용할 뿐만 아니라 OCR 등의 작업에서 이루어진 기계적 한계를 잡아내는 역할도 할 수 있다. 이처럼 개방성이 확보된다면 연구자들 뿐만 아니라 고려시대에 관심 있는 수많은 일반 대중들 역시 다양한 사료를 더 쉽게 접하고

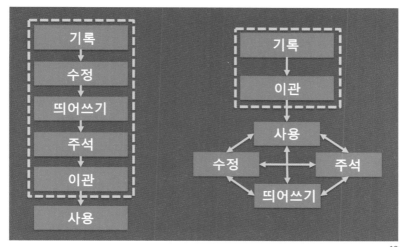

자료 13 _ 기존 자료 관리 방법과 c-text 방식의 비교[19]

비교할 수 있게 될 것이다. 이는 비단 연구의 영역 뿐만 아니라 고려시대 역사 그 자체가 개방성을 확보할 수 있는 길이 되는 작업이다.

위의 [자료 13]은 기존의 사료의 전산화 작업과 c-text에서 시도하고 있는 방식의 차이를 비교한 그림이다. 양쪽의 그림에서 점선으로 표시된 부분이 서비스 이전에 이루어져야 할 작업이다. 기존의 전산화 작업을 도식화한 왼쪽의 경우 그 과정이 간단하지 않다는 것을 한눈에 알아볼 수 있다. 이러한 방식으로는 전산화된 사료를 직접 사용하기 이전에 상당한 수준의 비용과 노동력이 투입되며, 이를 위해 많은 시간 역시 소모될 수밖에 없다. 반면에 오른쪽은 일종의 오픈소스 방식으로 사료를 전산화 하는 상황을 보여주고 있다. 이 경우에는 사전 작업이 기록을 이관하는 단순한 단계만으로 처리되는 것을 볼 수 있다. 또한 수정과 주석, 띄어쓰기 등의 작업은 사용과 함께 이루어지며 상호 연계적으로 이루어진다는 것이 화살표로 표현되어 있다. 이렇게 '사용'과 '수정', '주석', '띄어쓰기'가 동시에 이루어지며 이 작업에 누구나 자유롭게 참가할 수 있는 것이 바로 개방성이라고 할 수 있겠다. 이처럼 고려시대 사료에 개방성을 확보한다면 기존에 비해 훨씬 간단한 작업만을 통해 전산화를 이룰 수 있으며, 이후 이를 보완하는 작업 역시 개방을 통해 적은 비용과 시간으로 지속할 수 있겠다.

그러나 지나친 개방성은 오히려 역사 연구의 방해 요소로 작용할 수 있다는 점 역시 명확히 해야 한다. 이를 위해서 고려시대 사료 서비스가 추구해야할 두 번째 길은 '전문성'이다. 앞서 언급했던 고려시대 사료 서비스의 개방성이 갖추어진다면 누구나 쉽게 사료를 접할 수 있게 될 것이다. 그러나 이에서 한걸음 더 나아가 텍스트화한 자료에 대한 수정편년 작업, 태깅 작업 역시 미래 지향적인 사료 정리를 위해 꼭 갖추어야할 요소이다.

이러한 수정편년이나 태깅 작업의 경우 전문화된 연구원 중심으로 기본적인 정리가 우선적으로 이루어져야 한다. 이는 고려시대 전체에 대한 이해와 사료를 분석할 수 있는 능력을 갖추지 않았다면 정확한 선택에 어려움이 있기 때문이다. 이러한 지점에서 필요한 것이 바로 '전문성'이다. 전문적인 교육을 통해 역사 연구를 할 수 있는 기본 소양을 갖춘 전문화된 연구원이 필요한 영역인 것이다.

특히 고려시대 연구에서의 '전문성'의 중요성은 연구 환경을 고려할 때 더욱 그러하다. 고려시대의 연구 자료는 다른 시대에 비해 양이 상대적으로 적다. 이러한 상황에서 다수의 사료들을 섭렵하고 이해하기 위해서는 사료 제공의 서비스 역시 고도로 정밀화될 필요성이 있다. 또한 이들을 재생산할 연구자 역시 상대적으로 적은 숫자라고 할 수 있겠다. 그러므로 자칫 사료 서비스의 개방성이 그 질을 낮추지 않도록 전문성을 갖춘 연구인력의 적극적인 참여가 필요한 것이다.

이 과정에서 중요한 것이 바로 대학원 등의 학문연구집단의 기여이다. 대부분의 연구자들은 대학원과 같은 전문적인 교육집단을 통해 그 학문적 소양을 기른다. 특히 박사 졸업 이상의 연구자들이 각 학교에서 개별적인 연구를 진행하는 반면에, 대학원의 집단은 동시대를 연구하는 다수의 연구자들로 구성되어 있는 경우가 많다. 만약 위에서 제시한 고려시대의 사료 데이터 베이스가 시스템적인 장치와 전문 연구자들의 협조로 '개방성'을 갖추어 시작되었다면, 이의 '전문성'을 높이는 일에 최우선으로 참가할 수 있는 대상이 바로 대학원에 소속된 연구자 집단이라고 할 수 있겠다. 특히 대학원의 연구자들은 다양한 사료들을 접하고 이를 정리하는 일을 지속적으로 진행하며, 일반인이나 학부생에 비해 사료에 대한 전문적인 지식을 체계적으로 습득한 경우가 많다. 이들이야 말로 고려시대 사료 서비스의 전문성을 높일 수 있는 가장 훌륭한 대상이라고 할 수 있겠다.

맺음말 ― 고려시대 연구의 새로운 길 ―

본고에서는 '4차 산업혁명'의 시대에 고려시대 연구가 나아갈 방향에 대해 논의해보았다. 이를 위해 우선 과거와 현재의 사료가 어떤 식으로 다루어졌는지를 언급하였다. 과거의 사료는 종이의 형태로 제공되는 경우가 대부분이었다. 또한 이를 다루는 연구자들 역시 이를 종이를 통해 가공하였으며, 그 결과 만들어지는 것이 바로 '카드'였다. 이러한 '카드'의 정리를 통해 사료를 취합하고 해석하였으며, 오늘날 우리가 익히는 수많은 논문들은 그 노력의 결과물이라고 할 수 있겠다. 다만 당시의 사료는 종이 그 자체로 제공되었기 때문에 물리적인 한계가 명확하였다.

물리적인 한계가 극복되기 시작한 것은 사료가 CD-ROM의 형태로 제공되기 시작하면서부터였다. 다만 CD-ROM은 가격이나 활용의 면에서 여러 가지 한계가 있었으며, 도서관 등의 기관을 통해 특정 사용자만이 이용할 수 있다는 한계가 있었다. 본격적으로 고려시대 사료에 접근성은 인터넷을 통해 사료의 열람이 가능해지면서부터 비약적으로 높아졌다. 오늘날 국사편찬위원회, NAVER에서 『고려사』 등의 사료를 제공하고 있으며, '고려사 연구'에서는 사료의 원문과 이를 활용할 수 있는 고차주해, 태깅 등의 다양한 기능을 서비스하고 있다.

한편 해외의 사례를 살펴보면 단순히 인터넷 서비스에 그치지 않은 것을 알 수 있다. '구텐베르크 프로젝트'의 경우 저작권이 소멸된 다양한 저작들을 통일된 형태로 제공하고 있다. 뿐만 아니라 구텐베르크 프로젝트에서는 이러한 서적들의 디지털 문서화 작업도 진행되고 있는데, 이 과정에서 reCAPTCHA같은 외부 서비스가 작업의 효율성을 높이고 있기도 하였다. 이를 통해 고전에 대한 접근성이 획기적으로 증가하였으며 그 결과 구텐베르크 프로젝트는 최초의 '가상 도서관'으로 평가받고 있다.

또한 사료의 영역을 중점적으로 다루는 c-text도 존재한다. c-text는 현재 26,072,942에 달하는 문자자료들이 서비스를 제공하고 있으며, 이를 활자화하는 작업을 진행하고 있다. 여기서 주목할 점은 이 작업이 개인이 아닌 하루 30,000명이 넘는 이용자가 동시에 진행하고 있다는 것이다. 즉 c-text의 이용자들은 단순히 사이트 내의 사료를 '열람' 할 뿐만 아니라 활자화와 연결 작업에 '기여'하고 있는 것이다. 특히 c-text의 장점은 누구나 쉽게 접근할 수 있다는 것이다. 다양한 게시판에서 여러 가지 소통이 이루어지는데 discussion 게시판의 경우 OCR 작업 등의 오류에 대한 토론이 이루어지며, wiki 게시판에서는 개인이 소유한 사료들에 대한 제공이 이루어지고 있었다. 이처럼 수많은 인원들의 노력의 결과 c-text는 현재 온라인 사고전서와 같은 역할을 할 수 있을 정도로 성장하게 되었다.

위의 두가지 사례는 고려시대 사료가 어떠한 길로 나아가야 할지에 대한 방향성을 제시해준다. 현재 고려시대의 사료는 다양한 방식으로 인터넷에서 서비스되고 있다. 그러나 이들 간의 상호 연계성은 전무한 상황이다. 국사편찬위원회의 '고려시대 史料 Database'가 최근 다양한 기능들을 추가하고 있지만 NAVER 등 다른 사이트의 접근성은 오히려 낮아지고 있는 현실이다. 특히 가장 큰 문제점은 각 서비스가 제공하는 사료들이 일부분에 불과하다는 것이다. 예를 들어 묘지명이나 『선화봉사 고려도경』 등은 특정 서비스에서는 제공되고 나머지는 그렇지 않고 있다.

고려시대 사료의 전산화의 사례는 위의 것들에만 국한되는 것은 아니다. 대장경, 문집, 고문서 등이나 섬 데이터베이스와 같은 특정 분야에 대한 자료 DB화 역시 이루어진 상황이다. 그러나 이 역시 대상이 되는 일부의 사료만을 제공한다는 한계가 있다. 또한 이들 자료가 모든 연구자들을 위해 만들어지기는 했지만, 그 관리는 일부 소수의 연구자들만이 전담하고 있다는 한계가 있다.

이제 고려시대 사료 제공에 '폐쇄성'은 재고되어야 할 것이다. 이를 위해서 선결되어야 할 과제는 사료를 제공하는 하나의 통일된 서비스이다. 고려시대 주요 사료인 『고려사』와 『고려사절요』뿐만 아니라 묘지명 자료나 『선화봉사 고려도경』, 나아가 『졸고천백』, 『파한집』과 같은 수많은 문집들이 함께 연동되어 제공될 때 그 서비스의 완성도는 더욱 높아질 수 있을 것이다. 다만 아직까지 고려시대 관련 자료에는 디지털 문서화가 이루어지지 못한 문집들이 많이 남아 있다. 이들에 대한 개별적인 입력이나 번역 작업은 소수의 인원으로는 시간적인 한계나 그 정확도의 문제가 명확한 형편이다. 그러므로 앞서 언급했던 c-text에서 사용한 방향성이 필요하다고 할 수 있겠다.

c-text가 가지는 장점은 단순히 수많은 사료를 함께 모아놓은 것에 있지 않다. 이들 사료를 수많은 사람들이 이용하는 동시에 기여하고 있다는 것이 장점인 것이다. 사료의 디지털 작업이나 OCR에 대한 오류를 찾는 일, 한문의 해석이나 주석, 띄어쓰기를 진행하는 일은 소수의 노력이나 짧은 시간 안에 이루어질 수 있는 것이 아니며 단순히 기술로 해결될 수 있는 영역도 아니다. 이 과정을 c-text에서는 수많은 사람들이 자발적으로 참여할 수 있도록 유도하였고, 실제로 성공적인 결과물로 나타나고 있는 것이다.

이러한 상황을 고려할 때 고려시대 사료 서비스가 추구해야 할 첫 번째 길이 바로 '개방성'이다. 이미 사료들은 온라인 상에 수없이 제공되고 있다. 이들을 하나로 묶어 정리하고 이들에 대한 수많은 공여자들을 확보할 수 있다면 고려시대 사료의 개방성이 확보된 것으로 파악할 수 있겠다. 공여자들은 사료를 제공, 열람할 뿐만 아니라 OCR 작업에서 발생한 오류들을 잡아내는 역할도 담당하게 될 것이다. 이처럼 고려시대 사료의 개방성이 확보된다면 일반 대중 역시 고려시대 사료를 더 쉽게 접할 수 있고, 이를 활용할 수 있게 될 것이다.

다만 지나친 개방성은 자칫 역사 연구의 방해 요소로 작용할 수 있다. 그러므로 두 번째 길은 '전문성'이 되어야 할 것이다. 앞서 '고려시대 史

전문화된 연구원 중심으로 기본적인 정리가 이루어져야 하는 일이다.
이는 고려시대 전체에 대한 이해와 사료를 분석하는 능력을 갖추지 않
았다면 정확한 선택에 어려움이 있기 때문이다. 특히 고려시대의 사료
가 다른 시대에 비해 상대적으로 부족한 점을 고려한다면 사료에 대한
고도로 정밀화된 작업은 필수적이라고 할 수 있겠다.

　이처럼 전문성을 추구하기 위해서는 대학원 등의 학문연구집단의 기
여가 중요하다. 대부분의 연구자들은 대학원과 같은 전문적인 교육집단
을 통해 그 학문적 소양을 기른다. 이러한 대학원에 소속된 연구자들은
동시대를 연구하는 다수의 인원으로 구성되어 있는 경우가 많다. 이들
은 일반인이나 학부생에 비해 사료에 대한 전문적인 지식 역시 훨씬 오
랜 시간 습득한 경우가 많으며, 이들이야 말로 고려시대 사료 서비스의
전문성을 높일 수 있는 가장 훌륭한 대상이라고 할 수 있겠다.

　본 글에서는 고려시대의 사료를 서비스 함에 있어서 과연 어떤 방향
성을 취해야 할지에 대해 고민해보았다. 그 결과 고려시대의 사료가 추
구해야 할 미래의 길은 '개방성'과 '전문성'이라는 결론에 도달하였다.
누구나 쉽게 접근하고, 누구나 쉽게 참여할 수 있는 사료, 이에 추가로
전문적인 연구 인력들을 통해 이루어진 체계화 작업은 개방성을 통한
고려시대 연구에 대한 관심의 증가와 전문성을 통한 연구의 용이성 확
보라는 두가지 목표를 동시에 달성할 수 있는 길일 것이다. 한반도에 존
재했던 국가들 중 그 어떤 나라보다도 개방적이였으며, 동시에 가장 복
잡했던 고려. 그 역사 연구의 미래를 위해 이와 같은 속성이 다시 한번
필요한 시점이다.

'4차 산업혁명' 시대에 인공지능을 통한 고전문헌 사료 번역과 역사학의 미래

홍근혜

머리말

2016년 세계경제포럼에서 클라우스 슈밥 교수는 '4차 산업혁명'을 화두로 던졌다. 그에 따르면 인공지능·로봇공학·사물인터넷 등으로 대표되는 새로운 과학기술로 인류의 삶은 '혁명'이라 명할 수 있을 정도의 급진적이고 근본적인 변화를 맞이할 것으로 예측된다. 현재 이미 '4차 산업혁명'이 시작되었으며, 파괴적인 혁신과 변화를 목전에 두고 우리는 이를 대비해야 한다는 것이 그의 주장이다.[1]

클라우스 슈밥의 주장 이래 한국에서는 2016년 3월에 있었던 이세돌과 알파고의 대결로 '4차 산업혁명'에 대한 전국민적 관심이 고조되었고, 2017년 대통령 선거를 계기로 '4차 산업혁명'은 주요한 이슈로 제기되었다. 이후 정부에서는 정책적인 차원에서 '4차 산업혁명'에 대응하였고, 언론에서 '4차 산업혁명'이 기사화되었으며, '4차 산업혁명'을 주제로 한 각종 서적들이 쏟아져 나왔다. 한편, 일각에서는 '4차 산업혁명'이 실체없는 유행어에 불과하다는 비판적인 의견을 개진하기도 하였다.[2]

'4차 산업혁명'이 유효한 개념인지 여부에 대한 근본적인 문제 제기를 비롯하여 '4차 산업혁명'과 관련된 다양한 논의들이 쏟아져 나오고 있다. 한 가지 분명한 것은 인류의 미래에 대한 전망과 대비는 인류의 생존에 있어서 반드시 필요한 과정이라는 점이다. 현재 인류의 삶이 빠른 속도로 변화하고 있음을 모두가 체감하고 있다. 비록 작금의 논의가 '4차 산업혁명'이라는 개념에 국한되어 있기는 하지만, '4차 산업혁명'이라는 단어가 주는 위기감은 인류가 미래를 준비하고, 현재를 성찰하는 중요한 계기로서 작용하고 있다. 클라우스 슈밥이 '4차 산업혁명'을 언급한 근본적인 의도 또한 급격히 다가올 세상의 변화에 잘 대처하기 위함이었음을 상기한다면 '4차 산업혁명'은 현 시점에서 의미있는 아젠다임에 틀림없다.

　인류의 미래에 대한 고민은 과학자들만의 고민이 아닌 인문학자들에게도 동일하게 적용되는 문제이다. '4차 산업혁명'이 불러올 변화는 역사학 영역에서도 예외일 수 없다. 사학사적으로도 시대의 변화와 흐름에 따라서 역사학은 사상적 변화를 수용하고 이를 기반으로 삼아 독자적인 학문적 영역을 구축해 나갔다. 그러므로 다가오는 '4차 산업혁명'이라는 변화가 과연 역사학에 어떠한 영향을 불러올 것이며, 그 영향 속에서 역사학 그리고 역사학자가 할 수 있는 또는 해야 하는 역할이 무엇인지에 대한 성찰과 준비가 필요하다. 역사학은 과거를 탐구하는 학문이기는 하지만 과거의 탐구가 곧 현 인류 삶에 대한 성찰로 이어지는 것이며, 동시에 그것이 미래로 나아가는 초석이 된다. 그러므로 역사학은 그 어느 학문보다도 현재에 대한 치열한 문제 의식을 바탕으로 다가올 시대를 전망하고 준비해야 한다. 따라서 '4차 산업혁명'이라는 시대적 흐름 속에서 역사학은 '4차 산업혁명'을 탐색하고 미래를 고민할 필요가 있다.

　'4차 산업혁명'에서 인공지능은 핵심적인 기술이자 특징이다. 인공지능은 다양한 분야에서 활용되어 인류의 삶을 변화시킬 것으로 예상된다. 그 변화 중에서 현재 괄목할만한 발전과 활용이 두드러지게 나타나는 기술이 인공지능을 활용한 번역 기술이다. 역사학은 과거의 기록인 사료를 활용하여 연구하는 학문이므로 사료를 활용하기 위해서는 사료를 번역하는 작업이 선행되어야 한다. 그러므로 인공지능을 활용한 번역이 어떻게 진행되고 있고, 이것을 역사학에서 어떻게 활용할 수 있으며, 더 나아가서 역사학자들이 어떠한 대비를 해야할 것인지에 대한 전망이 필요하다. 따라서 본고에서는 인공지능을 통한 사료 번역의 필요성과 현황을 살펴보고, 이에 역사학자들이 어떠한 역할을 할 수 있을 것인지에 대해서 고찰해 보고자 한다.

1. 인공지능을 통한 고전문헌 사료 번역의 필요

'4차 산업혁명'이라는 개념이 다소 모호한 것이 현실이지만, 공통적으로 인공지능이라는 과학 기술의 발달이 '4차 산업혁명'의 주요 개념의 하나인 것으로 이해된다. 인공지능의 발달에 대해서 학자마다 얼마나 지적 능력을 갖춘 발달된 인공지능이 개발될 것인가, 그리고 그 시기가 언제가 될 것인가에 대한 여러가지 논란이 존재한다. 인공지능이 인간의 지능을 넘어서는 초우월적인 두뇌를 지니게 될 것이라고 전망되기도 한다.[3] 이러한 변화에 대비하여 전문가들은 '4차 산업혁명' 시대에 새로운 기술과 역량을 갖춰야 하며, 다른 의사소통 방식을 배우고, 자기 분야에 필요한 자료에 숙달하며, 기계와 새로운 업무 관계를 확립하고 다각화해야 한다고 주장한다. 우리가 주목해야할 점은 인공지능이 어떻게 발전되든지 간에 현재 인공지능이 계속해서 개발 중이며, 따라서 우리 인간이 그것을 유용하게 활용할 수 있어야 한다는 것이다.

역사학은 실로 다양한 학문적인 분야와 관련되어 있지만, 역사 연구의 가장 기본 토대이자 근본이 되는 것은 사료(史料)이다. 사료를 수집하고, 정리하는 것은 역사학의 가장 근본적이고 기초적인 작업이다. 현재 많은 사료들이 이미지, 텍스트 등으로 디지털화 작업이 이루어지고 있다. 하지만 여전히 역사 연구자들이 사료를 활용함에 용이하지 않은 점들이 존재한다. 본고는 현대 이전 한국사 사료로서 한문으로 기록되어 있는 고전문헌을 대상으로 활용의 어려움을 서술해 보고자 한다.

고전문헌 사료 활용에서 연구자가 직면하는 어려움으로 첫째, 한문 문자 판독의 어려움이 있다. 고전문헌은 거의 대부분 한문으로 기록되어 있는데, 한문은 서체가 다양하여 동일한 글자라고 해도 글자체에 따라 차이가 있어 서체별로 한자를 판독하는 능력이 필요하다. 가령, 『승정원일기』나 『훈국등록』은 국가 기관에서 작성한 문서이지만 흘림체인 초서(草書)로 기록되어 있다. 문화사에 주요한 사료가 될 수 있는 개인의 간찰이나 일기류도 초서로 기록된 것이 많다. 초서는 사료 작성자에 따라서 필체가 달라져서 판독이 쉽지 않다. 또한 동일하게 보이는 글자들이 문맥이 따라서 다른 글자로 이해될 경우도 있으므로 문맥을 이해해야만 즉, 문리가 있어야만 글자를 이해할 수 있다. 이에 사료에 기록된 한문 문자를 판독하는 것 자체가 어려운 것이다.

둘째, 한문 번역 능력 습득의 어려움이다. 현재 우리는 한글을 주언어로 사용하고 있어 고전문헌 사료에 사용하는 한문은 고어(古語)이다. 따라서 한문 문자를 이해하기 위해서는 따로 한문 학습을 하지 않으면 한문 사료를 읽고 활용할 수가 없다. 즉, 사료를 활용하기 위해서는 한문을 번역할 수 있는 능력이 필수이다. 하지만, 한문 번역 능력을 획득하는데 있어서 시간적·현실적인 어려움이 존재한다. 한국고전번역원에서는 한문 전문 번역인력 1명을 양성하는데 최소 10년 이상이 걸리는 것으로 파악하고 있다. 이것이 전문 번역 인력을 대상으로 파악한 기간이라는 점을 감안한다면 다른 분야를 전공하는 사람이 한문을 습득하기 위해서는 더 많은 시간과 노력이 필요한 것이다.

셋째, 한 사람이 번역할 수 있는 사료의 양이 제한적이라는 문제가 있다. 예를 들어, 한국고전번역원에서 1994년부터 『승정원일기』를 번역하기 시작하였는데, 23년이 지난 2017년에 『승정원일기』의 전체 20% 정도의 분량을 번역하는데 그쳤다. 한국고전번역원에 따르면 『승정원일기』는 1,841책으로 완역까지 약33년 소요될 것으로 예상되며, 『승정원일기』를 포함하여 한국고전번역원 전체의 한문 고전을 정리하고 번역할 대상은 총 18,483책으로 전체를 번역하는데 130년이 걸릴 것으로 예상된다.[4] 『승정원일기』 외에도 아직 번역되지 않은 고전문헌이 많다. 또한 번역은 시간의 흐름에 따라 현재 사용하는 언어가 변화하므로 계속해서 현재 사용하는 언어를 반영하는 재번역이 요구된다. 따라서 번역에는 절대적으로 많은 시간이 필요하지만, 한 명의 번역자가 번역할 수 있는 사료의 양이 제한적이다. 그러므로 역사 연구자가 자신이 활용하고자 하는 사료가 번역되기를 기다릴 수만은 없는 것이 현실이다.

넷째, 사료 번역에는 다양한 용어와 배경 지식들이 요구된다. 예를 들어, 조선왕조에서는 왕실 및 국가 행사 등을 거행하면서 그 과정에서 논의된 사항, 절차, 준비해야 할 물품 등 전반적인 사항과 도면을 '의궤(儀軌)'라는 기록물로 작성하여 남겨두었다. 현재 전해지는 의궤는 책 수만 따졌을 때 3,869책에 이르는 방대한 분량이다.[5] 의궤에는 인명이나 물명이 나열된 별단 등에는 고유 용어들이 등장하는데, 이는 풍수지리, 음악, 음식, 복식, 공예, 건축 등 다방면에 걸친 지식이 동원되어야 이해할 수 있다. 또한 다양한 형식의 공문서를 각각의 형식의 특성을 반영해 기재하였기 때문에 공문서 특유의 투식과 용법을 고려하지 않고 문리만으로 번역을 할 경우 오역할 가능성이 높다. 따라서 의궤의 번역에서 다양한 학자 혹은 학제간의 협동 번역이 필요하다는 점이 줄곧 지적되었다.[6] 의궤 번역뿐만 아니라 다른 사료 번역에도 마찬가지로 다양한 전문가와 학제간의 협동이 필요하다.

이처럼 사료 번역에서 난점은 개인의 학자가 고전문헌 사료를 번역하기 위해 한문 독해 능력과 관련 지식이 필요하며, 이는 많은 시간과 노력이 필요하다는 점이다. 이러한 점은 역사학자의 연구 시야를 확대하고, 활발한 연구 성과를 내는데 있어서 장애로 작용되어 왔다. 이는 곧 역사 연구의 발전 속도에 제한을 가져왔던 것이다.

2. 인공지능을 통한 고전문헌 번역의 현황

앞 장에서 역사학자가 연구하는 과정에서 고전문헌 사료를 활용함에 있어서 번역의 어려움으로 인해 학자 개인이 사료를 활용하는데 한계가 있음을 확인하였다. 그러나 '4차 산업혁명'으로 인해 기술이 발달하게 되면서 지금까지 역사학자들이 경험했던 한계를 극복하고 역사 연구의 질과 범위를 확장할 수 있는 가능성이 더욱 커질 것으로 기대된다. 이미 그러한 시도들이 진행 중이다. 특히 우리가 주목하고자 하는 것은 인공지능 기술을 활용한 한문 사료 번역의 진전이다.

구글 번역처럼 고전문헌 번역에 인공지능 기술을 융합하여 과거의 문헌을 자동번역할 수 있는 국가 사업의 진행이 그 대표적인 결실이다. 주무부처인 과학기술정보통신부에서는 2013년부터 사물인터넷, 빅데이터, 인공지능 등 유망 ICT((Information and Communications Technologies) 신기술을 공공분야에 도입하여 공공서비스를 혁신하고, 사회문제를 해결하며 지능정보사회의 구현에 기여하고자 ICT 기반 공공서비스 촉진사업을 추진해왔다.[7] 이 사업의 일환으로 2017년부터 한국고전번역원이 사업 주관기관으로 고전문헌을 인공지능으로 번역하는 사업을 시행하여 왔다. 2017년도에는 충남대학교와 공동으로 '인공지능 기반 고전문헌 자동번역 시스템 구축' 사업을 시작하였으며, 2018년도에는 이를 고도화하는 '인공지능 기반 고전문헌 자동번역 시스템 고도화 사업'을 추진하였고, 2019년도에는 자동번역의 분야를 세부화한 사업으로 한국고전번역원과 한국천문연구원이 합작하여 '클라우드 기반 고전문헌자동번역 확산 서비스 구축 사업'을 진행하고 있다.

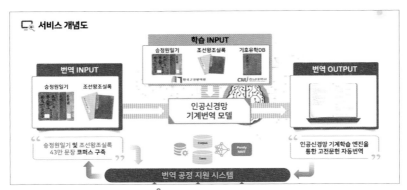

그림 1 _ 고전문헌 자동번역 시스템 개요[8]

　한국고전번역원은 2017년에 인공 신경망 기계번역(NMT, Neural'
Machine Translation) 기술을 고전문헌 번역에 활용한 'AI 기반 고전문헌
자동번역 시스템'을 구축했다. 그 대략적인 개요는 고전문헌 코퍼스 데
이터DB를 바탕으로 인공지능을 기반으로 하는 자동번역 기계학습 알
고리즘을 적용하여 자동번역 모델을 생성하고 이를 바탕으로 고전문
헌 원문 정보를 입력할 경우 자동번역을 제공해준다. 물론 이는 아직
초벌번역의 수준이며, 번역 공정 지원 시스템을 통해 전문번역자와 번
역관리자가 정교한 번역으로 다시 가공하여 완성된 번역물을 만든다.
이는 다시 인공지능이 학습할 자료인 고전문헌 코퍼스 데이터 DB로서
활용된다.

　현재 개발·고도화 사업으로 추진되고 있는 한국고전번역원의 자동
번역 시스템을 이해하기 위해서는 기계번역 기술의 발전을 이해할 필
요가 있다. 기계번역은 몇 가지 단계를 거쳐 발전하여 현 단계의 수준
에 이르렀다. 그 첫 번째가 1980년대의 규칙 기반 기계번역(RBMT, Rule-
based Machine Translation)이다. 이는 언어 규칙을 언어학자 혹은 번역자
가 직접 입력하는 방식이었다. 기계번역 방식은 사람이 규칙을 만들어
야 하므로 수많은 언어를 번역할 수 있는 시스템을 구현하기에는 한계

가 있었다.

1990년대에는 코스퍼 기반 방식인 '말뭉치 기반 기계번역(Corpus-based Machine Translation)'이 주류를 이루었다. 말뭉치 기반 기계번역은 방대한 단일어 및 대역어 쌍으로부터 번역지식을 학습하여 번역이 이루어지는 것이다. 이는 크게 '예제 기반 기계번역(EBMT, Example-based Machine Translation)'과 '통계 기반 기계번역(SMT, Statistics-based Machine Translation)'으로 나뉜다. 예제 기반 기계번역은 정보 검색 및 문장 유사도 측정 방법을 통해 대규모 대역 코퍼스에서 입력 문장과 가장 유사한 예문을 참조하여 번역하는 방식이다. 번역한 원문과 번역문의 정보를 그대로 저장해뒀다가 똑같은 문장의 번역 요청이 있을 시 정보를 활용해 번역 결과를 내놓는다. 그러나 실제로 제한된 코퍼스에서 입력문과 일치하거나 유사한 문장이 존재할 확률이 매우 낮다.[9]

한편, 통계 기반 기계번역은 냉전 시대까지 거슬러 올라간다. 당시 록펠러 재단의 워런 웨이버(Warren Weaver)가 기계번역과 유사한 것을 개발할 것을 제안한 이후 1988년에 IBM이 최초로 구현한 번역 방식이다.[10] 원문과 번역문의 언어 상관관계 빈도수를 분석하고 이를 통계화해 번역문 산출에 활용한다. 언어 쌍별 병렬 코퍼스가 충분히 주어지면 언어의 구조와 특성에 대한 규칙을 입력하지 않아도, 병렬 코퍼스에 나타난 언어 쌍의 언어적 특성을 통계적으로 분석 및 모델링해서 번역에 필요한 지식을 자동으로 추출해낸다. 언어학적 배경 대신 통계학을 이용하여 두 언어의 통계적 관계에 초점을 맞춰 번역하므로 데이터를 많이 제공할수록 통계적 분석 결과를 바탕으로 정확도가 높아지게 된다. 기계에 문법과 구문론을 가르치는 과정 없이 번역할 수 있는 방식이어서 기존의 규칙 기반 번역시스템에 비해 다양한 언어 쌍을 위한 번역시스템 개발에 소요되는 인력, 시간, 비용을 절감할 수 있다.[11] 통계 기반 기계번역은 시스템이 자동으로 번역 방식을 익힌다는 점에서 규칙 기반 기계번역보다 번역구현이 용이하다. 뿐만 아니라 번역 완성도가 높다는 장점이 있다.

　이어서 최근 주목받고 있는 기술은 '인공 신경망 기계번역(NMT)'이다. 2016년 하반기에 구글의 새로운 자동 번역 시스템의 발표와 함께 인공지능은 번역 관련 종사자와 연구자들 사이에서 주목을 끌게 되었다. 다층신경망을 이용하여 인간의 학습과정을 모방한 딥 러닝 알고리즘 기술이 사용된 기계번역이다. NMT 기술은 기존에 단어와 구문을 쪼개어 번역했던 통계 기반 번역과 달리 문장을 통째로 파악해 번역하는 최신 기술로 어순, 문맥의 의미와 차이 등을 반영할 수 있으므로 문장 맥락 이해도 및 정확도가 높은 편이다. 구글 번역과 네이버에서 서비스 중인 파파고에 적용중인 기술이다.

　고전문헌 자동번역 시스템은 한국고전번역원이 현재 세계적으로 기계번역 사업을 담당하고 있는 대표적인 기업인 시스트란(Systran)의 기술을 활용하여 진행되어 왔다. 2017년 6월부터 6개월간 고전번역원이 제공한 『승정원일기』 영조대 즉위년부터 영조 4년 3월까지 총 35만개의 코퍼스(말뭉치)와 시스트란이 자체적으로 보유하고 있는 말뭉치를 기반으로 하여 AI 기반 자동번역 모델이 30번 이상 훈련을 거쳤다. 이 번역 시스템에 적용된 신경망 번역기술(NMT)은 원문과 번역문에서 서로 연관성이 있는 고유패턴을 찾아내고, 그 데이터를 기반으로 번역모델을 생성하는 기술이다. 이 번역모델은 원문과 번역문 간의 대응 관계 정보를 스스로 학습하는데, 이는 실제 번역 과정에서 가장 적합한 대역어 관계를 탐색하고 판단해 최종 번역문을 생성하게 한다. 이와 함께 AI 번역 엔진이 고전문헌을 더욱 쉽게 인식할 수 있도록 고전 한자를 뜻 단위로 분리시켜주는 고전문헌용 토크나이저를 별도 개발해 시스템에 통합시켰다.[12]

　2018년에는 고전번역원에서 인공지능 기반 고전문헌 자동번역 시스템 고도화 사업을 추진하였다. 인조대와 고종대 『승정원일기』로 자동번역 대상의 시대 범위를 확대하여 2018년에는 43만건의 고전문헌 코퍼스를 구축하였다. 또한『조선왕조실록』을 새로 번역 대상으로 선정하여 전왕대에서 주제별 내용을 추출하여『조선왕조실록』코퍼스를 구축하고, 이를 통해 문형패턴을 확대하고 각 주제별 다양한 어휘 확보를 통해 자동번역 미등록어를 해소하는 등 번역 성능의 고도화를 추진하였다. 번역문 기계학습 길이가 기존 150자 이하 단문에서 300자까지 확장해 장문의 고전문헌 문장의 초벌 번역 작업이 원활할 수 있도록 하였다. 이처럼 2018년도에는 인공 신경망 번역모델의 학습방법을 강화하여 발전된 번역 모델인 튜닝된 하이퍼 파라미터를 생성하는 작업을 추진하였다.[13]

언어를 번역하는 기술에 사용되는 신경망의 원리를 이해하기 위해서 신경망이 사물을 인식하는 과정을 우선 살펴보기로 하자. 〈그림 2〉는 신경망이 개 사진을 보고 어떻게 개라는 개체로 인식하는지 그 과정을 간략하게 보여준다. 먼저 신경망은 수천가지의 다양한 동물의 사진을 학습해 동물들을 구별할 수 있는 법을 배운다. 그렇게 학습된 신경망에 어떠한 개 사진 정보가 입력되면, 신경망은 여러 단계를 통해서 사진을 인식해 나간다. 우선 첫 번째 단계에서 여러 가지 단순한 모양들을 인식

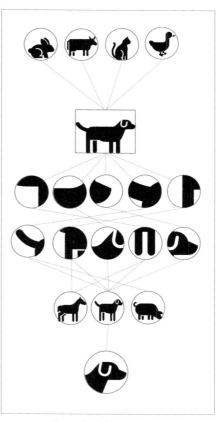

그림 2 _ 신경망이 사진에서 개를 인지하는 방법

하여 반응하고, 그 다음 단계에서 더 복잡한 구조를 인식하여 반응하며, 가장 높은 단계에서 더욱 복잡하고 추상적인 모양을 인식하게 된다. 이러한 과정을 거쳐 신경망은 최종적으로 기존에 학습한 것과 가장 유사도가 높은 개와 일치한다고 판단하여 개로 판독해내는 것이다.

신경망 기계번역도 위와 같은 과정을 거쳐서 번역을 수행한다. 신경망 기계번역은 컴퓨터가 원문을 문장 단위로 읽어 들인 다음 심층학습으로 획득된 매개변수(parameter)를 활용하여 해당 문장에 대응되는 최적의 번역을 통째로 생성해 내는 과정으로 이루어진다. 일반적으로 신경망 기계번역은 순환신경망(Recurrent Neural Network) 알고리즘을 기초로 한다. 신경망 기계번역은 순환신경망(RNN)을 이용하여 입력 언어 (X)와 출력 언어(Y)의 조건부 확률을 계산하여 최적의 P(Y|X)를 찾는 과정으로 설계된다. 입력 언어의 문장을 'X'라고 하고 출력 언어의 문장을 'Y'라고 표시하고 이 두 문장에 포함된 언어 단위를 각각 "X={x1, x2, x3, …, xm}", "Y={y1, y2, y3, …, yn}"이라고 가정할 때 순환신경망 알고리즘을 통해서 이 둘 사이의 최적의 확률을 구하는 것은 다음과 같이 표시할 수 있다.

$$P(Y|X) = P(Y|x_1, x_2, \cdots, x_M) = \prod_{i=1}^{N} P(y_1|y_0, y_1, y_2, \cdots, y_{i-1}; x_1, x_2, \cdots, x_M)$$

위의 수식에서 보이듯이 신경망 기계번역에서는 입력 문장과 출력 문장을 통째로 학습하고 이것을 통해서 번역을 수행하는 'end-to-end' 방식을 추구한다.[14]

신경망 기계번역은 3가지 영역으로 나뉜다. 왼쪽은 인코더(Encoder) 네트워크이고 오른쪽은 디코더(Decoder) 네트워크이다. 그리고 중간에 주의(Attention) 모듈이 결합되어 있다. 신경망 기계번역 시스템에서 입력 언어(X)를 해석하는 것은 일반적으로 '인코더(Encoder)'라고 불리고 출력 언어(Y)를 처리하는 것은 '디코더(Decoder)'라고 불린다. 인코더는

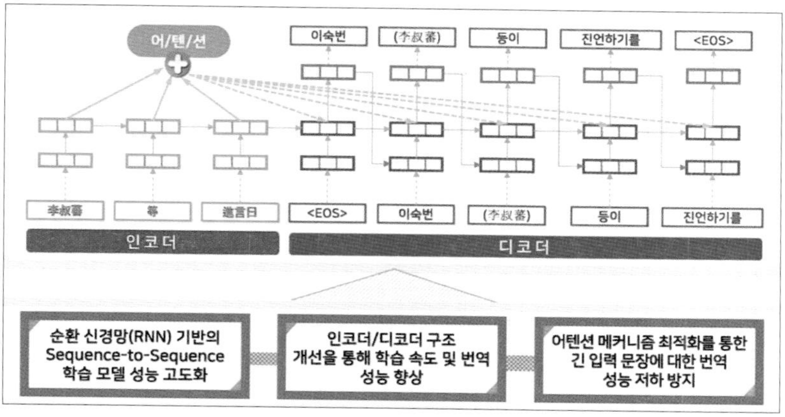

어/텐/션

이숙번　(李叔蕃)　등이　진언하기를　<EOS>

李叔蕃　等　進言日　<EOS>　이숙번　(李叔蕃)　등이　진언하기를

인코더　　디코더

| 순환 신경망(RNN) 기반의 Sequence-to-Sequence 학습 모델 성능 고도화 | 인코더/디코더 구조 개선을 통해 학습 속도 및 번역 성능 향상 | 어텐션 메커니즘 최적화를 통한 긴 입력 문장에 대한 번역 성능 저하 방지 |

그림 3 _ 고전번역원 심화학습 모델 고도화의 적용기술 개요[15]

원문을 읽어 들이는 부분이고 디코더는 번역문을 생성하는 부분으로 이해할 수 있다. 즉, 인코더는 입력 문장의 정보를 파악하고 순환신경망(RNN)을 이용하여 문장을 읽고 정보를 저장한다. 디코더는 병렬 코퍼스로 학습된 정보를 토대로 입력 문자열에 가장 적합한 번역문을 찾는 과정이다.[16]

　예를 들면, 자연어 형태의 입력 정보 'let's go to Starbucks'를 부호변환기인 인코더(encoder)에 넣어 주면, 신경망 내에서는 각 단어의 내재화된 정보를 순차적으로 활용하여 수치화된 문장으로 인코딩 처리하고, 그 후 인코딩된 수치를 암호 해독기인 디코더(decoder)에 다시 입력 값으로 넣어 연산을 수행하면 최종적으로 우리말 문장으로 디코딩하게 된다. 입력 단계에서 인코딩이 끝난 수치화된 문장은 출력 단계에서는 다시 입력 값이 되어 디코더로 들어가는데, 가령 let's가 들어가면 우측에 올 수 있는 우리말 대역어를 확률적으로 계산하여 제일 높은 '가자'를 일단 번역될 수 있는 후보로 선정하고, let's와 go가 함께 들어가면 '가자'의 확률은 더욱 높아지고, 같은 방식으로 번역 후보군 중에서 let's go와 결합할 수 있는 확률 값을 '로 가자'로 계산해 두었다가 뒤에 to

가 따라 들어가면 '로 가자'가 거의 결정되고 연이어 마지막에 위치한 고유명사 Starbucks를 붙여 계산을 마치게 된다. '예측'은 학습을 통해 얻어진 내재화된 수치를 바탕으로 확률값을 구하는 연산 과정이며, 이것이 바로 AI 번역의 작동 원리인 것이다.[17] 이런 방식으로 단어나 구 등이 공간에서 관계를 형성하며 매핑될 때 가지는 벡터값을 '워드 임베딩'(word embedding)이라고 하며, 이것이 새로운 번역 방식의 핵심 기술이다.

'주의 기제(Attention Mechanism)'는 신경망 기계번역 과정에서 긴 문장을 효율적으로 처리하기 위해서 개발된 방법이다. '주의 기제'는 말 그대로 '주의(attention)'해서 봐야할 정보를 포착하고 가중치를 부여하여 전달하는 것이 핵심이다. 주의 모듈은 인코더가 생성한 정보와 디코더가 생성한 정보를 모두 읽어 들여 그 다음에 출력할 언어 표현을 예측하기 위해 주의해서 봐야할 문맥 정보 벡터에 가중치를 부여한다. 순환 신경망(RNN) 번역 모델은 고정된 차원의 벡터(vector)로 부호화하므로 짧은 문장과 달리 긴 문장은 고정된 벡터로 모두 부호화하기 어렵다. 그 결과 긴 문장을 고정된 벡터 안에 압축시켜서 처리하게 되어 긴 문장의 번역은 성능이 떨어지게 된다. 따라서 '주의 기제'를 사용하여 이 문제를 해결한다.[18] 고전번역원에서 2018년에 추진하고 있는 튜닝된 자동번역 시스템 하이퍼 파라미터도 마찬가지로 인코더와 디코더와 주의 기제인 어텐션의 3가지로 구성되는 신경 기계번역 시스템이다.

인공 신경망은 이러한 요인을 기반으로 정확도가 높은 번역문을 산출해낸다. 신경망기반 방식의 혁신적인 특징은 첫째, 번역 단위가 단어 및 구에서 문장으로 확대되어 문장 내 의미의 흐름 즉 맥락 인식이 가능하다는 점과 둘째, 학습데이터가 없는 언어도 인공지능이 스스로 학습할 수 있는 제로샷 번역(zero-shot translation) 기술이다. 예를 들어, 한국어와 영어, 영어와 일본어를 번역할 수 있도록 학습시키면 인공지능이 영어의 중역을 거치지 않고 한국어와 일어를 적정 수준으로 번역해

하이퍼 파라미터	설명
Embedding Dimension	워드 벡터 사이즈
RNNCell Variant	RNN 셀 종류
Encoder-Decoder Depth	인코더/디코더 레이어 개수
Attention Dimension	어텐션 네트워크 사이즈
Attention Type	어텐션 종류
Encoder	인코더 종류
Beam Size	디코딩 beam search 사이즈
Length Penalty	문장 길이 정규화

그림 4 _ 고전문헌 자동번역시스템 하이퍼 파라미터 튜닝 개요[19]

낸다.[20]

현재 온라인 상에 구글 번역기를 필두로 바이두, 네이버 파파고 등에서 인공지능 기술을 활용한 번역 서비스를 제공하고 있다. 고전문헌 자료는 구글 번역기나 네이버 파파고의 중국어 번체 번역을 이용할 수 있을 것이다. 하지만, 이들을 사용해서 고전문헌의 한문 문장을 번역하기에는 어려움이 크다. 뒤에서 언급되겠지만, 고전번역원에서 개발 중인 시스템을 활용해서 번역한 결과물과 동일한 『승정원일기』 원문을 가지고 번역을 시도해보았다. 번역의 결과물을 아래와 같았다.

표 1 _『승정원일기』 원문에 대한 구글 번역기과 네이버 파파고 번역물[21]

『승정원일기』 원문	【영조 5년(1729) 11월 26일(병신) 20번째 기사】 又以義禁府言啓曰, 今月二十五日初覆入侍時, 捕廳罪人虎狼, 還 發配所事, 榻前下教矣。 仍前罪目, 依例發遣府羅將, 押送于咸鏡道慶源府配所之意, 敢啓。 傳曰, 知道。
구글 번역기 (중국어번체→한국어)	또한 그는 금지 된 정부로부터 금지되었다고 말했고 이달 25일 초종을 쓰고 죄인과 호랑이들에 의해 체포되었고 소파에 앉아 물건을 나눠주고 쪼그리고 앉았다. 이 사건에 따르면 정부는 분대를 보내고 Xianjing Road의 청원 집으로 호위했다. 추안, 알아.
네이버 파파고 (중국어번체→ 한국어)	또 의금부의 말로는, 금월 이십오일 초복하여 시중에 들어왔을 때에, 포청죄인과 범과 늑대가, 또 소사를 배부하여 다다미 앞에서 가르침을 주었다고 한다. 이전의 죄목을 그대로 보고, 관례에 따라 부라장을 파견하여 함경도 경원부 배소에 압송한다는 뜻을 감히 알려드립니다. 전하여 가로되, 알고 있다

우선 구글 번역은 번역된 문장을 봤을 때 무슨 내용인지 파악하기가 어렵다. 이는 중국어 번체의 문장과 우리의 고전문헌에서 사용되는 한문 사용이 다른데, 구글이 중국어 번체를 번역하는 것으로 학습해 왔기 때문에 이러한 결과물이 나온 것으로 판단된다. 구글 번역기와 달리 네이버 파파고의 결과물은 좀 더 번역의 정확도가 높은데, 의금부, 함경도 경원부와 같은 고유 명사를 인식하고 있고, 한문 문장을 끊어 읽는 것도 훨씬 정확도가 높았다. 하지만, 박호랑 같은 흔하지 않은 인명이나 탑전, 나장과 같은 명사를 인식하지 못해 풀어서 번역하거나 한 단어로 잘못 묶어서 번역하는 오류가 있다. 이처럼 현재 제공되는 번역기 서비스로는 고전문헌의 한문 문장을 번역하는데 활용하기에 적합하지 않은 실정이다.

그런데, 고전번역원에서 구축한 병렬 코퍼스와 자동번역 시스템을 가지고 번역한 결과물은 이와는 사뭇 다르다. 〈표 2〉는 앞서 번역을 시도했던 『승정원일기』 원문을 가지고 자동번역기를 사용하여 번역한 결과물과 인간이 번역한 것을 비교한 것이다. 자동번역기의 번역물에서도 마찬가지로 흔치 않은 인명인 호랑(虎狼)을 호린(虎麟)으로 잘못 번역하거나, 초복(初覆)에 입시하였다는 동사의 해석을 초복했다고 번역하는 오류가 있기는 하지만, 완전히 그 의미를 분해해서 번역하지 않고 하나의 단어로서 인식하고 있다. 그 외에도 대략적인 문맥의 흐름대로 매끄럽게 번역을 하고 있음을 확인할 수 있다. 자동번역기(데모ver1.0)로 번역한 결과물을 가지고 한국고전번역원 『승정원일기』 번역자에게 번역물에 대한 평가를 실시하였는데, 5점 만점에 평균 3점을 획득하였다. 2018년 『조선왕조실록』과 『승정원일기』 데이터를 바탕으로 자동번역한 결과물의 평가 점수가 좀 더 상승하여 3.5점을 받았다.[22] 이는 인공지능 번역이 한문 사료 번역을 어느 정도 상당한 수준으로 수행해 낼 수 있음을 보여준다.

표 2 _ 『승정원일기』 원문에 대한 자동번역과 휴먼번역 비교[23]

【영조 5년(1729) 11월 26일(병신) 20번째 기사】
又以義禁府言啓曰,　今月二十五日初覆入侍時,　捕廳罪人虎狼,　還發配所事,
榻前下敎矣° 仍前罪目, 依例發遣府羅將, 押送于咸鏡道慶源府配所之意, 敢啓° 傳曰, 知道

| 또 의금부의 말로 아뢰기를, 이달 25일 초복(初覆)했을 때, 포도청의 죄인 호린(虎麟)을 도로 배소(配所)로 보내도록 탑전 하교(榻前下敎) 하셨습니다. 이전의 죄목에 따라 규례대로 본부의 나장(羅將)을 보내 함경도 경원부(慶源府)의 배소(配所)에 압송하도록 감히 아룁니다. 전교하기를, 알았다. | 또 의금부의 말로 아뢰기를, "이달 25일 초복(初覆)에 입시하였을 때 포도청 죄인 박호랑(朴虎狼)을 도로 배소로 보내도록 탑전 하교를 내렸습니다. 이전 죄목 그대로 규례에 따라 본부의 나장(羅將)을 보내어 함경도 경원부(慶源府)의 배소로 압송하겠습니다. 감히 아룁니다." 하니, 알았다고 전교하였다. |

이처럼 자동번역을 이용할 경우 번역 수준이 높은 번역물을 얻을 수가 있게 될 것으로 기대된다. 뿐만 아니라 고전문헌 번역 속도도 더욱 빨라질 것으로 예상된다. 한국고전번역원은 『승정원일기』를 1994년부터 번역하기 시작하여 2062년에 번역이 완료될 것으로 예상하였다. 그러나 딥러닝 기반의 인공지능을 적용한 자동번역을 활용할 경우 번역 예상 기간이 45년에서 27년 단축되어 2035년에 번역이 완료될 것으로 기대하고 있다.[24]

또한 2019년도에는 특수분야의 고전문헌 번역을 사업으로 추진하여 현재 천문 분야에서 고천문 기록물을 DB화하고자 인공지능 기반 고전문헌 자동번역 노하우를 개방 확산하는 플랫폼을 구축하고 있다. 번역은 텍스트 유형에 따라서 그 방식과 난이도가 다르므로 텍스트 유형이나 분야에 따라 특화된 기계번역 시스템을 개발하여 전문 분야에서 사용되는 정형화된 언어 패턴을 학습하면 번역의 정확률을 높일 수 있다. 텍스트 유형별로 특화시키면 기계번역의 정확률이 더 높아지므로 기계번역은 범용적인 번역 기능과 영역에 특화된(domain specific) 번역 기능을 선택적으로 개발하는 것이 필요하다.[25] 특수분야의 고전문헌은 해당 분야의 전문가의 경우 한문 독해력이 부족하고 고전문헌 전문번역자는 해당 분야의 지식이 부족하여 번역률이 저조하였다. 한국고전번역원에

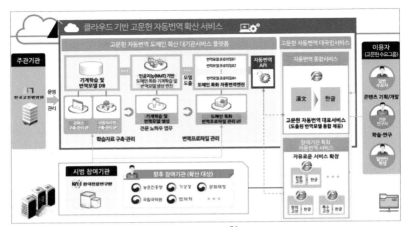

그림 5 _ 클라우드 기반 고문헌 자동번역 확산 플랫폼 개념도[26]

서는 앞으로 점차 참여기관을 확대하여 다양한 자동번역 모델을 통합적으로 제공하며, 참여기관에 따른 특화된 고전문헌 자동번역 서비스를 개발하여 시행할 계획이다. 이에 고전문헌 이용자는 자신이 번역하고자 하는 고전문헌 특성에 맞는 모델을 선택해서 활용함으로써 번역의 정확도를 높일 수 있게 되는 것이다.[27] 따라서 더욱 다양하고 넓은 분야의 고전문헌 사료 번역을 수행할 수 있게 될 것이다.

한국고전번역원에 따르면, 2020년 이후에 대국민을 대상으로 고전문헌 자동번역 서비스를 개시할 예정이라고 한다.[28] 번역 시스템이 초벌 번역 단계의 수준이지만 앞으로 더 많은 시간이 인공지능을 통한 번역 시스템 구축과 더 많은 사료들이 데이터베이스화 되어 확보된다면 인공지능에 의한 번역이 더욱 정교한 번역 수준에 다다를 수 있을 것이다. 그리고 한 개인이 담을 수 있는 정보의 양을 훨씬 넘어서서 다양한 분야의 정보들을 축적해 나갈 수 있을 것이다. 때문에 개인 학자가 자동번역을 시도한다고 하더라도 학제간의 교류를 위한 시간적·물리적 노력과 과정 없이도 사료 번역이 이뤄질 수 있을 것이다.

이러한 시스템이 구축된다면, 고문헌을 이용하고자 하는 사람들은

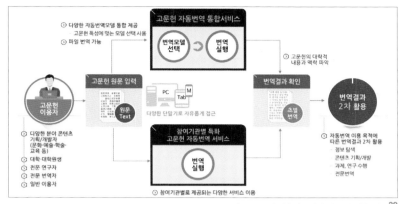

그림 6 _ 고전문헌 자동번역 시스템 이용 개요[29]

컴퓨터나 휴대폰 등을 사용해서 인터넷이 가능한 곳이라면 고전문헌 자동번역 서비스에 원문을 입력하고, 자신이 원하는 자료의 성격에 따라 번역모델을 선택하여 번역을 실행할 것이다. 특수한 전문분야의 번역의 경우 관련 기관에서 번역 서비스를 제공하여 초벌번역의 번역결과물을 얻을 수 있게 되는 것이다. 역사학자들은 사료 번역에 이를 활용함으로써 번역에 소요되는 시간이 단축되고 대신 더욱더 많은 시간을 창의적인 연구에 투여할 수 있어 더욱 생산적인 역사 연구를 수행할 수 있을 것으로 기대된다.

3. 인공지능 번역의 한계와 역사학자의 역할

'4차 산업혁명' 시대에 인공지능을 통한 고전문헌 사료의 번역은 곧 사람들이 한문 언어로 인해 겪는 사료 활용의 한계를 극복할 수 있는 획기적인 변화 기제가 될 것이다. 역사학자들은 앞으로 인공지능이 제공하는 자동번역의 편리함을 연구에 적극적으로 활용할 수 있게 될 것이다. 인공지능으로 방대한 사료들의 번역이 진전된다면 역사학자들은 더욱 짧은 시간과 노력으로 더 많은 고전문헌 사료들을 접할 수 있게 될 것이다. 즉, 고전문헌 사료의 접근성이 더욱 높아질 것이다.

그런데, 고전문헌 사료에 대한 접근성이 높아지는 수혜가 비단 역사학자에게만 국한되는 것은 아니다. 대중들도 한문 번역 능력이 없다고 하더라도 고전문헌 사료를 열람하고 이해할 수 있게 될 것이다. 이미 현재에도 많은 사료들이 데이터베이스화 되면서 누구에게나 공유되고 있고 이러한 경향은 앞으로 더욱 가속화되고 공유 영역이 확대될 것이다. 이전에는 역사학자들이 일반 대중이 접할 수 없는 사료를 접근하는 것 자체만으로 학자로서의 권위를 획득할 수 있었다. 하지만 이제 사료가 인공지능 등의 기술로 점차 데이터베이스화 되고 번역이 되면서 역사학자들이 사료를 점유함으로써 얻을 수 있었던 학자로서의 권위와 정체성은 사라지게 될 것이다. 이는 곧 역사를 이해하고 사유하는 것이 학문적 공간에서 학자들이 전유하는 행위가 아닌, 다양한 대중들이 공유하고 논의할 수 있는 열린 대상이 되었음을 의미한다. 이에 역사학자와 역사를 즐기고 개인적으로 연구하는 대중 사이의 역할 간격이 더욱 좁아지게 될 것이다. 특히 과거 사실로서의 역사를 구명하는 역사학의 학문적 영역이 역사학자의 고유한 영역에서 탈락하거나 축소될 것이다. 그러므로 과연 역사학자가 미래에 행할 수 있는 역할이 있을 것인지 혹은 역사학자들의 학문적 영역이 고유하고, 독창적이며, 필수적인 것인가에 대한 의문이 제기될 수 있는 상황이다. 역사학자들이 대중과 구별되는 정체성을 지닐 수 있는 학자로서의 역할과 전문성은 과연 무엇일까? 어떠한 점에 근거해서 역사학자라는 학자로서의 존재 가치와 역할을 보여줄 수 있을 것인가?

한편, 역사학자는 인공지능을 비롯한 최첨단 기계와도 경쟁해야 한다. '4차 산업혁명' 시대에 인간이 기계와 생존하여 살아남을 수 있는 주요한 차별점으로 언급되는 능력이 바로 '창의성'이다. 인공지능과 기계는 창의적인 발상을 하지 않고 대신 인간이 주입한 연산대로만 행하므로 창의성은 인간만이 발휘할 수 있는 능력이다. 창의적인 발상과 자유로운 상상력은 인공지능이 따라가지 못하는 인간만이 할 수 있는 고유한 능력으로서 미래의 업무에서 더욱 중요하게 활용될 것으로 전망된다. 따라서 역사학자에게도 창의성의 발휘가 요구될 것이다. 역사학자는 기계나 인공지능이 수행하는 것과 다른 창의적인 역사 연구를 할수 있어야 한다. 역사학자 스스로 기계와 차별적인 존재인 자기 자신을 해석의 주체로서 적극적으로 역사를 바라보고 통찰할 수 있어야 한다. 이는 더 이상 역사학자들이 사료를 정리, 소개하거나 과거 사실을 분석 정리하는 역할에 그쳐서는 안된다는 것을 의미한다. 이제 더욱더 역사학자들에게 통찰력 있는 창의적인 역사 연구가 요청될 것이다.

역사학자들에게 있어서 창의적인 사고의 원천 즉, 역사학자가 일반 대중 혹은 기계와 차별성을 가지고 역사 해석을 할 수 있는 근원이 무엇일까. 역사학자의 창의적인 발상을 할 수 있는 여러가지 방법이 있을수 있겠지만, 본 글의 주제인 고전문헌 사료 번역과 연관지어 생각해 본다면, 고전문헌을 활용하는 역사학자들에게 한문에 대한 이해와 학습이 더욱 필요하다고 판단된다.

한문 학습이 필요하다는 주장은 인공지능의 발달로 역사학자들이 고전문헌 사료 번역에서 겪는 한계를 극복할 수 있으리라는 전망과 사뭇 모순되는 것으로 여겨진다. 이를 이해하기 위해서 우리는 고전문헌 번역을 좀 더 자세히 들여다 볼 필요가 있다. 미래에 인공지능이 고전문헌의 번역을 상당한 수준으로 수행하게 될 것이다. 그런데, 인간의 언어사용은 단순히 기계적인 언어 문법의 적용을 통해서만 구현되는 것이아니라, 그림을 그리고 음악을 만드는 것처럼 창의성에 기반하여 끊임없이 창조되고 변용된다. 창의성이 인간의 고유한 능력이고 인공지능이 획득하기 어려운 능력이라고 한다면, 결국 인간의 언어의 활용, 언어의 유희 등의 모든 언어 활동을 인공지능이 완전히 이해해 번역할 수는 없을 것이다.

무엇보다 현 단계에서 고전문헌 사료 번역에 활용되고 있는 신경망 기계 번역은 한계가 존재한다.[30] 첫째, 신경망 기계는 학습하는데 많은 시간이 소요된다. 둘째, 사료의 텍스트가 모두 컴퓨터로 입력되어야만 인공지능에 의한 번역이 가능하다. 하지만 번역된 고전문헌 모두가 전산화 작업이 되어 있지 않다.

셋째, 한문 사료의 데이터는 우리가 현재 사용하고 있는 언어들과 달리 신경망 기계 번역을 활용하기에 좋은 번역의 조건을 충족하고 있지 않다. 신경망 기계번역은 적은 양의 코퍼스 자료로는 좋은 번역을 하기 쉽지 않다. 범용적인 신경망 기계번역이 원활하게 작동하려면 적어도 수백만 개의 문장이 필요하다. 신경망 기계번역 시스템은 빅데이터 수준의 번역 자료가 확보된 환경에서 좋은 성능이 발휘된다. 구글에서도 인공지능(AI)을 학습시키고 수준을 높이기 위해서는 데이터를 최대한 많이 모아야 하므로 수집 가능한 모든 데이터를 웹 크롤링(crawling)을 통해 수억에서 수십억건 넘게 모으고 이를 인공지능에 학습시킨다. 2006년부터 구글에서 언어인식, 머신러닝, 신경망 분야 연구개발을 맡았던 구글 번역 최고 담당자인 마이크 슈스터(Mike Schuster)에 따르면 일반적으로 기계에게 한 쌍의 언어(가령, 독일어 - 영어) 번역을 훈련시키는 데 1억 개의 학습 사례가 필요하다고 하였다.[31]

하지만 앞서 언급했듯이 현재 번역된 고전문헌은 전체 고전문헌의 일부에 국한되어 있다. 고전번역원에서 개발하고 있는 고전문헌 자동번역 시스템이 활용하는 코퍼스 자료를 보더라도 『승정원일기』 영조대에 한정되었다가 이제 『승정원일기』 인조대·고종대 그리고 『조선왕조실록』을 활용하는 수준이다. 『조선왕조실록』의 총 글자 수는 4964만 6667자이고, 남아 있는 『승정원일기』의 글자 수는 약 2억 4250만 자이다. 글자수 만으로 데이터로 환산해보면 일반적으로 한자는 2Byte로 한 글자를 표현하므로 『조선왕조실록』는 94.7메가바이트(MB)이고, 『승정원일기』는 462.5MB로 모두 1기가바이트(GB)에 미치지 못한다. 그런데 SNS 과 미디어 등을 통해 형성되는 글로벌 데이터는 1년에 제타바이트(ZB) 단위의 규모로 집계되는데, 1ZB는 1조 1000억GB이다. 이것에 비한다면 1GB도 되지 않는 『조선왕조실록』과 『승정원일기』의 데이터는 인공지능이 학습하기에 그 양이 현저히 적다.

더 나아가서 『승정원일기』와 『조선왕조실록』은 관찬사료로서 상당 수준 정제된 고급 한문 문장으로 기술된 사료이다. 하지만, 고사(古事)나 뜻이 함축적으로 축약된 글자를 사용해서 작성된 한시(漢詩), 이두를 활용한 고문서 등 다양한 한문 문체와 고문헌 양식에 따라서 달라지는 고전문헌의 번역을 『조선왕조실록』, 『승정원일기』를 데이터로 활용해서 번역하기에는 한계가 있다. 구글의 슈스터에 따르면, 방대한 데이터를 수집하더라도 번역의 질이 좋은지 나쁜지를 판단해 실제 번역 결과로 제시할 문장과 그렇지 않은 문장을 골라내는 알고리즘을 만드는 것이 어려운 작업이며, 구글에서는 알고리즘을 정교화하기 위해 엔지니어는 물론 언어 전문가 등이 나서서 사업에 참여하고 있다고 하였다. 즉, 인공지능에 의한 고전문헌 번역 수준을 높이기 위해서는 정교한 알고리즘을 만들기 위해서는 컴퓨터 기술자들도 필요하지만, 그 분야의 전문가들의 참여를 통해 전문적인 데이터 정보들이 제공되어야 한다는 것이다. 그러기 위해서는 고전문헌 사료를 활용할 전문가들로서 역사학자들의 역할이 필요하다. 전문 번역자가 이해할 수 없는 역사적인 언어들과 정보들은 결국 역사학자들의 자문을 통해서 얻을 수 밖에 없기 때문이다. 따라서 인공지능을 활용한 자동번역 시스템의 구축에 역사학계의 참여가 필요하다.

넷째, 기존의 번역된 문장들을 데이터로 활용하기에는 문장의 오역이 상당하고, 번역자마다 같은 구절이라도 다르게 해석할 수 있는 여지가 있기 때문에 데이터로 활용하는 자료의 표준성이 높다고 할 수 없다. 한문은 띄어쓰기가 되어 있지 않아 인공지능이 스스로 단어를 구별해서 문장을 구성해야 하는데, 표의문자이기 때문에 띄어쓰기가 확실하게 정해진 것이 아니며, 띄어쓰기에 따라서 문장의 뜻이 크게 달라진다. 따라서 번역자마다 표점을 찍는 것이 다른 경우들이 있다. 또한 한문의 어순이 다르게 적용되는 경우도 있으며, 하나의 글자가 여러가지 의미를 함축하고 있으며, 동일한 맥락 속에서도 다른 의미로 읽어내야 하는 경우도 있다. 그래서 번역자의 문리, 실력에 따라서 번역이 달리 행해진다. 이러한 번역자에 따른 번역물의 차이를 인공지능이 학습을 통해서 얼마나 극복할 수 있을지 의문이다. 따라서 인공지능 번역 기술을 활용하여 상당한 수준의 빠른 기계번역은 가능할 수 있다고 할지라도 함축적이고 변칙적인 한문 문장을 인공지능이 유려하게 번역해 내는 것은 아주 상당한 시일과 높은 기술 발전이 뒷받침 되어야만 가능할 것으로 판단된다.

언어가 인간이 행하는 창조적이고 창의적인 생산 활동의 결과물이라고 한다면, 결국 기계번역에 한계가 있을 수밖에 없다는 점을 인지해야 한다. 구글의 슈스터도 아무리 기계의 번역 기술이 좋아져도 번역기가 인간의 통·번역 활동을 완전히 대체할 수는 없고 인류는 여전히 외국어를 학습해야 한다고 하였다.[32] 그러므로 인공지능을 활용한 번역기가 빠르게 번역을 수행하겠지만, 그것은 앞서 언급했듯이 초벌번역의 수준이며, 이를 재가공하여 활용하는 것은 역사학자의 몫이다. 번역기가 인식하지 못하거나, 잘못 해석한 오류들을 검수해야하는 것은 인간이 검토해야 할 부분이며, 부족한 부분을 발견하고 수정하여 정확하고 정밀한 번역물을 가지고 연구에 활용할 수 있는 능력이 곧 전문가들에게 요청되는 자질이자 영역이 될 것이다. 그러한 점에서 역사학자들은 인공지능 번역 기술에만 의존하지 않고, 역사학적 지식을 바탕으로 능동적으로 번역하고, 번역의 차이를 인지하며, 번역의 오류들을 발견해낼 수 있어야한다. 곧 이것이 역사학자가 연구자로서의 전문성을 보여줄 수 있는 역량이 될 것이다.

한편, 역사학자는 자신이 역사를 담아내고, 역사를 읽어내는 하나의 관점이자 세계관이 되므로 자신의 내면에 역사를 읽어낼 수 있는 다양한 지식과 정보를 축적해야 한다. 그러한 지식과 정보는 단지 역사적 사실의 습득만으로 얻어지는 것이 아니다. 여기에는 기계가 느낄 수 없는 인간의 감정과 사상 그리고 감성적인 영역이 포함된다. 역사를 추동하는 주체는 인간이고, 역사를 탐구하고 이해하는 주체도 인간이며, 역사의 흐름 속에서 포착되는 인간의 심성과 정서는 곧 인간만이 이해할 수 있는 것이다. 그러한 역사의 흐름 속에 내재되어 있는 인간의 심성과 문화를 이해하기 위해서 유용한 도구이자 재료가 언어이다.

한문은 고대 중국 은나라의 갑골문자에서부터 시작하여 중국을 건너와 조선시대까지 오랜 역사의 흐름 속에서 형성되고 이용되고 변형되어 왔다. 그러면서 한자의 활용과 형식에는 이를 사용했던 당대 사람들의 사고방식, 지성이 담지되어 있다. 따라서 한자는 당대의 총체적인 문명의 생산물이자 창작물의 하나이다. 그러므로 한자는 과거 사료를 해석해내는 언어 기호일 뿐만이 아니라 과거와 나를 연결해주는 또 다른 통로인 것이다. 한자를 번역하고 한자를 탐구하는 과정에서 역사학자는 그 시대 사람들의 문화, 사고, 그 속에 담겨져 있는 인간적인 정서, 심성을 체감할 수 있게 되는 것이다.

과거의 사실에 더욱 다가갈 뿐만 아니라 과거 사람들의 사고 방식과 문화와 경험을 자신의 내면에 체감하기 위해서 역사학자는 문화와 시대의 총체적 집합체인 과거의 언어인 한문을 학습해야 한다. 이를 자신의 내면에 깊숙이 체화함으로써 과거 그 시대를 살았던 인간과 인간의 삶에 대해 더욱 이해하고 바라보게 될 수 있게 되는 것이다. 이러한 과정을 통해서 역사학자들은 대중이 단순히 사료에 접근하고 해석하는 역사적 사실의 발굴, 검토와 달리 사료 자체가 전해주는 깊이 있는 시각을 바탕으로 그 시대를 이해하고, 통찰력 있게 그 시대상을 바라 볼 수 있게 될 것이다.

'4차 산업혁명' 시대에 역사학자들은 기계가 제공하는 고전문헌 번역을 충분히 활용하여 더 방대한 사료들을 더욱 용이하게 접근함으로써 연구의 속도에 박차를 가하는 한편, 기계가 제공하는 번역의 편리함에 안주하지 않고 학자로서 한문에 대한 이해과 습득을 계속 해나가야 한다. 현대에 사용하지 않는 문자인 한문을 학습함으로써 과거 시대를 살았던 사람들의 사고 방식을 서서히 자신의 내면에 젖어들게 해야 한다. 이로써 기계번역이 제공하는 번역 활용과 한계점에 국한되지 않고, 역사학자로서 독자적인 사료 번역을 시도하고 더 나아가서 더욱 창의적인 역사 탐구로 나아갈 수 있을 것이라고 기대한다.

맺음말

 본고는 인공지능, 로봇공학, 사물인터넷 등으로 대표되는 새로운 과학기술로 인류의 삶이 급진적이고 근본적인 변화를 겪게 될 '4차 산업혁명'의 시대에 역사학자가 변화의 중요성을 인지하고, 역사학이 이러한 미래의 변화에 대처해야한다는 문제의식에서 출발하였다. 그리하여 역사 연구의 가장 기본 작업이라고 할 수 있는 고전문헌 사료 번역에서 역사학자들이 인공지능 기술을 역사 연구에 활용하는 방안과 역사학자로서의 역할을 고찰해 보았다.

 역사학자들은 고전문헌 사료 번역에 어려움을 겪어왔다. 한문 판독과 한문 번역 능력 습득이 어렵고, 고전문헌 수량이 방대하고, 다양한 분야의 지식들이 동원되어야 하는 난점들이 있었다. 이는 역사 연구의 발전 속도에 제한을 가져왔다. 하지만, '4차 산업혁명' 시대에 인공지능 기술로 고전문헌 자동번역 시스템이 구축되어 인공지능이 고전문헌을 번역할 수 있게 되었다. 앞으로 더 많은 자료와 시간이 투여가 된다면 인공지능을 활용한 더 높은 수준의 번역이 이뤄질 것으로 예상된다. 이를 바탕으로 역사학자들이 고전문헌 사료 번역에 소모되는 시간과 노력이 단축되고, 더 많은 시간을 창의적인 연구에 투여할 수 있어 더욱 생산적인 역사 연구를 수행할 수 있을 것으로 기대된다.

그럼에도 불구하고 '4차 산업혁명' 시대에 기계가 제공하는 번역의 편리함에 안주하지 않고 역사학자로서 한문을 학습하여 번역하는 능력을 더욱더 갖추어야 한다. 자동번역으로 대중들도 사료 접근이 더욱 용이해지게 되면서 단순히 과거 사실을 구명하는 역할에서 역사학자와 역사를 즐기는 대중 사이의 간격이 더욱 좁아질 것이다. 또한 기계에 없는 인간만이 지닌 고유한 능력인 창의성이 더욱 적극적으로 발휘되는 역사 연구를 수행하도록 역사학자에게 요청될 것이다. 그러므로 역사학자는 오랜 인류의 문명의 총체적인 집합체인 한문을 학습함으로써 그 속에 담긴 과거 사람들의 심성과 문화를 내면에 체감하여 더욱 창의적이고 통찰력있는 역사 탐구를 할 수 있어야 한다. 또한 인공지능이 인간의 창조적인 언어 사용을 완전히 이해하여 고전문헌을 완벽하게 번역할 수는 없을 것이다. 한문을 학습함으로써 독자적으로 한문을 번역하고 한문 번역의 오류를 확인할 수 있는 전문성을 갖추어야 한다.

이처럼 역사학자들은 인공지능에 의한 자동번역 기술을 활용함으로써 고전문헌 사료에 대한 접근성과 활용성이 높아져 연구의 지평이 더욱 넓어질 것이다. 그럼에도 불구하고 기술이 제공하는 번역에만 의존하지 않고 계속해서 한문을 학습하고 체화하여 '4차 산업혁명' 시대에 역사학자에게 더욱더 요청될 자질인 전문성과 창의성을 연구에서 발휘할 수 있어야 할 것이다.

인공지능이 역사학의 미래에 더 큰 기회를 제공할 것인지 아니면 역사학을 퇴보의 길로 안내할 것인지는 우리가 고민하고 선택해야 한다. 역사학자들은 진지한 고민과 성찰을 통해 미래의 역사학에 더 큰 가능성과 기회를 구축해 나가야 할 것이다.

'4차 산업혁명'의 첨단 기술과 한국 고대사
─ 목간의 인공지능 판독과 고대사 유적의 VR·AR 복원을 중심으로 ─

임동민

머리말

이른바 '4차 산업혁명'은 인공지능, 가상현실(VR, Virtual Reality), 증강현실(AR, Augmented Reality) 등 다양한 첨단 기술과 함께 우리 삶 속에 깊숙이 들어와 있다. '4차 산업혁명'은 디지털 혁명을 기반으로 하여 유비쿼터스 모바일, 인공지능, 기계학습 등을 통해 가상의 세계와 현실의 세계를 하나로 결합한다.[1]

이러한 '4차 산업혁명'의 소용돌이에서 '한국사'라는 분야는 한 걸음 비켜서 있는 것처럼 보인다. 한국사 중에서도 지금으로부터 수천 년 떨어져 있는 '고대사'라는 분야는 더욱 멀게만 느껴진다. '고대사'라는 단어에서 인공지능, VR, AR을 떠올리는 사람은 많지 않을 것이다.

하지만 인공지능 기술은 글자 판독에 논란이 많은 고대 문자자료를 판독할 때 유용하다. 한국 고대의 문자자료는 돌이나 금속에 문자를 새긴 금석문(金石文)과 나무판에 먹으로 글씨를 적은 목간(木簡) 등으로 나뉜다. 그런데 금석문이나 목간은 울퉁불퉁한 표면에 하나씩 글자를 새기거나 적었기 때문에, 글자가 온전한 형태로 남아있기 힘들다. 프린터로 인쇄한 현대의 인쇄물과 달리, 금석문이나 목간에 남은 글자를 알아보려면 고도로 훈련된 연구자의 분석이 필요하다. 이렇게 글자를 확인하는 작업을 판독이라고 한다.

특히 목간은 나무라는 재료에 먹으로 글씨를 적은 자료이다. 수천 년의 세월이 지나는 동안, 먹물이 지워지거나, 아예 나무판이 훼손되어 알아보기 힘든 경우가 많다. 연구자들은 적외선 촬영 등 과학 기술의 도움을 받거나, 중국과 일본에서 출토된 방대한 목간 자료와 비교 분석하는 방법을 통해서 목간 글자의 판독에 최선을 다한다.

그렇지만 중국과 일본에서 출토된 목간 자료의 양은 이미 수십만 점을 넘어섰고, 한국의 출토 사례도 계속 증가하고 있다. 따라서 비교 자료의 양과 판독 과정의 복잡성은 점점 인간의 처리능력을 벗어나게 될 것이다. 이때 인공지능 기술을 목간 판독에 활용한다면 판독의 속도와 정확성이 높아질 것이다.

한국 고대사 유적에서도 '4차 산업혁명' 시대의 새로운 기술이 도입될 여지가 크다. 대부분의 한국 고대사 유적은 원래 모습이 사라진 채로 황량한 터만 남아있다. 일부 유적에서는 당시 건축물을 실제 복원하려는 시도가 이루어지고 있지만, 현재까지 유적 전체가 복원된 사례는 없다. 현재까지의 연구로는 당시 건축물의 상부 구조를 완벽히 파악하기 어렵고, 실물 복원에는 막대한 예산이 들며, 한번 복원하면 되돌리기 어렵다는 한계가 존재한다. 따라서 관광객이나 학생들에게 가시적으로 보여줄 수 있는 고대사 유적은 많지 않은 상황이다.

이러한 문제는 VR, AR 등 '4차 산업혁명'의 새로운 기술들로 보완할 여지가 있다. '가상현실', '증강현실' 복원은 현재 터만 남은 황량한 유적의 원래 모습을 시각적으로 복원한다. VR, AR 복원은 비교적 적은 예산으로, 언제든지 수정이 가능한 형태의 복원을 시도한다는 점에서 막대한 예산이 투입되는 실물 복원의 한계를 보완할 수 있다.

이 글에서는 목간의 인공지능 판독, 고대사 유적의 VR·AR 복원을 중심으로 하여 '4차 산업혁명'의 첨단 기술이 한국 고대사 분야와 어떻게 관련되는지 살펴볼 것이다. 먼저 2장에서는 목간 판독에서의 인공지능 활용 가능성에 대해 검토하고자 한다. 3장에서는 안양 지역 유적을 구체적 사례로 하여 고대사 유적의 VR, AR 복원과 활용 방안을 시론적으로 제시하고자 한다.

1. 고대 목간 판독에서의 인공지능 활용 방안

목간은 나무판에 한자를 적은 문자자료를 말하는데, 한국·중국·일본에서 널리 활용되었다. 중국에서는 종이의 보급 이전에 나무를 서사 재료로 삼아 글씨를 적었고, 이것이 한반도를 거쳐 일본 열도로 전해졌다. 나무는 쉽게 구할 수 있고 이동이 가능한 재료이므로, 돌과 금속에 새겨넣은 금석문과 달리 중앙 행정문서부터 화물 꼬리표나 개인 편지, 심지어 글자 연습장으로까지 활용되었다.[2]

중국에서는 대체로 진(秦)·한(漢) 시대를 중심으로 하여, 책이나 행정문서 등의 용도로 대나무로 만든 죽간과 나무로 만든 목간을 활용하였다. 20세기 초, 중국에서 목간과 죽간이 처음 발견된 이후 현재까지 출토 사례는 기하급수적으로 증가하여, 중국에서 출토된 목간과 죽간은 대략 수십만 점으로 추정되고 있다.[3]

일본에서도 7세기부터 중앙과 지방의 문서 행정 등을 위해 나무로 만든 목간을 활용하였다. 문자를 적는 재료가 목간에서 서서히 종이로 변화해갔던 중국과 달리, 일본에서는 이미 종이를 활용하던 시점부터 목간을 사용하였다. 일본에서 종이는 호적과 같은 긴 공문서에 활용되었고, 목간은 화물 꼬리표, 글자 연습장 등으로 활용되었다. 이러한 목간은 서사 당시의 모습을 생생하게 담은 동시대 사료이며, 일상적인 행정문서나 화물 꼬리표 등으로 활용된 일상적인 사료이고, 중앙과 지방의 모습을 함께 보여주는 지방적 사료라는 특징을 지닌다.[4] 이러한 일본의 목간 활용법은 한자 문화와 함께 중국에서 한반도를 거쳐 전해진 것으로 추정되며, 고대 한국·중국·일본의 목간 활용 방식은 서로 유사한 점이 많았다.

한국의 고대 목간은 신라 수도인 경주에서 처음 발굴되었으며, 그 후로 출토 사례가 점차 증가하여 현재는 수백 점에 달하고 있다. 단일 유적에서 가장 많은 목간이 출토된 곳은 함안 성산산성이며, 그 밖에 신라 목간은 경주 월성해자와 안압지 등에서 출토되었다. 백제 목간은 부여 관북리와 능산리사지, 나주 복암리 등에서 출토되었다. 한국 고대 목간은 같은 크기의 목간 여러 장을 책처럼 묶기보다, 필요에 따라 하나의 목간을 제작하는 단독간(單獨簡) 형태로 활용되었다. 단독간은 다시 문서 목간, 화물 꼬리표 목간, 신분증명용 휴대 목간, 글씨 연습이나 주술용 목간으로 구분된다.[5]

함안 성산산성에서는 1991년부터 2016년까지 총 17차례에 걸친 발굴조사를 통해, 245점의 신라 목간이 출토되었다. 성산산성에서 출토된 신라 목간은 한국 고대 목간의 절반에 가까운 수량이며, 대부분 화물에 붙이는 꼬리표로 사용되었다. 성산산성 목간은 한국 고대 목간 연구의 새로운 지평을 열었으며, 지금도 연구의 중심 자료로 활용되고 있다.

하지만 성산산성 목간을 비롯한 한국 고대 목간은 글자 판독에서부터 연구자마다 의견 차이를 보인다. 이에 따라 대부분의 목간 논문은 기존 판독과 다른 자신만의 판독을 제시하며 시작한다. 목간 판독에 의견 차이가 생기는 이유는 다른 금석문에 비해 목간 판독이 복잡하기 때문이다. 목간 판독의 복잡성은 크게 세 갈래로 생각해볼 수 있다.

첫 번째는 서사 재료의 문제이다. 목간은 나무판에 먹으로 글씨를 쓰는데, 나무는 돌이나 금속보다 오염되거나 먹물의 흔적이 떨어질 가능성이 크다. 설령 나무판이 온전한 형태로 수천 년을 버텨왔더라도, 여기에 붙은 먹물의 흔적은 언제든지 쉽게 지워질 수 있다.

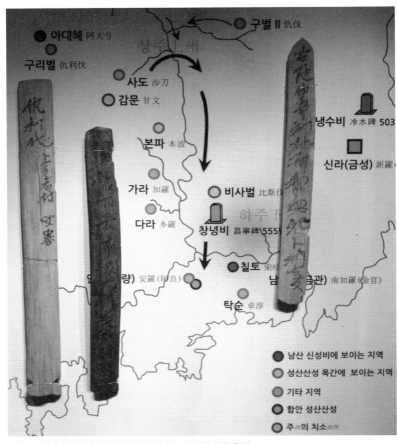

사진 1 _ 함안 성산산성 목간(국립중앙박물관 〈고대의 문자전〉 촬영)

두 번째는 서사 용도의 문제이다. 한국의 목간은 호적 문서처럼 중앙 행정과 관련된 목간도 있지만, 대체로 화물 꼬리표, 글씨 연습, 편지 등의 용도로 작성되었다. 따라서 왕의 명령을 새긴 금석문이나 공식적인 문서에 비하여, 판독하기 힘든 약자, 이체자, 필기체 등으로 한자를 적은 경우가 많다.

세 번째는 서사 내용의 문제이다. 목간의 내용은 주로 일상생활과 관런된다. 예를 들어, 성산산성 목간은 낙동강 유역의 여러 신라 마을에서 누가, 어떤 물품을 보냈는지를 적었다. 상식적으로 생각해보아도, 이러한 내용이 『삼국사기』와 같은 역사책이나, 왕의 명령을 새긴 금석문에 담길 가능성은 적다. 따라서 목간 판독은 다른 고대 사료의 내용과 비교하기보다, 목간 자료 자체의 특성과 다른 목간의 글자 등을 참고로 하여 이루어지는 편이다.

기존 연구에서는 위의 한계를 극복하기 위해서 적외선 촬영, 학문간 융합연구, 한·중·일 비교연구 등의 방법을 활용하고 있다. 적외선 촬영은 목간 내부에 침투한 먹물의 흔적을 찾기 위한 비파괴 조사 방법이다. 학문간 융합연구는 역사학 외에 고고학, 보존과학, 국문학, 서예학 등 관련 분야 연구자들이 함께 참여하는 연구로서, 다양한 목간의 특성을 고려한 연구 방법이다. 한·중·일 비교연구는 한국 목간은 물론이고, 중국, 일본 자료도 참고하여 글자를 판독하는 방법이다. 특히 일본은 출토 목간의 수량이 많고, 자료 DB도 일찍부터 구축되었다. 일본 목간 사진을 글자별로 정리한 『일본고대목간자전(日本古代木簡字典)』[6]은 새로운 목간의 판독에 유용하다.

목간 판독에 '4차 산업혁명'의 새로운 기술을 접목하려는 시도는 지금까지 국내에서 드물었다. 만약 인공지능을 통해 목간 글자를 특정 한자로 판독할 수 있다면, 기존 목간 판독의 한계를 보완하는 역할을 할 수 있다. 예를 들어, 수십만 점에 달하는 한국, 중국, 일본의 목간을 인공지능이 비교하여 어떤 글자를 특정 한자로 판독한다면, 목간 판독의 속도와 정확도를 높일 수 있을 것이다.

현재까지 개발된 인공지능 모델 중에는 목간 판독과 관련하여 시사점을 주는 모델이 존재한다. 예를 들어, 1부터 10까지의 필기체 숫자가 어떤 숫자일 확률이 높은지 구하는 모델은 이미 교육용으로 활용되고 있다. 이 모델에서는 신경망 학자 얀 르쿤(Yann LeCun)의 웹사이트에 있는 MNIST 데이터가 널리 활용된다. 이 데이터는 1부터 10까지 다양한 형태의 필기체 숫자 이미지 7만 개로 이루어져 있는데, 학습 데이터 6만 개와 테스트 데이터 1만 개로 구분된다. 각 숫자 이미지는 28·28픽셀, 총 784픽셀로 편집되어 있고, 각 픽셀은 완전한 흰색부터 완전한 검은 색까지 0~255의 숫자로 표현된다. 신경망 기반의 인공지능에 6만 개의 학습 데이터를 입력하여 학습시킨 뒤, 1만 개의 테스트 데이터를 입력하여 필기체 숫자를 정확히 인식하는지 시험해볼 수 있다. 학습 데이터를 학습한 인공지능에 특정 숫자 필기체 사진을 입력하면, 해당 사진이 1일 확률부터 10일 확률까지 계산된다. 예를 들어, 필기체 숫자 '5'를 입력하면 3일 확률 1.5%, 5일 확률 98.0%, 6일 확률 0.5% 등의 형태로 도출된다.[7]

이러한 모델은 목간 판독 과정에 유사하게 적용해볼 수 있다. 예를 들어, 한·중·일의 목간에서 5,000자의 한자를 추출하여, 28·28픽셀 크기의 이미지 파일로 편집한다. 이때 한 글자 당 샘플 이미지 숫자가 늘어날수록, 결과의 정확도가 높아질 것이다. 5,000이라는 숫자는 한국, 중국, 일본의 상용한자에 일부 이체자, 약자 등을 포함한 임의의 수치이다. 각 글자당 샘플 이미지 개수를 최소 100개로 계산하면, 학습 데이터는 50만 개에 달하게 된다.

인공지능이 50만 개의 학습 데이터를 모두 학습하였다면, 판독하고자 하는 글자 사진을 입력하고 결과를 추출하면 된다. 목간의 특정 글자 사진을 x라고 한다면, 한·중·일 목간 자료에서 추출한 학습 데이터 y는 '5000($a_1, 2, 3 \cdots 5000$) z(글자당 샘플의 숫자)'개가 된다. 인공지능은 자신에게 입력된 글자 사진 x를 분석하여 각 픽셀의 색을 완전한 흰색에서 완전한 검은색까지 분류한다. 그 후에 '5000z'개 학습 데이터의 학습 결과와 비교하여, 5000종의 글자가 x와 유사할 확률을 각각 도출한다. 이때 x가 어떤 글자일지 확률을 구한 결과는 다음과 같은 형태로 도출될 것이다.

x가 a1일 확률 0.001

x가 a2일 확률 0.015

…

x가 a4999일 확률 0.910

x가 a5000일 확률 0.009

위와 같은 결과가 나왔다면, 해당 글자 x는 한자 a4999로 판독될 확률이 91%가 된다.

이러한 모델과 유사한 목간 판독시스템은 최근 일본 국립나라문화재연구소(國立奈良文化財研究所)와 도쿄대학 사료편찬소(東京大學史料編纂所)에서 공동개발하여 'MOJIZO'라는 이름으로 공개되었다. 자세한 내용은 'MOJIZO' 웹사이트(http://mojizo.nabunken.go.jp/)와 2016년 공개 당시의 자료[8]를 통해 파악할 수 있다.

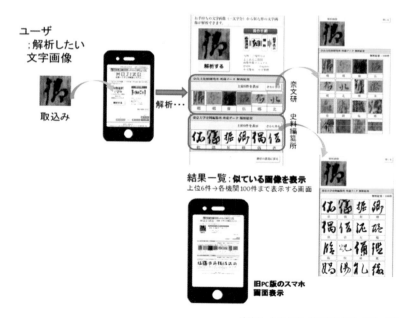

사진 2 _ 'MOJIZO' 시스템의 입력, 판독 과정

목간 등의 판독 시스템 'MOJIZO'는 문자(もじ, 文字)의 창고(ぞう, 藏)라는 의미로서, 일본 나라문화재연구소와 도쿄대학 사료편찬소의 DB를 학습 데이터로 하여 만든 글자 이미지 검색 시스템이다. 사용자가 검색 시스템에 판독하기를 원하는 문자 이미지를 입력하면, 그와 유사한 문자 이미지가 결과로 도출된다. 예를 들어, 목간의 특정 글자 이미지를 입력하면, 두 기관의 DB 중에 유사한 글자 이미지의 상위 8건을 제공해 준다.

'MOJIZO'에 수록된 나라문화재연구소의 DB는 '목간 이미지 DB'로서, 일본에서 출토된 목간을 각 문자 이미지별로 DB화한 것이다. 문자 종류는 약 1,800종, 목간의 개수는 약 14,000점, 문자 이미지의 개수는 약 89,600건이다. 도쿄대학 사료편찬소 DB는 전근대 일본의 각종 초서(くずし字) 이미지 DB로서, 수록 문자는 약 6,000종, 문자 이미지는 약 230,000건에 달한다. 이러한 문자 이미지 건수는 2016년 공개 당시 기준이며, 매년 업데이트를 진행하고 있다. 데이터가 확충될수록, 문자 인식률이 높아지고 정확도가 향상되기 때문이다.

'MOJIZO'의 개발은 기존 문자자료 판독의 어려움을 극복하기 위해 시작되었다. 특히 자전에 의존하여 판독하는 경우, 시간이 오래 걸리거나 결국 판독에 실패하기도 하였다. 그리고 기존 DB 검색은 문자로 입력되지 않으면 검색되지 않았다. 이체자는 문자로 입력하기 어려우므로 이미지로 검색하는 시스템이 필요하였다. 이에 따라 나라문화재연구소와 도쿄대학 사료편찬소가 전근대 문자자료 DB를 학습 데이터로 제공하고, 이미지 처리 기술과 글자 인식 기술을 융합하여 시스템을 개발하였다.

'MOJIZO'는 일본 나라시대부터 에도시대까지 여러 문자는 물론이고, 컴퓨터에 입력할 수 없는 문자까지 모두 검색할 수 있다. 또한 사용자가 문자자료의 성격과 시대성을 고려하여 복수의 결과 중의 하나를 선택할 수 있다. 이러한 시스템은 판독과 해석의 효율성을 증가시키고,

판독하기 어려운 글자나 기호와 같은 비문자자료의 판독에도 활용할 수 있다.

그런데 'MOJIZO'에 수록된 DB는 모두 일본의 목간과 고문서이기 때문에, 한국 출토 목간의 문자 이미지를 입력할 경우, 결과의 정확도가 글자에 따라 다르게 나타난다. 예를 들어, 함안 성산산성 출토 목간에 다수 등장하는 '감(甘)'과 '하(下)' 글자 이미지를 입력하면, 나라문화재연구소 목간 DB에서 검색된 결과 중에 '감(甘)'과 '하(下)'가 포함되어 나온다. 이 두 글자는 자형이 단순하고 목간의 글자체도 비교적 깨끗하기 때문으로 생각된다.(〈사진3〉 참고)

그런데 '맥(麥, 麦)', '패(稗)', '문(文)', '본(本)'을 입력하면, 해당 글자가 도출되지 않았다.(〈사진4〉 참고) 이러한 문제는 검색 이미지가 'MOJIZO' 시스템이 원하는 방식으로 완벽히 편집되지 않았기 때문이기도 하다. 'MOJIZO' 시스템의 이미지 준비 매뉴얼[9]에 따르면, 목간의 묵흔 외에 배경색은 최대한 흰색으로 하고, 묵흔 외의 검은 선들은 모두 지워야 한다. 나뭇결이나 나무판의 훼손 부분 등이 글자 획으로 오해될 여지가 있기 때문이다.(〈사진5〉 참고)

매뉴얼에 따라 글자 이미지를 보정하여 다시 검색한 결과, '문(文)'과

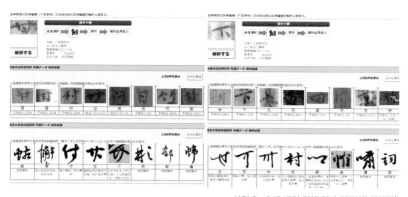

사진 3 _ 'MOJIZO' 검색 결과 ('감(甘)', '하(下)')

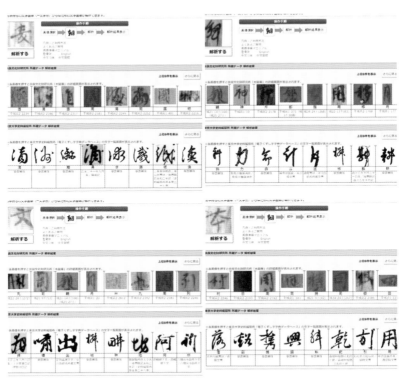

사진 4 _ 'MOJIZO' 검색 결과 ('맥(麥,麦)', '패(稗)', '문(文)', '본(本)')

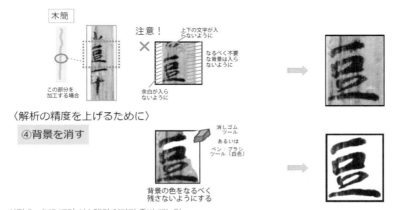

사진 5 _ 'MOJIZO' 시스템의 이미지 준비 매뉴얼

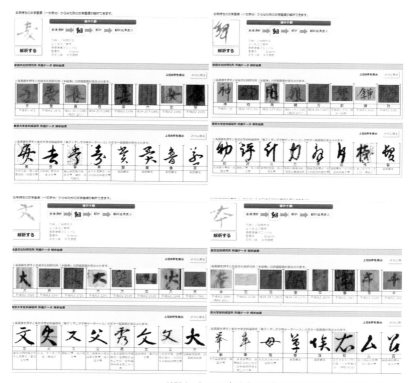

사진 6 _ 'MOJIZO' 검색 결과 ('맥(麥, 麦)', '패(稗)', '문(文)', '본(本)')

'본(本)'은 나라문화재연구소 DB에서 해당 글자가 도출되었고, '문(文)'
은 도쿄대학 사료편찬소 DB에서도 해당 글자가 검색되었다. 하지만 '맥
(麥, 麦)'과 '패(稗)'는 보정 후에도 해당 글자가 도출되지 않았다.(〈사진
6〉 참고)

'MOJIZO' 시스템에 함안 성산산성 출토 목간의 글자 이미지를 입력
해본 결과, '감(甘)', '하(下)' 등 비교적 단순한 글자는 원하는 결과가 바
로 도출되었고, '문(文)', '본(本)'의 경우에는 이미지를 보정한 뒤에 검
색 결과가 도출되었다. 그러나 '맥(麥, 麦)', '패(稗)'의 경우처럼 복잡한
자형을 갖고 있거나, 약자 또는 필기체로 기록된 글자 이미지는 매뉴얼

에 따라 보정하더라도 원하는 결과가 도출되지 않았다.

이러한 차이가 일본의 목간 글자와 한국의 목간 글자 사이의 차이에서 비롯한 것인지, 혹은 단순히 약자나 필기체의 문제에서 비롯한 것인지 분명히 판단하기는 어렵다. 다만, 현재 'MOJIZO' 시스템은 일본 자료를 학습 데이터로 하여 운용되고 있으므로, 한국의 목간 글자를 입력할 때 결과가 언제나 정확하다고 보장하기는 힘들다. 또한 고대 목간의 필기체 한자를 정확하게 인식하고 판독하려면, 학습 데이터의 숫자를 계속 늘려나가는 동시에 인공지능 계산의 오류를 줄여갈 필요가 있다.

한국의 고대 목간 자료에 관한 연구는 2000년대 이후 괄목할만한 성장을 거두었다. 특히 국립가야문화재연구소에서는 2004년부터 최근까지 다양한 목간 관련 자료를 출판하였는데,[10] 2017년에 출판된 『韓國의 古代木簡 Ⅱ』는 함안 성산산성 목간을 비롯한 한국 고대 목간의 디지털 사진, 적외선사진, 실측도면, 판독문 등을 모두 수록하였다. 이러한 연구들은 인공지능 기반의 목간 판독 시스템을 구축하기 위한 1차 자료이지만, 책자 형태의 간행물이기 때문에 검색이 어렵고 여러 정보를 유기적으로 연계시킬 수 없다는 한계가 있다.

책자 형태의 1차 자료를 목간 판독 시스템에 활용하려면, 각 글자 이미지를 종합한 DB 형태의 2차 자료가 필요하다. 이와 관련해서는 2017년부터 진행된 동국대학교의 '국내외 출토 한국 고대 역사자료의 총집성과 통합 DB 구축' 사업이 주목된다. 이 사업의 목표는 목간을 비롯한 고대 문자자료의 글자별 사진과 판독, 해제를 묶어 통합 DB를 구축하는 것이다. 일본 'MOJIZO'와 달리, 이 사업에서는 글자 판독을 연구자의 몫으로 돌리는 한편, 검색할 수 있는 데이터를 목간 외에 각종 문자자료로 확장하고, 검색 방식도 음운, 부수 등으로 다양화하였다. 이렇게 완성된 통합 DB는 향후 인공지능 기반의 목간 판독 시스템에 가장 필수적인 학습 데이터로 활용될 수 있다.

그런데 학습 데이터를 인공지능이 학습하여 결과물을 검색하는 시스템은 학습 데이터의 편향성에 따라 정확도가 좌우된다. 시스템의 정확도를 높이기 위해서는 편향되지 않은 학습 데이터를 다수 확보하는 것이 중요하다. 이를 통해 학습 데이터와 입력 데이터가 서로 달라도 정확도의 차이가 나지 않게 하는 '일반화(generalization)'에 도달할 수 있다. 인공지능의 성패는 '일반화'에 달려 있다.[11]

따라서 한국 목간에 대한 DB를 학습 데이터로 최대한 활용하면서, 중국, 일본의 자료를 함께 활용한다면, 결과의 정확도를 높일 수 있다. 동아시아 고대 한자문화권의 문자자료를 모두 활용하면서, 학습 데이터의 편향성을 줄일 수 있기 때문이다. 이러한 시스템의 개발에는 여러 연구기관 및 학문의 융합이 필수적이며, 중국, 일본과의 학술 교류도 중요하다. 'MOJIZO'의 개발도 나라문화재연구소, 도쿄대학 사료편찬소를 주축으로 하여, 4건의 일본 기반연구 프로젝트 결과가 융합되어 가능하였다.[12]

학습 데이터에 해당하는 문자 이미지는 한국 출토 고대 목간에서 시작하여, 고려·조선시대 문자자료로 확장할 필요도 있다. 한·중·일 문자자료에 대한 '공간적 확장'과 더불어, 고려·조선시대 자료로의 '시간적 확장'까지 이루어진다면, 학습 데이터의 숫자를 비약적으로 증가시킬 수 있다. 데이터의 풍부함은 시스템의 정확도를 높이는 지름길이 된다.

한자는 하나의 글자가 하나의 뜻을 갖는 표의문자이다. 따라서 특정 한자를 판독할 때, 처리해야 할 글자의 숫자는 방대할 수밖에 없다. 만약 한·중·일로 공간 범위를 확장하거나, 고대부터 현대까지 시간 범위를 확장한다면, 처리해야 할 글자 이미지의 수는 인간의 처리능력을 넘어설 것이다. 인공지능을 활용한 목간 판독은 인간이 하기 어려운 계산을 정확하고 빠르게 처리하여, 판독의 정확성과 속도를 높일 것이다.

그러나 인공지능을 활용한 목간 판독 시스템에도 한계가 존재한다. 목간을 비롯한 고대 문자자료의 특성상, 결국에는 문장 앞뒤의 맥락, 다른 목간 내용과의 비교 등을 통해 추정해야 하는 순간이 있게 된다. 맥락에 대한 이해, 내용의 비교 등은 결국 인간, 즉 고대사 연구자의 몫으로 남을 수밖에 없다. 또한 먹물의 흔적만 남기고 다른 흔적을 지우는 이미지 준비 작업, 특정 한자와 유사할 확률을 보고 선택하는 최종 판단에도 결국 연구자가 개입해야 한다. 더 나아가서, 판독이 완료된 목간 자료에 대한 해석과 연구도 인공지능이 아닌 연구자의 역할이 될 것이다.

근본적으로 인공지능의 학습 데이터를 만드는 단계부터 연구자의 판단이 필요하다. 2017년부터 동국대학교 연구팀이 수행하고 있는 한국 고대 역사자료 통합 DB 구축사업에서도 결국 자료의 판독 문제를 여러 연구자의 몫으로 남겨두었다. 향후 인공지능 목간 판독 시스템을 구축하려면, 학습 데이터로 입력될 이미지를 어떤 한자로 판독할 것인지 관련 연구자들의 토론 과정이 필요하다.

이와 더불어, 한국 출토 고대 목간 자료의 특성을 최대한 반영하는 시스템 구축도 필요하다. 예를 들어, 함안 성산산성 출토 목간은 지역별로 내용, 서체, 형태 등이 다르다. '고타(古阤, 현재의 안동)'를 비롯한 낙동강 상류 지역에서 제작된 목간에는 대부분 '패(稗)'라는 물품 이름이 쓰였지만, 낙동강 중류 지역의 목간에서는 찾아보기 어렵다. '급벌성(及伐城, 현재의 영주 순흥읍)'의 목간은 '벌(伐)', '성(城)', '패(稗)', '석(石)' 등 공통된 글자의 서체가 유사하며, 아래쪽에 'ㄨ' 모양 홈이 있는 목간의 형태도 유사하다. 따라서 지역별로 확인되는 특징을 판독 시스템에 반영한다면, 특정 지역에서 출토된 목간의 글자를 인공지능이 판독할 때, 정확도를 높일 수 있을 것이다.

일본 'MOJIZO'의 사례를 참고한다면, 한국에서 인공지능 기반의 목간 판독 시스템을 구축하기 위해서는 현재 진행 중인 통합 DB 구축 사업단을 비롯하여, 역사학, 고고학, 국문학, 서예학 등 여러 분야의 연구자와 인공지능 연구자의 참여가 필요하다. 학습 데이터의 '공간적 확장'을 위해서는 중국, 일본 자료에 대한 접근이 필요하므로, 해외 기관과의 긴밀한 협조도 요구된다. 학습 데이터의 '시간적 확장'을 위해서는 고대 문자자료는 물론이고 초서를 포함한 고려·조선시대 문자자료에 대한 이해가 요구되며, 글자별 이미지를 정리하기 위한 석사급 이상의 인력도 필요하다. 따라서 인공지능 기반의 목간 판독 시스템 구축은 해외 기관과의 협조와 여러 연구 프로젝트의 총괄이 가능하며 다양한 수준의 연구 인력을 갖춘 연구기관 주도로 진행되어야 하며, 학습 데이터의 확장을 위한 장기 연구과제의 축적이 뒷받침되어야 한다.

2. 고대사 유적의 VR·AR 복원 및 활용 방안

한국의 고대사 유적은 대부분 터만 남아있어서 당시의 건축물이 눈에 보이지 않는다. 이러한 '유적의 비가시성'은 동·서양의 많은 고대사 유적에서 나타난다. 일부 유적에서는 이를 극복하기 위한 실제 복원사업이 계획되기도 하였지만, 자료와 예산의 부족에 직면하였다.

'유적의 비가시성'은 유적을 찾은 관광객이나 학교에서 역사교육을 받는 학생에게도 영향을 미쳐서, 터만 남은 유적에서 당시 모습을 상상하기 어렵게 만든다. 관광객이나 학생들의 역사적 상상력을 끌어올리기 위한 추론, 재연, 감정이입 등의 과정이 진행되지 못하기 때문이다. 그런데 VR, AR 등의 역사콘텐츠는 물질적 복원 없이 과거의 재연과 감정이입을 가능하게 해주는 체험형 콘텐츠이다. 따라서 이를 활용한다면 역사적 상상력을 증폭시킬 수 있다.[13]

고대사 유적의 실물 복원을 대신하여, 각종 유적을 VR로 복원해보는 작업은 일찍부터 이루어졌다. 1990년대 미륵사지 서탑의 컴퓨터 그래픽(CG) 복원을 시작으로, 황룡사지 복원작업도 이루어졌다. 이러한 작업은 일반인들에게 고대사 유적을 '추체험(追體驗)'할 수 있게 하는 시초가 되었다. 2010년대 이후에는 VR 복원의 진정성 문제가 대두되면서, 일반인들의 추체험 단계를 넘어서, 전문가 참여를 통한 복원의 진정성

이 중시되기 시작하였다.[14]

2000년대 이후 국내 유적의 VR 복원은 고대사 유적에 집중되었는데, 대표적인 사례로는 고구려 고분벽화 VR이 있다. 이것은 관람객이 머리에 디스플레이 장치를 장착하고 가상현실 공간을 걸어 다닐 수 있는 워킹형 가상현실(Walking VR)로 구축되었다. 이 방식은 체험자가 고분 속을 돌아다니면서 360도의 모든 방향을 살펴볼 수 있다는 장점이 있지만, 동시에 1명만 체험할 수 있고 단순한 정보전달 수준에 그쳤다는 한계도 존재한다.[15]

위의 고분벽화 콘텐츠와 달리, 황룡사지 VR 복원작업은 터만 남아있는 고대사 유적 위에 당시의 모습을 가상현실로 복원하는 작업이다. 황룡사지 VR 복원은 유적 3D 스캔, 고증자료 분석, 3차원 모델링 작업 등의 순서로 진행되며, 마지막으로 HMD(Head Mounted Display) 환경에 맞도록 프로그래밍되어 체험자에게 제공된다. HMD는 체험자의 머리에 디스플레이 장치를 장착하여 몰입감을 극대화하는 방식을 말한다. 체험자는 HMD를 통해 실제 고대의 황룡사에 들어가 있는 것 같은 체험을 하게 된다.[16]

황룡사지에 대한 국가 차원의 복원 연구로는 2000년대부터 국립문화재연구소 건축문화재연구실에서 추진하고 있는 '황룡사 복원정비연구' 사업이 있다. 2007년부터 2012년까지 5차에 걸친 복원기초연구 단계에서는 건축물에 대한 복원고증 기초연구, 유적 정비를 위한 정비방안 기초연구, 역사·고고·미술·불교 등 인문학적 주제에 대한 복원기반연구 등이 진행되었다. 2012년부터 현재까지는 복원심화연구 단계로서, 개별 건물에 대한 복원 고증과 설계가 이루어졌으며, 정비계획도 수립되었다.[17] 황룡사의 복원정비는 장기적 관점에서 출판된 수십 권의 연구보고서와 기본계획을 기초로 하여, '진정성'을 최우선 고려사항으로 하면서 학계 및 지역사회와의 소통을 통해 진행되고 있다.[18]

국립문화재연구소에서는 황룡사 복원정비에 대한 다양한 기초연구

를 바탕으로, 2018년부터 황룡
사지 증강현실 복원사업을 진
행하고 있다. 2018년에는 증
강현실(AR) 기반 황룡사 중문
콘텐츠가 제작되었고, 뒤이어
2019년에는 중문·남회랑 증강
현실 콘텐츠 제작 사업이 추진
되고 있다.

현재의 황룡사지에는 일부
건물지의 초석만 남아있기 때
문에, 현장을 찾은 관광객이나
학교의 학생들이 당시의 모습
을 떠올리는 것은 매우 어렵다.
지역사회나 정치권 일각에서는
황룡사지의 실물 복원을 추진
하기도 하였으나, 막대한 예산
과 자료의 부족 등으로 인해 쉽

사진 7 _ 황룡사지 9층목탑 복원모형
(황룡사역사문화관)

게 진행되지 못했다. 따라서 황룡사지의 VR 및 AR 복원은 예산과 자료
의 한계를 뛰어넘어 '가상현실', '증강현실'에서 당시 모습을 재현할 수
있다는 장점이 있다. 이러한 복원은 '황룡사 복원정비연구'처럼 장기간
에 걸쳐, '진정성'을 최우선으로 하면서, 관련 전문가들의 고증을 기반
으로 이루어질 필요가 있다.

2018년에는 충남 부여의 '사비도성 가상체험관' 내에 '정림사로 떠나
는 시간여행'이라는 VR 복원 콘텐츠가 만들어져 대중에 공개되었다. 이
VR 콘텐츠는 부여 시내에 있는 정림사지를 백제 당시의 모습으로 재현
한 것으로, 체험자는 남문, 회랑, 금당 등 정림사의 옛 모습을 HMD 방
식으로 체험하게 된다. 이러한 복원 콘텐츠도 황룡사지의 경우와 마찬

가지로 폐사지에서 당시 모습을 떠올리기 힘든 체험자에게 역사적 상상력을 불러일으킨다.

그 외에, 선사시대를 배경으로 한 VR 제작 사례로는 전곡선사박물관의 '인류 진화의 위대한 행진' VR 콘텐츠가 주목된다. 이 VR 콘텐츠는 고인류 복원 전문가에 의해 제작된 '인류 진화의 위대한 행진'이라는 디오라마를 3D 스캔하여 기본 데이터로 활용하였으며, 관람객 스스로 디오라마 속에 들어가 선사시대를 체험하는 콘텐츠를 목표로 삼았다.[19]

지금까지 한국 고대의 유적을 VR로 복원한 사례들을 살펴보았다. 특히 황룡사지, 정림사지 VR 복원 콘텐츠는 단순히 유적 현장을 보여주는 것을 넘어, 당시의 모습을 그래픽 복원하여 체험자에게 보여주는 단계에 이르렀다. VR 기술을 고대사 유적에 적용할 경우, 체험자는 자신의 시야를 통제한 채로 가상현실에 들어가 360도 공간을 체험하기 때문에, 현장에 있는 것 같은 몰입감을 느끼게 된다. 따라서 VR 복원 컨텐츠는 유적 현장에서 활용하기보다, 유적을 직접 방문할 수 없는 경우에 더욱 효율적일 것이다. 예를 들어, 학교 역사교육에서 학생들이 고대사 유적의 VR 자료를 활용한다면, 수업의 효율성을 증대시킬 수 있을 것이다.

다음으로 AR 기술은 박물관과 같은 실내 전시시설에서 많이 활용되고 있다. 하지만 AR 기술은 VR과 달리, 체험자의 눈 앞에 보이는 '현실'과 화면 속의 '가상현실'을 동시에 볼 수 있는 특징을 가진다. 그러므로

사진 8 _ 인류 진화의 위대한 행진(전곡선사박물관)

4차 산업혁명과 한국사 연구

고대사 유적의 AR 복원과 활용은 실제 유적 현장이라는 공간을 최대한으로 활용해야 한다.

이와 관련하여 '스토리스케이프(Storyscape)', '스페이스텔링(Spacetelling)' 개념을 제시한 연구가 주목된다. 스토리스케이프는 유적 투어를 위한 시공간 연계 콘텐츠로서, 복수의 시공간에 여러 스토리를 배치하여 콘텐츠를 생산하는 것이다. 스페이스텔링은 공간과 스토리텔링의 합성어로서, 시간의 변화에 따른 공간의 모습을 AR로 체험하게 해주는 것이다.[20]

AR 기술에 공간성을 접목하려면, 야외 문화유산에서의 활용 방안을 모색해야 한다. 이와 관련하여 야외 문화유산에서 활용 가능한 AR 기술을 정리하면서 덕수궁 등의 AR 관광안내서비스를 제안한 연구가 이미 제출되었다.[21] 이 연구는 개별 관람객의 스마트폰을 활용하여 동시에 다수가 즐길 수 있는 야외 AR 콘텐츠를 제시했다는 점에서 의미가 크다. 2019년에는 창덕궁의 일부 건물을 대상으로 하는 야외 AR 애플리케이션이 제작되었는데,[22] AR 기술에 문화유산의 공간성을 접목한 사례로 생각된다.

고대사 유적과 같은 야외 문화유산에 AR 기술을 활용한다면, 유적의 시기별 변화상과 여러 역사적 사건, 다양한 정보를 관람객에게 제공할수 있다. 고대사 유적의 AR 복원은 현장에 있는 관람객이 황량한 유적에서 과거의 생생한 모습을 느껴보는 기회를 제공한다.

특히 '5G 시대'의 개막은 야외 AR 활용의 가장 큰 숙제였던 데이터 처리속도를 획기적으로 개선했다. 스마트폰의 성능만 뒷받침된다면, 유적 현장에서 동시에 다수의 관람객이 눈앞에 놓인 공간의 역사성을 가상 체험할 수 있게 될 것이다. 고대사 유적의 AR 복원은 유적 현장을 직접 찾은 관람객의 관람 만족도를 높이는데 효과적일 것으로 기대된다.

그런데 고대사 유적의 VR, AR 복원과 활용에는 여전히 남아있는 한계가 있다. 우선, 복원의 진정성 문제가 대두된다. 유적의 VR, AR 복원은 실제 복원의 대안으로 제시된 개념이므로, 실제 복원 작업과 마찬가지로 기획 및 제작 단계에서 연구성과의 반영이 중요하다.[23] 만약 연구자의 참여가 적어진다면, 해당 유적의 복원 콘텐츠는 실제와 달리 아름답고 거대한 모습만을 강조하여 대중의 욕망을 해소하는 형태로 왜곡될 우려가 있다.

다음으로 고대사 유적의 VR·AR 자료는 동시에 다수가 체험하기 어려운 HMD 방식으로 제작되는 경우가 많고, 스마트폰을 활용한 AR 자료는 주로 박물관 등 실내 전시에서 적용되고 있다. 따라서 동시에 다수가 체험할 수 있도록 스마트폰을 활용하는 한편, 야외 문화유산에서 AR을 활용하는 방안을 모색할 필요가 있다. 다만, 스마트폰의 성능 차이, 데이터 처리속도의 차이, 별도 애플리케이션의 용량 문제 등으로 인해, 관람객들이 VR과 AR 자료를 쉽게 활용하지 못할 우려도 있다. 이러한 문제는 VR, AR 자료 체험용 별도 스마트폰 또는 태블릿 PC를 비치하여 활용하는 방식으로 해결할 수도 있다.

마지막으로 복원의 내용이 단순 정보전달 수준에 그친다는 문제가 있다. 기존의 VR, AR 자료들은 대체로 단일 유적에 대한 정보 전달기능에만 집중하여 복합적인 해석이나 역사적 맥락까지 끌어내지 못하고 있다. 이를 유적이나 역사교육 현장에서 활용하려면, 역사적 사고력을 키워서 역사적 추체험 단계까지 도달할 필요가 있다.

이때 역사적 추체험에 도달하기 위해서는 스토리텔링과 내러티브를 통해 체험자가 자료를 주도적·비판적으로 해석할 수 있어야 한다. 이를 위해 기존의 단순한 정보전달을 넘어서, 체험자가 가상세계에 들어가 특정 시공간 속 사람들을 이해하는 단계에 도달해야 한다. 예를 들어, 황룡사라는 가상현실 속에서 신분별 참배 모습을 보여줌으로써 신분별로 달랐던 사상, 국가관까지 추체험할 수 있는 콘텐츠가 필요하다.[24]

이러한 문제제기는 기존 문화유산 AR 콘텐츠의 한계를 지적하고 극복 방안을 제시한 연구와 일맥상통한다. 이에 따르면, 기존 AR 콘텐츠

4차 산업혁명과 한국사 연구

는 단일 문화유산에 대한 단편적 설명 위주이며 근현대 문화유산 체험이 부족하다. 이를 극복하려면 문화유산을 형성한 지역 문화까지 체험할 수 있도록 하는 동시에, 근현대 문화유산을 포함한 복수의 문화유산을 연계하는 스토리텔링이 요구된다.[25]

정리하자면, 고대사 유적의 VR·AR 복원과 활용을 위해서는 다음의 조건들이 해결되어야 한다. 첫째는 진정성 문제를 해결할 수 있는 연구자의 참여이고, 둘째는 다수가 동시에 VR·AR을 볼 수 있는 환경 조성 및 공간성을 살린 AR 자료 제작이며, 셋째는 역사적 추체험 단계까지 도달할 수 있는 스토리 및 내러티브 도출이다.

우선, 연구자의 적극적인 참여를 통해 진정성 있는 VR 복원에 성공한 사례로는 미국 Yale대학 CTL(Yale's Center for Teaching and Learning)의 고대 아시리아 궁전 VR 콘텐츠가 있다.[26] 예일대에서는 2015년 이라크 북부 유적 파괴사건 이후, 현장을 답사하여 님루드(Nimrud)의 아시리아 궁전 유적을 VR로 제작하였다. 이 사업에는 메소포타미아사 전공자들과 대학 박물관 등이 참여하였다. 그 결과로 제작된 VR 자료는 단순히 당시 궁전의 모습을 복원하는 것에 그치지 않고, 학생들이 영상 속의 물체를 터치하면 그에 대한 설명까지 볼 수 있도록 제작되었다. 이 자료는 여전히 단순 정보전달 단계에 머물러 있다는 한계가 있으나, 전공자들이 참여하여 대학 교육에 필요한 진정성 있는 정보를 제공한다는 장점도 존재한다.

그러나 예일대의 사례는 동시에 다수가 체험할 수 없다는 문제가 있다. 이러한 문제는 스마트폰과 최근 대중적으로 보급되는 VR 관련 기술을 통해 극복할 수 있다. 이와 관련하여, 휴대용 가상현실 안경을 접목한 백제문화 관광 콘텐츠에 대한 연구가 주목된다. 이 연구에서는 야외 문화유산에서 구글 Cardboard 활용을 제안하였다. 체험자는 유적 현장에서 자신의 스마트폰을 활용하여 손쉽게 이동하며 VR 자료를 체험할 수 있다.[27]

위의 사례는 동시에 다수가 VR을 볼 수 있는 환경을 조성했다는 점에서 주목된다. 그러나 유적 현장에서는 체험자의 시야를 통제하는 VR보다, 체험자가 눈앞의 실제 공간과 복원되는 과거의 공간을 동시에 느낄 수 있는 AR 복원이 효율적이다. VR 복원은 예일대의 사례처럼 유적 현장을 방문하기 힘든 대학 강의실에서 활용될 때 효율적일 것이다.

다음으로 관람객이나 학생들이 VR, AR 복원자료를 통해 정보를 전달받는 것에 그치지 않고, 실제로 당시의 시공간에 들어가는 역사적 추체험 단계까지 도달할 필요가 있다. 이를 위해서는 단순 복원을 넘어서, 당시의 역사적 환경과 사람들의 생활상까지 생생하게 그려내는 동시에, 같은 공간 속의 다른 시간 층위, 같은 시간 속의 다른 공간 층위를 연계

지도 1 _ 안양사지 주변 문화재 분포와 안양사지 가람배치

사진 9 _ 안양사지

하는 스토리텔링 작업이 요구된다. 이러한 복원 작업에도 다수의 역사 전공자가 참여할 필요성이 있다.

다음에서는 앞에서 정리한 고대사 유적의 VR, AR 복원과 활용 방향을 특정 지역 유적에 적용해보는 시도를 하고자 한다. 여기서 활용할 유적은 경기도 안양시에 위치한 안양사지(중초사지)와 주변 문화재이다.

안양시 석수동에 위치한 안양사지는 통일신라시대 중초사로 시작되어 고려시대 안양사로 번창하였다가 조선시대에 쇠퇴하였으며, 그 터에 1959년 건축가 김중업이 설계한 유유산업 공장이 들어섰다. 2007년 안양시에서는 유유산업 공장부지를 매입하고, 발굴조사를 실시하였는데, 그 결과 중문, 전탑, 금당, 강당으로 이어지는 가람배치가 확인되었다.[28] 이에 따라, 안양시에서는 과거 공장이었던 주변을 유적공원으로 정비하였고, 기존 유유산업 공장건물 일부를 김중업건축박물관과 안양박물관으로 리모델링하였다. 현재 안양사지와 주변은 통일신라부터 고려, 조선을 거쳐 현대에 이르는 시간의 층위가 하나의 공간에 켜켜이 쌓여 있는 역사적 장소로 탈바꿈하였다.

주변에는 중초사지 당간지주(보물 제4호)를 비롯하여 석수동 마애종 (경기도 유형문화재 제92호), 안양사 귀부(경기도 유형문화재 제93호) 등이 위치하여, 안양사지와의 관련성을 추정하게 해준다.

특히 중초사지 당간지주에는 827년 중초사에서 완성하였다는 명문 (銘文)이 새겨져 있다. 중초사지 당간지주는 정확한 건립 시기를 알 수 있는 유일한 사례로서 가치가 높으며, 안양사지의 역사가 9세기 통일신라 시대까지 거슬러 올라간다는 점을 보여준다.

석수동 마애종은 안양사지 동쪽 100여m 지점의 자연 암반에 정교하게 새겨진 국내 유일의 마애종이다. 마애종 왼쪽에는 종을 치려고 하는 스님의 모습도 남아있다. 안양사 귀부는 석수동 마애종에서 동북쪽으로 500여m 떨어진 안양사 대웅전 앞에 위치한다. 길이 3m에 달하는 귀부는 머리부터 네 발, 꼬리까지 생동감 있게 표현되었다. 석수동 마애종과

사진 10 _ 중초사지 당간지주와 삼층석탑

안양사 귀부는 대체로 고려시대에 만들어진 것으로 추정된다.

안양사지는 고대 중초사로 시작하여 고려 안양사로 번창하면서, 주변에 많은 문화재를 조성했던 대규모 사찰 유적으로 생각된다. 그러나 유유산업 건물로 인하여 절터가 크게 훼손되었고, 일찍이 안양유원지로 개발되면서 주변 문화재와 안양사지 사이의 유기적 연계성도 떨어졌다. 이로 인하여 이곳을 찾는 관광객이나 학교의 학생들이 현재 모습에서 안양사지의 역사성을 상상하는 것은 매우 어렵다. 이때 VR 및 AR 기술은 현재 안양사지 주변을 물리적으로 바꾸지 않으면서, 과거의 모습을 재연하는 데에 큰 도움을 줄 수 있다.

안양사지는 '고대 중초사 → 고려 안양사 → 현대 산업유산'으로 끊임없이 변화하면서, 좁은 공간 안에 1,100년 이상의 시간이 복잡하게 얽혀있다. 만약 이러한 유적을 실제로 복원한다면, 복원의 기준 시점을 고대 중초사로 할 것인지, 고려 안양사로 할 것인지를 두고 논란이 제기될 것이다. 그리고 폐사 이후 현대 공장으로 활용된 역사상을 실물 복원 과정에서 어떻게 반영할 것인지도 논쟁의 대상이 될 수 있다. 하지만 VR 및 AR 기술을 활용하여 복원한다면, 하나의 공간에 켜켜이 쌓여 있는 수천 년의 시간을 효과적으로 표현할 수 있다.

4차 산업혁명과 한국사 연구

사진 11 _ 석수동 마애종, 안양사 귀부

다음의 표는 안양사지라는 단일 유적을 VR, AR로 복원할 때, 교육 효과와 복원의 진정성을 높이는 방식을 도식화한 표이다.

표 1 _ 안양사지 VR, AR 복원과정 예시

① 학술연구	② 복원안 도출	③ 개발	④ 활용
종합정비계획 수립, 시기별 가람배치와 사역(寺域) 확인, 문화재 편년 연구	시기별 복수의 복원안 도출, 학계 검증 지속	스토리텔링을 통한 역사적 추체험 도달, 진정성문제 해결	역사교육현장 (VR) 유적현장 (AR)
전문 연구자	전문 연구자	개발자 및 연구자	학생 및 관광객

먼저 학술연구 단계에서는 역사학, 미술사학, 고고학 등 여러 분야의 전문 연구자들이 시기별 가람배치 및 사역을 확인하고, 주변 문화재의 편년 등을 연구한다. 그리고 당시 사찰에서 행해진 불교 의례, 사찰 주변의 공간구조나 일상생활 등 다양한 기초 연구를 함께 진행한다면, 이어지는 VR, AR 자료의 스토리텔링 작업에서 활용될 수 있다. 물론 고대사 유적에 대한 학술연구는 사전에 마련된 종합정비계획에 따라 장기적이고 순차적으로 추진될 필요가 있다. 국립문화재연구소의 '황룡사 복원연구사업'도 기본계획과 종합정비계획에 따라 장기간에 걸쳐 추진되고 있다.

두 번째로 복원안 도출 단계에서는 학술연구를 기반으로 하여 시기별 복원안을 마련하되, 연구자에 따라 복수의 복원안이 도출될 수 있다. VR, AR 복원 과정에서는 복수의 복원안을 모두 선택할 수도 있고, 학계의 검증을 지속하면서 복원안을 좁혀갈 수도 있다.

세 번째로 개발 단계에서는 유적에 대한 스토리텔링을 통해 역사적 추체험에 도달할 필요가 있다. 이와 동시에 특정 시공간의 생활사를 시기별로 복원하면서, 비가시적 요소의 가시적 체험과 특정 조직 및 인물에 대한 감정이입까지 추구할 필요도 있다.[29] VR, AR 복원자료의 본격적인 개발 작업은 학계 검증 및 스토리텔링 작업이 마무리된 이후에 시작된다.

마지막으로, 활용 단계에서 역사교육 현장의 학생들은 VR 자료를 통해 학습하게 되고, 유적 현장의 관광객은 AR 자료를 활용하게 된다. 이러한 활용 방식은 VR과 AR 자료의 특성을 고려한 것이다.

진정성 문제를 해결하면서 역사적 추체험에 도달하는 개발 과정의 예시는 안양사지 내 중초사지 당간지주라는 단일 문화재를 통해 구체화할 수 있다. 중초사지 당간지주를 VR, AR로 복원하기 위한 스토리텔링 작업은 각 분야 연구자의 참여로부터 시작되어야 한다. 먼저, 미술사 분야에서는 경주 표암 암각화 등 당간지주의 원형을 보여주는 그림과 실물 철당간이 남아있는 문화재 등을 분석하여 중초사지 당간지주의 원형을 추정한다. 고고학 분야에서는 발굴 결과를 토대로 하여 당간지주를 둘러싼 당시 안양사지(중초사지)의 환경을 재현한다. 역사학 분야에서는 당간지주에 새겨진 기록을 통해 돌을 옮겨 조각하는 과정과 시점, 여기에 참여한 승려들을 검토한다. 이러한 기초자료를 기반으로 당간지주 조성 당시 환경, 조성과정, 완성 이후 모습까지 복원하며, 여기에 참여한 다양한 인물들의 이야기를 결합한다. 마지막으로 당간지주라는 공간에서 통일신라, 고려, 조선, 근현대의 시간 층위가 어떻게 변주되었는지 보여주는 한편, 당간지주 주변의 안양사지, 석수동 마애종 등을 결합하여 같은 시간 속에서 주변 공간이 어떻게 변화되었는지 보여 주는 작업이 필요하다.

지금까지 고대사 유적의 VR, AR 복원은 주로 단일 유적, 단일 시간에 주목하였다. 하지만 고대부터 현대까지 포괄하는 시간성과 주변 문화재를 아우르는 공간성을 담아내는 시도가 필요하다. 고대 중초사에서 고려 안양사, 현대 산업유산으로 이어지는 안양사지의 시간성과 석수동 마애종, 안양사 귀부 등 주변 문화재를 포괄하는 안양사지의 공간성은 지금까지 VR, AR 복원의 한계를 극복할 소재로 주목된다.

이러한 작업은 앞서 살펴본 '황룡사 복원정비사업'의 큰 틀을 참고하여 진행될 필요가 있다. 황룡사지는 6세기 처음 창건된 이후 수백 년에 걸쳐 확장·변화되었으며, 고려와 조선시대를 거치면서 폐허로 변하였다. 현재는 넓은 들 위에 중문, 목탑, 금당, 강당 등의 터와 당간지주만 남아있다. 황룡사지라는 같은 공간에 켜켜이 쌓여 있는 시간의 층위는 안양사지의 사례에서도 찾아볼 수 있다.

'황룡사 복원정비사업'은 VR, AR 복원에 앞서, 다양한 분야의 전문가들이 황룡사의 본래 모습에 대한 기초 연구를 진행하였고, 이를 토대로 장기간의 계획 속에서 부분적으로 복원 사업을 추진하고 있다. 이러한 복원 방식은 VR과 AR 복원의 진정성을 높이는 동시에 역사적 추체험을 가능하게 해줄 스토리텔링으로 연결될 수 있다. 예를 들어, 신라 불교의례에 대한 기초 연구는 황룡사에서 베풀어진 당시 신라인의 불교의례를 추정할 수 있게 해준다. VR과 AR 복원 자료에 이러한 당시 모습이 포함된다면, 체험자는 단순한 정보전달을 넘어서는 역사적 추체험을 할 수 있게 된다.

위와 같은 방식으로 제작된 VR, AR 자료는 구현 방식의 특성에 맞게 활용될 필요가 있다. 먼저 VR 자료는 실제 유적 현장에 가지 않더라도 강한 몰입감을 줄 수 있으므로, 현장 방문이 어려운 대학이나 초중고교 역사교육에서 활용하는 편이 효율적이다. 다음으로 AR 자료는 체험자가 눈앞의 '현실'과 모니터 속의 '증강현실'을 동시에 확인할 수 있으므로, 유적 현장을 찾은 관람객에게 제공한다.

역사교육에서 고대사 유적 VR 자료를 활용하는 사례로는 경기도 교육청의 시범사업이 주목된다. 경기도 교육청에서는 EBS, 문화재청, 한국문화재단과 함께 학교 수업에 활용할 수 있는 지역 문화유산 360·VR 콘텐츠를 제작하는 시범사업을 추진할 예정이다.[30] 이 사업에서 고대사 유적의 VR 복원까지 추진되지는 않지만, 학교 교실에서 문화유산의 현장을 VR로 체험할 수 있게 한다는 점은 VR 자료의 특성을 잘 보여주는 사례이다.

고대 유적의 현장에서 AR 복원 자료를 체험하는 사례로는 이탈리아 로마의 아우렐리우스 성벽(the Aurelian Walls) AR 복원에 관한 연구를 들 수 있다. 로마 3대학(Roma Tre University) 연구팀은 로마시 문화유산관리청(Sovrintendenza Capitolina ai Beni Culturali)과 더불어 3세기 로마에 축조된 아우렐리우스 성벽에 대한 3D 모델링을 통해 유적 현장에서 활용할 수 있는 AR 자료를 만들었다. 이 자료는 일부 성벽을 AR 복원한 것이지만, 현장에서 당시의 모습을 떠올리기 어려운 고대사 유적에 AR 기술을 접목한 사례로 주목된다.[31]

이상의 논의를 통해, 고대사 유적의 '비가시성'이라는 한계를 VR, AR 복원으로 극복하여, 역사교육과 유적 현장에서 활용하는 가능성을 검토하였다. 지금까지 한국 고대사 유적의 VR, AR 자료는 복원의 진정성, 동시 체험의 어려움, 공간성의 부재, 단순 정보전달 등의 한계를 지니고 있었다. 이를 해결하기 위해서는 전문 연구자의 참여, 스마트폰의 활용과 더불어 역사교육에서는 VR 자료를 활용하고, 유적 현장에서는 AR 자료를 활용하는 방안이 필요할 것으로 생각된다. 또한 콘텐츠 개발 단계에서 각 분야 연구자가 참여하여 역사적 사고력을 키울 수 있는 스토리텔링 도출이 필요하다.

맺음말

한국 고대사 연구와 교육은 이른바 '4차 산업혁명'의 소용돌이 속에서 한발 물러서 있는 것처럼 보이지만, 인공지능, VR, AR 등의 첨단기술을 도입한다면 한국 고대사 분야에서 새로운 가능성을 찾을 수도 있다.

한국 고대의 문자자료인 목간은 판독하기 까다로운 자료이다. 따라서 한·중·일의 방대한 자료를 비교하는 작업이 이루어지고 있다. 하지만 표의문자인 한자의 특성으로 인하여, 판독에 필요한 자료의 양은 점차 인간의 처리능력을 벗어날 것이다. 이러한 문제를 해결할 수 있는 '4차 산업혁명'의 기술로는 인공지능을 활용한 글자인식 기술이 있다. 이와 관련하여 일본에서는 이미 2016년에 'MOJIZO' 시스템을 개발하여, 고대 목간 글자의 판독에 활용하고 있다.

한국에서도 목간과 관련하여 간행물 형태의 1차 자료, 각 글자별 DB 형태의 2차 자료는 구축되고 있으므로, 이를 토대로 인공지능 기반의 목간 판독 시스템을 개발할 필요가 있다. 이때 한국, 중국, 일본의 자료를 활용하는 동시에, 고대, 고려, 조선시대의 자료를 포함한다면, 학습 데이터의 '시·공간적 확장'을 통해 '일반화'를 꾀할 수 있다. 이러한 시스템은 한국 고대 목간 자료의 판독은 물론이고, 동아시아 한자문화권의 문자자료 판독을 더욱 빠르고 정확하게 할 수 있을 것이다. 이러한 시스템을 개발하더라도, 맥락에 대한 이해, 내용의 비교, 검색 이미지 편집, 판독된 자료에 대한 해석과 연구 등은 결국 고대사 연구자의 몫으로 남을 수밖에 없다. 근본적으로 학습 데이터의 판독 과정에도 연구자의 판단이 필요하다.

한국 고대사 유적은 '유적의 비가시성'이라는 한계를 갖고 있다. 이로 인하여, 유적을 찾은 관람객이나 대학 역사교육 현장의 학생들은 유적의 본래 모습을 상상하는데 어려움을 느끼게 된다. 따라서 고대사 유적의 실물 복원을 대신하여, 가상현실(VR)이나 증강현실(AR)로 복원해보는 작업은 일찍부터 이루어져 왔다.

하지만 지금까지 한국 고대사 유적의 VR·AR 복원은 복원의 진정성, 동시 체험의 어려움, 공간성의 부재, 단순 정보전달 등의 한계를 지녔다. 이를 해결하기 위해서는 전문 연구자의 참여, 스마트폰의 활용과 더불어 대학 교육에서는 VR 자료를 활용하고, 유적 현장에서는 AR 자료를 활용하는 방안이 필요할 것으로 생각된다.

구체적으로 안양 지역 고대사 유적은 안양사지(중초사지)를 둘러싼 다양한 시공간의 층위를 VR과 AR로 복원할 수 있는 사례로 주목된다. 안양사지는 고대 중초사로 시작되어 고려 안양사로 번창하였고, 현대 산업유산으로 이어졌다. 또한 주변에는 석수동 마애종 등 관련 문화재가 남아있다. 하지만 주변 개발로 인하여 실제 유적에서 안양사지의 '공간성'과 '시간성'을 떠올리기 쉽지 않다. 안양사지 주변의 역사성을 복원하기 위해서는 VR, AR 기술이 필요하며, 이때 학술연구, 복원안 도출, 개발, 활용의 단계를 거쳐야 한다. 특히 학술연구부터 개발 단계까지, 콘텐츠의 스토리텔링과 진정성 부여를 위해서는 관련 전문가의 참여가 중요하다.

이 글에서는 한국 고대사 연구자의 입장에서 '4차 산업혁명'의 새로운 기술을 통해 활로를 찾아보는 시도를 해보았다. 하지만 인공지능 기반의 목간 판독 시스템이 실제 목간 연구에 어떠한 발전을 가져올 수 있는지는 살펴보지 못하였고, 고대사 유적의 VR, AR 복원 가능성만 타진하였을 뿐 실제 복원의 결과물까지 도출하지는 못하였다. 이 글의 부족한 부분은 앞으로의 연구를 통해 보완하고자 한다.

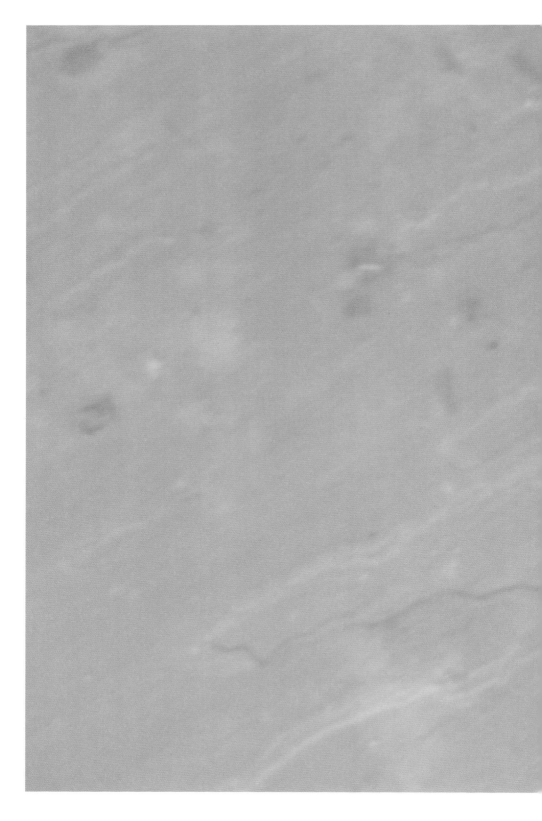

2편
문화유산 정보의 초연결성과
역사 지식 플랫폼

문화유산 정보 제공의 현황과
정보의 '연결'

홍민호

머리말

문재인 정부는 2017년 10월 11일, 대통령 직속으로 '사람 중심의 4차 산업혁명위원회'를 출범시켰다.[1] 문재인 대통령은 4차 산업혁명의 주요 분야를 선도하여 경제 발전의 계기로 삼고자 하는 의도로 위원회를 발족하였음을 밝혔다. 이렇게 출범된 4차 산업혁명위원회는 '4차 산업혁명'의 요소를 인공지능(AI)·빅데이터·초연결의 세 가지로 정의하고 이에 대해 능동적인 대응을 표방하고 있다.[2]

『Global Information Technology Report』에 의하면 정의된 '4차 산업혁명'의 세 가지 요소 중 하나인 '초연결(Hyperconnectivity)'은 다음과 같은 속성을 가진다. 상시 연결되며(Always on) 상시 접근이 가능하고(Readibly accessible) 정보가 풍요로우며(Information rich) 상호작용하고(Interactive) 관련자에만 해당하지 않으며(Not just about people) 항상 기록된다는(Always recording)것이다.[3] 즉 초연결 사회는 풍부한 정보를 바탕으로 다양한 주체가 실시간으로 상호작용을 이루는 사회이다.

초연결을 바탕으로 한 사회는 이미 실현되고 있다. 대중들은 SNS를 통해 서로 연결되고 소통하며, YouTube 1인 미디어 등을 매개로 콘텐츠의 생산자이자 사용자 역할을 하고 있다. 그리고 이러한 콘텐츠들을 통해 대중들은 각 분야와 관계를 맺으면서 해당 분야의 정보를 습득하고 또 소비한다.

대중들이 '역사'라는 분야를 마주하는 방식 역시 이러한 '초연결'을 바탕으로 다변화되고 있다. 그럼에도 대중들이 '역사'라는 분야를 마주하는 가장 흔한 방식 중 하나는 문화유산을 관람하는 것이다. 전국이 1일 생활권으로 묶이면서 여행지 선정에서 물리적 거리에 대한 부담감이 줄어들었으며 최근에는 주 52시간 근무제의 시행에 따른 여가시간의 활용 방안으로 여행에 대한 관심도가 증가하고 있다.[4] 문화관광연구원에 따르면 여행지 선정 시에는 '볼거리'가 가장 많이 고려되었으며 이 고려대상과 가장 크게 연관 있는 요소로는 '자연경관'과 '문화유산'이 꼽혔다.[5] 대중의 관심은 지속적으로 문화유산에게 향하고 있으며 『나의 문화유산답사기』 시리즈가 계속해서 베스트셀러에 올라 있는 것은 이러한 대중들의 관심이 단기간의 현상이 아님을 방증하는 한 사례이다.[6]

문화유산을 관람하는 것은 단순한 '둘러보기'가 아니라 해당 유산이 지닌 가치를 이해하고 공감하는 과정이다. 대중들은 각종 정보들을 바탕으로 문화유산에 대해 가치판단을 진행하게 된다. 가치판단의 근거가 되는 역사적 정보를 제공하는 것 역시 역사가가 해야 할 일 중 하나일 것이다. 대중들이 문화유산 관람을 통해 역사라는 분야에 접근하는 방식은 아직 유효하며, 많은 관심을 받고 있는 방법이기도 하다.

그러나 문화유산에 대한 정보를 획득하는 방식은 기술의 발전에 따라 변화하였다. 이미 스마트폰의 보급이 확대되며 30억 명에 가까운 전세계 인구가 1인 기기로 상호 연결되고 있다.[7] 한국에서는 특히 인터넷 보급률 96%, 스마트폰 보급률 94%로 상시 연결되어 있는(Always on) 사회가 이미 실현되고 있다.[8] 그리고 대중들은 이러한 연결망을 토대로 상호작용하며(Interactive) 정보를 획득한다. 때문에 정보를 생산하는 방식

역시 변화를 겪고 있으며 생산시 고려해야 할 요소들도 변화하고 있다.

본 글에서는 현재 사용되고 있는 문화유산에 대한 정보 제공 방식을 살펴보고, 어떠한 문제들이 있는지 분석할 것이다. 또 현재 접목되고 있는 기술들과 플랫폼을 고려하여 기존의 문제점을 보완한 정보 제공 플랫폼의 형태를 제시해보려 한다. 이와 같은 작업들이 역사가들과 일반 대중들이 함께 호흡할 수 있는 한 창구를 마련하는 유의미한 작업이 되기를 기대한다.

1. 현행 정보 제공 방식과 문제점

1) 문화유산 정보 제공 실태

과거 대중들이 관광지 정보를 획득하는 가장 기본적인 방식은 안내판과 관련 내용들을 적어놓은 안내 책자 등을 활용하는 것이었다. 하지만 앞서 언급했듯 개인기기 보급이 확산되어 1인 1스마트폰 시대가 도래 하였고, 인터넷에 대한 접근성이 확대되었다. 오늘날 우리는 앉은 자리에서 검색을 통해 풍부한 정보를 얻을 수 있는 시대를 살아가고 있다.

한 여행사가 자사회원을 기준으로 국내 여행 계획을 세울 때 정보를 수립하는 수단을 조사한 결과 '블로그'가 79.2%, '여행정보사이트'가 10.4%, '지인의 정보'가 4.7%, '여행사'가 2.3%로 나타났다.[9] 대다수의 사람들이 블로그를 통해 여행 정보를 수집하고 있으며, 여행정보사이트를 포함하여 인터넷을 수단으로 정보를 수집한다는 응답은 무려 89.6%에 달한다. 해당 조사를 진행한 여행업체는 이러한 결과가 나타난 이유로 '타인의 경험담에 대한 간접 체험'을 꼽았다. 대중들은 인터넷을 통해 비교적 실제적인 정보들을 얻고자 하고 있는 것이다.

정보 획득 창구로 가장 많은 비중을 차지한 블로그에서 정보를 제공하고 있는 양상을 보면 대개 위치정보·입장정보·문화유산에 대한 역사적 정보·관련 행사 소개·주변 음식점 소개·관련 루트 추천 등을 포함하고 있다. 여기서 역사적 정보에 관한 부분은 어떻게 제공되고 있을까. 결론부터 말하자면 기존에 역사 관련 전문가에 의해 생산되었을 1차 정보인 지식백과·현장 안내판·안내책자의 재생산인 경우가 대다수였다.

블로그의 역사적 정보 제공 양상을 살펴보는 작업은 다음과 같이 진행하였다. 먼저, 널리 이용되고 있는 포털사이트인 '네이버(https://www.naver.com/)'를 이용하였다. 그리고 검색 카테고리를 '블로그'로 설정하였으며, 정렬 기준은 '관련도 순'으로 설정하였다. 관련도 순의 정렬기준은 후 순위 페이지로 갈수록 신뢰도가 떨어지므로 검색 결과 중 상위 100건을 표본 집단으로 설정하였다.

첫 번째 사례는 서울특별시 마포구에 위치한 '서울 창천동 공민왕 사당(등록문화재 제231호, 이하 공민왕 사당)'이다. 공민왕 사당은 '와우산 숲길'과 '마포구 걷고 싶은 길'의 코스로 설정되어 있어 쉽게 여행 루트를 설정할 수 있는 곳 중 하나이다. 공민왕 사당에 대한 1차적 정보를 얻을 수 있는 방법은 포털사이트가 제공하는 지식백과·문화재청 제공 정보·신문기사·사당 앞 안내판 및 안내 책자 등에 해당한다. 여러 표현 중 가장 많은 검색 결과를 얻을 수 있는 '마포구 공민왕 사당'으로 검색한 결과[10] 표본 집단으로 삼은 100건 중 공민왕 사당에 대한 직접적인 정보를 담고 있는 것은 80건에 해당했다.[11] 그리고 그 중 글로써 역사적 정보를 제공한 블로그는 49건이었다. 이 49건 중 46건은 1차적인 정보를 그대로 인용하고 있었다. 해당 사례에서 블로그가 역사적 자료를 제공했을 때 기존 정보를 인용하는 빈도는 93.9%에 해당했다. 추가로 글로 역사적 정보를 제공하진 않았지만 사진으로 안내판을 제공하는 경우도 다수 있어 실제 1차 정보 인용률은 더욱 높아질 수 있다.

두 번째 사례는 대구광역시 동구에 위치한 '신숭겸 장군 유적(대구광역시 기념물 제1호)'이다. 신숭겸 장군 유적 역시 팔공산 왕건길의 한 코스로 지정되어 관광객의 이동 경로 탐색시 수고로움을 덜어줄 수 있는 곳 중 하나이다. 신숭겸 장군 유적 역시 1차적 정보를 얻을 수 있는 방법은 공민왕 사당과 대동소이했다. 같은 방법으로 '신숭겸 장군 유적'을 검색한 결과[12]에서 100건 중 관련이 없는 정보를 제공하는 8건[13]과 중복 검색된 1건, 게시물이 삭제된 1건 등 총 10건을 제외하였다. 90건 중 글로 역사적 정보를 제공하고 있는 것은 56건에 해당했고, 그 중 1차적 정보를 그대로 인용하고 있는 것은 55건에 해당했다. 무려 98.2%에 해당하는 수치이며, 이 역시 사진으로 안내판을 제공하는 경우를 포함하면 비율이 높아질 수 있다. 결국 대중들이 얻는 역사적 정보는 1차적 정보를 기반으로 재생산된 경우가 절대 다수인 셈이 된다.

2) 기존 정보 제공 방식의 문제점

압도적인 인용률을 보이는 1차 정보, 즉 안내판 및 인터넷 백과 등은 정보를 단방향으로만 전달하는 방식이다. 오류가 있어도 쉽게 수정되기 힘들다는 특징도 가지고 있다. 안내판의 경우 언론보도에 따르면 수정까지 평균 89.2일이 소요되었다.[14] 비교적 최근에 만들어진 모바일 기반 정보 제공 플랫폼 역시 비슷하다. 문화재청은 변화하는 환경에 발맞추어 스마트폰 어플리케이션인 '나의 문화유산 해결사'를 제작하였으나 그 정보는 문화재청 홈페이지의 것을 그대로 모바일상에 구현한 것에 그치고 있다. 또 해당 어플리케이션의 최종 업데이트는 2017.10.12.로, 1년 넘게 관리가 부재한 상황이다. 정보 제공 매체만 바뀌었을 뿐, 기존 1차 정보의 특성은 그대로 가지고 있는 셈이다.

이러한 1차적 정보들은 독자의 지식수준은 고려하지 않고 한 가지의 정보를 제공하고 있다. 그렇다면 이러한 정보는 어떠한 원칙을 가지고 생산될까. 다음은 1차적 정보의 한 종류인 안내판 제작 가이드라인의 일부이다.

정보 전달의 원칙으로 안내판의 정보는 <u>가장 기본적인 정보로 흥미를 갖</u>게 하는 동기유발의 기능이 있다. 안내판의 내용은 필요한 내용만 간결하게 전달하며 구성요소의 일관성, 텍스트 서체의 최소화, 역사적 사실 및 외국어 표기의 규정화가 필요하다.

안내판의 안내문안은 <u>정보전달을 목적으로 하며 간결하고 쉽게 표현하여 초등학교 3년생 이상이 이해할 수 있도록 작성한다.</u> 건축구조 및 형식 등 전문적인 용어를 지양하며 학습 목적의 전문적 지식은 리플릿 등 타 매체를 통하여 보완한다. 다국어 표기로 인한 안내판의 비대화를 방지하기 위하여 문안은 2개 국어 (국/영)표기를 원칙으로 한다. 최종 작성된 국어 문안은 국립국어원의 감수를 거친다.[15]

이 가이드라인이 제시하는 안내판의 목적은 정보전달이며 동기유발의 기능을 갖도록 해야 하고 그 수준은 초등학교 3학년생 정도가 이해할 수 있을 정도여야 한다. 그러나 언론보도에 따르면 실제로는 성인들도 독해에 어려움을 느끼고 있는 상황이다.[16] 해당 보도들의 내용에 따르면 대중들은 건축 양식 등 전문적인 용어의 사용으로 독해의 난해함을 호소하였다. 특정 건축물에 대한 정보를 제공하고는 있지만 이를 통해 해당 건축물을 역으로 찾아낼 수 있었던 경우는 13명 중 4명으로 30.8%에 해당했다.[17] 상황을 보면 해당 안내판들은 동기유발은 차치하고 기본적인 정보 전달도 하지 못하는 상황이다. 가이드라인의 기본적인 내용은 하나도 지켜지지 않고 있는 것이다. '석조전을 이해하는데 코린트식 기둥을 알아야 할 필요가 있나요?' 라는 한 시민의 역질문[18]은 작성된 문안과 대중의 니즈(Needs) 사이의 괴리를 잘 보여준다.

청소년 이하로 간다면 수용할 수 있는 정보의 격차는 더 크게 벌어진다. 한 연구에서 전국 13개 고등학교 2·3학년 80학급에 대해 세계사 교과서에 나오는 역사적 어휘를 대상으로 이해도 검사를 한 결과 284점

만점 중 학생들은 평균 121.2점을 얻었다.[19] 100점으로 환산시 42.7점에 해당하는 점수로, 높다고는 볼 수 없는 수준의 결과가 나왔다. 이 중 일부 집단의 검사 결과 중 한국사 교과서에도 쓰이고 있는 어휘들을 대상으로 일부 정리하면 다음 표와 같다.

표 1 _ 고등학교 2학년 미이수 집단 대상 어휘력 수준 검사 결과

어휘	정답률(%)
공경대부, 거류지, 구가하다, 조차	0~10
환관, 관료, 감찰하다, 봉건, 봉건적, 자치권, 향촌, 입헌군주제, 전제정치, 조례, 패권, 노선, 계엄	10~20
공화정, 회유하다, 고증, 와해시키다, 중체서용, 직할지, 제휴, 현세적, 화의	20~30
태음력, 조공, 제해권, 획정하다, 제후국, 태동하다, 고취하다, 흥망성쇠	30~40
역참, 책봉, 집대성, 수리시설, 완충지대, 구축, 내각	40~50

'鄭娟, 「고등학교 세계사 교과서의 독해 난이도 : 일반 어휘의 난이도 측면에서」, 『歷史教育』 제92호, 歷史教育研究會, 2004, pp.80~81'을 바탕으로 일부를 정리하였음.

위의 표를 참고할 때 고등학교 2학년 미이수 집단의 경우 한국사 과목에서도 많이 쓰이는 '현세적'·'고증'·'화의'·'회유하다'·'공화정' 등 어휘의 정답률은 30%를 밑돌고 있다. '환관'·'관료'·'입헌군주제'·'전제정치'·'조례'·'계엄'·'향촌'·'봉건' 등은 20%, '거류지'·'조차'·'공경대부' 등은 10%가 안 되는 정답률을 보였다. 포털사이트에 제공되는 『두산백과』에서는 '신라원'을 '재당 신라인들의 집단거류지인 신라방에 신라인들이 세운 절'로 정리하고 있는데, 위의 결과에 따르면 이 정의를 이해할 수 있는 학생은 10% 내외일 뿐이다. 그 외의 학생들은 대략 신라와 관계될 것이라는 정도의 정보밖에 얻지 못하게 된다.

역사 용어뿐 아니라 청소년들은 일반 어휘에 대한 이해도도 성인보다 떨어질 수밖에 없다. 역사과목 부진학생에 대한 면담을 진행한 한 연구에 따르면 학생들 중에는 '국가 재정'의 재정을 '재정비'로 이해하는 경우도 있었다.[20] 또 '무보수 직책'의 무보수에 대해서 본인이 '엄격한'

그림 1 _ 고려대학교 중앙도서관 앞에 비치된 안내판

이라는 뜻으로 이해하고 있는 '보수(保守)'의 반의어로 여겨 '건성건성
보는 것'이라 답하기도 하였다.[21] 이러한 학생들이 여러 정보를 보고 원
활하게 문화유산에 대한 정보를 습득하기 힘든 것은 당연하다. 그렇기
때문에 현재 제공되는 정보를 보고 흥미가 유발되기는 힘든 상황이다.
하지만 기존 정보 제공 방식에서 이들은 전혀 배려 받지 못하고 있다.

위와 같은 실상을 고려할 때 실제 대중들에게 1차적 정보가 주어졌을
때 사용자가 수용하는 과정을 가정해보려 한다. 다음은 서울특별시 성
북구에 위치한 사적 제286호 고려대학교 중앙도서관(현 대학원 도서관)
에 비치된 안내판의 모습과 그 안내문이다.

① 이 건물은 고려대학교의 모체가 되는 보성전문학교(普成專門學校)의
개교 30주년 기념으로 전국의 유지들로부터 기금을 모아 1935년에
착공하여 1937년 9월에 준공한 지상 5층 규모의 도서관 건물이다. 한
국인 설계자 박동진(朴東鎭)이 학교 경영주인 인촌(仁村) 김성수(金
性洙)와 상의하여 건물의 양식과 구조를 결정하였다고 한다.

② 지상 5층 규모의 석조와 철근 콘크리트의 혼합구조인 이 건물은 웅장하면서도 섬세한 고딕 성관 풍이다. 건물의 기본 구조는 3층인데 중앙 출입구와 끝부분의 돌출 부분을 5층 높이로 만들었고 고딕식 장식을 하여 조형미를 드러냈다. 건물의 출입구와 탑의 창문틀, 남쪽 면의 붙임기둥과 탑 부분의 여장(女牆)으로 인해 웅장하게 보인다. 이 건물과 본관 건물은 네오고딕 양식의 영향을 크게 받았다고 할 수 있다.

③ 이 건물은 한국의 근대 교육시설이 변화하는 과정에서 한국인 건축가의 역할을 확인할 수 있는 귀중한 사료이다.

고려대학교 중앙도서관의 안내판은 〈그림 1〉과 같이 출입문 바로 앞에 위치하고 있다. 이 건물을 찾아갔을 때 가장 근거리에서 1차적으로 정보를 제공해주고 있는 셈이다. 위의 안내문은 ① 건설 배경과 기본적 정보, ② 건축물의 특징, ③ 역사적 가치의 세 부분으로 구성되어 있다. 일반 성인들의 경우에도 '고딕 성관'·'고딕식 장식'·'여장'·'네오고딕식 양식' 등 건축용어가 지속적으로 등장하는 ② 부분에서 난점을 느낄 수 있다. 청소년의 경우, '모체'·'유지'·'기금'·'착공'·'준공'·'사료' 등의 어휘로 ①, ③ 부분에서도 독해의 어려움을 겪을 수 있다. 즉, 실제 성인 독자와 청소년 독자는 다음과 같은 정보를 접하게 될 것이다.

〈표 2〉에서 확인되듯 사용자들은 안내 문안을 수용하면서 다수의 단어 공백을 마주하게 된다. 사용자가 정보 생산자의 의도대로 정보를 수용하지 못하는 것은 당연하다. 사용자들이 해당 문화유산에 대해 이해해보고자 인터넷 검색을 해보면 지식백과에서는 이와 대동소이한 정보를 제공한다. 제공자와 상호 소통도 불가능하여 결국 독자가 완벽하게 이해하려 한다면 해당 단어들을 개별적으로 찾아보는 수고를 겪어야 한다. 정보를 제공받는 입장에서는 아쉬울 수밖에 없다.[22]

표 2 _ 고려대학교 중앙도서관 안내판의 정보 수용 현황 가정

성인 사용자	청소년 사용자
이 건물은 고려대학교의 모체가 되는 보성전문학교(普成專門學校)의 개교 30주년 기념으로 전국의 유지들로부터 기금을 모아 1935년에 착공하여 1937년 9월에 준공한 지상 5층 규모의 도서관 건물이다. 한국인 설계자 박동진(朴東鎭)이 학교 경영주인 인촌(仁村) 김성수 (金性洙)와 상의하여 건물의 양식과 구조를 결정하였다고 한다. 지상 5층 규모의 ＿＿＿＿＿ ＿＿＿＿＿ 인 이 건물은 웅장하면서도 섬세한 ＿＿＿＿＿＿＿이다. 건물의 기본 구조는 3층인데 중앙 출입구와 끝부분의 돌출 부분을 5층 높이로 만들었고 ＿＿＿ ＿을 하여 조형미를 드러냈다. 건물의 출입구와 탑의 창문틀, 남쪽 면의 ＿＿＿＿과 탑 부분의 ＿＿＿＿으로 인해 웅장하게 보인다. 이 건물과 본관 건물은 ＿＿＿ ＿의 영향을 크게 받았다고 할 수 있다. 이 건물은 한국의 근대 교육시설이 변화하는 과정에서 한국인 건축가의 역할을 확인할 수 있는 귀중한 사료이다.	이 건물은 고려대학교의 ＿＿＿가 되는 보성전문학교(普成專門學校)의 개교 30주년 기념으로 전국의 ＿＿＿들로부터 ＿＿＿을 모아 1935년에 ＿＿＿ 하여 1937년 9월에 ＿＿＿ 한 지상 5층 규모의 도서관 건물이다. 한국인 설계자 박동진(朴東鎭)이 학교 경영주인 인촌(仁村) 김성수(金性洙)와 상의하여 건물의 양식과 구조를 결정하였다고 한다. 지상 5층 규모의 ＿＿＿＿＿＿인 이 건물은 웅장하면서도 섬세한 ＿＿＿＿ 이다. 건물의 기본 구조는 3층인데 중앙 출입구와 끝부분의 돌출 부분을 5층 높이로 만들었고 ＿＿＿＿＿ 을 하여 조형미를 드러냈다. 건물의 출입구와 탑의 창문틀, 남쪽 면의 ＿＿＿＿ 과 탑 부분의 ＿＿＿＿으로 인해 웅장하게 보인다. 이 건물과 본관 건물은 ＿＿＿ ＿ 의 영향을 크게 받았다고 할 수 있다. 이 건물은 한국의 근대 교육시설이 변화하는 과정에서 한국인 건축가의 역할을 확인할 수 있는 귀중한 ＿＿＿이다.

　정보가 풍요로운(Information rich) 초연결사회가 도래하였지만 여전히 문화유산에 대한 역사적 정보는 역사가에 의해 생성된 1차적 정보에 의존하는 경우가 많았다. 그리고 그 1차적 정보는 정보의 사용자에게 제대로 '연결'되지 못하고 있다. 문화유산에 대한 정보제공 측면에서는 생산자와 사용자간의 괴리 혹은 사용자와 사용자간 정보격차 발생으로 개별 사용자는 오히려 정보가 부족한(Information poor) 단계에 머무르고 있다. 이른바 '풍요속의 빈곤'이 나타나는 상황이다. 대중들을 향해 있는 정보를 생산하면서 생산자가 고민해야할 지점이다.

2. 문제점과 기술발전을 고려한 문화유산 정보 플랫폼

기술은 지속적으로 발전하였고, 그에 따라 생산자들이 고려해야 할 요소들도 변화하고 있다. 더 다양한 루트로 정보의 제공이 가능해지고 실시간으로 생산자-사용자간 피드백이 가능해지면서 사용자의 요구에 더 근접하도록 정보 생산의 방식과 형태가 변화하고 있다. 1차적 정보가 계속적으로 이용되고, 생산자와 사용자 간 소통이 부재했던 문화유산에 대한 부분에서도 사용자의 요구와 편의에 따라 변화할 필요가 있다. 어떠한 방식이 정보와 사람을, 또 사람과 사람을 더 잘 '연결'해줄 수 있는지에 대해 고려해야만 한다.

정보와 정보를 필요로 하는 사용자의 '연결'은 우선적으로 생각해야 할 대상이다. 앞선 장에서 살펴보았듯 지금까지의 정보 제공 방식은 단일 텍스트를 단방향으로 제공하며, 생산자와 사용자간 지식 격차가 있어 사용자가 수용하기 힘든 형태로 공급되고 있다는 것이다. 모바일 산업이 발달하면서 개인기기 혹은 어플리케이션을 통해 구현할 수 있는 정보 제공 방식도 다양화되었다. 근거리 접촉을 바탕으로 한 RFID, QR코드 활용 정보 제공은 이미 여러 모델이 고안[23]되었고, 이미 상용화되어있는 기술이다. 앞서 언급된 문화재청 어플리케이션의 경우에도 기본적으로 QR코드를 바탕으로 하여 정보를 제공한다. 하지만 앞서 보았듯 제공되고 있는 정보는 우선적으로 생산된 정보를 옮겨온 것에 그치고 있다. 수단은 달라졌지만 본질은 같은 형태인 것이다.

1) 사용자를 고려한 맞춤 정보와 다양한 형태의 정보 제공

이제는 정보 자체의 내용 역시 사용자의 편의를 충족하는 모습으로 변화해야 한다. 먼저 대상 독자를 세분화해서 설정하여, 해당 수준에 맞춘 다양한 버전의 문자 정보 생산이 요구된다. 이렇게 생산된 다양한 버전의 문자 정보는 축적된 사용자의 빅데이터에 따라 적절한 수준의 것이 매칭 되는 방식으로 연결될 것이다. 이미 YouTube 등에서는 빅데이터에 따라 사용자가 본 영상과 관련된 영상을 추천해주기도 하고, 포털사이트에서도 관심 있는 분야의 뉴스를 우선 추천해주기도 한다. 빅데이터를 통해 계층별로 자주 사용하는 어휘를 추출하여 문자 정보를 생성하고 입력되어 있는 사용자의 회원 정보를 통해 사용자의 수준에 맞춘 적절한 버전의 문자 정보를 표시해 주는 방식은 충분히 가능할 것으로 전망된다. 이러한 것들이 이루어지기 위해서는 역사학 뿐 아니라 교육학·국어학 등 인접 계열과 협업이 이루어져야 할 것임은 당연하다. 그리고 학문적 역량을 가진 지속 가능한 연구 집단에 의해 주도적으로 계속해서 관리가 이루어져야 할 것이다.

정보 제공에 사용된 일반 어휘나 개념어는 덧씌우는 방식으로 다시 그에 대한 설명을 추가로 제공하는 것도 사용자의 이해를 도울 수 있는 방법이다. 포털사이트 '네이버'에서 서비스되고 있는 『국역 고려사』의 경우 〈그림 2〉와 같이 원문을 한자사전과 연계하여 글자를 선택하면 해당 글자의 뜻을 덧씌워 노출시켜준다. 이를 통해 이 『국역 고려사』의 이용자는 굳이 한자사전에 따로 검색하는 수고를 덜 수 있으며, 해당 텍스트의 이해에도 도움이 된다. 문화유산 정보에도 '덧씌운' 정보를 제공해 준다면, 여러 버전으로도 생길 수 있는 사용자의 독해 공백을 최소화 할 수 있다. 이러한 방식들은 생산된 문화유산 관련 정보가 표류하지 않고 사용자와 연결될 가능성을 높여준다.[24]

제공되는 기본적 정보 외에 더욱 심층적인 정보를 얻고자 하는 사용자에게는 링크를 통해 해당 문화유산에 대한 사료와 연구논문 등 전문 학술 정보와 연결해주는 것도 한 방법이다. 이를 통해 사용자는 문화유산에 대한 추가적인 지적 호기심을 해결할 수 있다. 이상과 같은 방안으로 더욱 다양한 수준의 대중을 수용할 수 있게 된다. 이는 연구자 집단이 수행할 수 있는 가장 손쉬운 소통 방법이기도 하다.

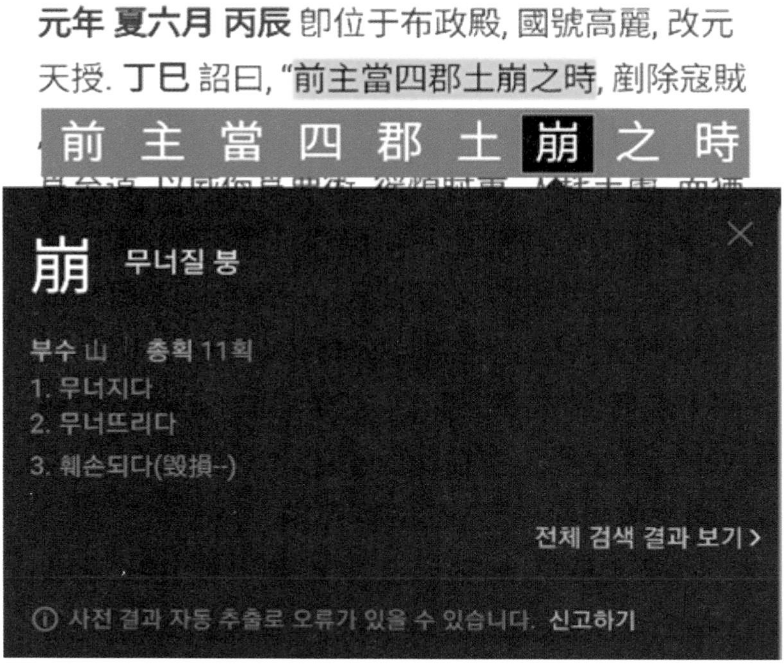

元年 夏六月 丙辰 卽位于布政殿, 國號高麗, 改元
天授. 丁巳 詔曰, "前主當四郡土崩之時, 剗除寇賊

前 主 當 四 郡 土 崩 之 時

崩 무너질 붕

부수 山 ｜ 총획 11획
1. 무너지다
2. 무너뜨리다
3. 훼손되다(毀損--)

전체 검색 결과 보기 ＞

ⓘ 사전 결과 자동 추출로 오류가 있을 수 있습니다. 신고하기

그림 2 _ 네이버에서 서비스되는 『국역 고려사』의 한자 원문 제공 부분에서 '崩' 자를 선택한 모습.

정보를 문자에만 한정하지 않는 것도 한 방법이다. 가상현실(VR) 및 증강현실(AR)을 활용한 시각적 정보가 그것이다. 이미 가상현실(VR)을 활용한 컨텐츠는 국가 차원에서 기획 제작되고 있다.[25] 지역 공간 영상을 활용하는 방법[26]과 증강현실(AR)을 활용한 문화재 안내 방안[27]이 역시 일찍부터 고안되었다. 증강현실의 경우 장성군[28]·경주시[29]·대구시 남구[30]·신안군[31]·의정부시[32]·울주군[33]·세종-공주시[34] 등 지자체별로 개발 혹은 시행되고 있기도 하다. 이러한 시각적 정보는 문자에 얽매이지 않아 더 폭넓은 사용자에게 정보를 제공하게 된다.

현재 터만 남아있는 곳이나 시간에 따라 변화를 겪은 곳들의 모습을 통시적으로 제작하는 것이 한 방법일 수 있다. 대개 소실되거나 이전과 현재의 모습이 다른 문화유산은 대중들이 문자 정보만으로 과거의 모습을 묘사해내기 힘들다. 제작이 된다면 사용자들에게 색다른 정보를 제공할 수 있으며, 하나의 관광 아이템으로 기능할 수 있다. 다만 제작 과정에서 과도하게 '위대한' 문화유산 복원이 되지 않게 고증에 주의를 기울여야 하고 고고학·건축학 등 다양한 분야와 협업이 이루어져야 실현 가능할 것이다. 그리고 이 역시 계속적인 관리 및 수정을 위해 연구 역량을 갖춘 각 집단들의 지속적인 관심이 요구된다.

경주시의 경우 '국립공원 스마트탐방 PARK'라는 어플리케이션을 통해 이러한 정보들을 제공하고 있다. '국립공원 스마트탐방 PARK'는 〈그림 3〉과 같이 경주시에 위치한 7개 유적을 대상으로 하고 있다. 특정 유적의 위치에 가서 어플리케이션을 실행하고 화면에 가져가면, 〈그림 4〉 및 〈그림 5〉와 같이 해당 유적과 관련된 시각적 정보를 제공받을 수 있는 형태이다. 또한 버튼을 누르는 방식을 통해 문자 정보 역시 함께 제공되는 형태였다.

시각적 정보에 대한 사용자의 반응은 대체로 좋은 편이다. 해당 어플리케이션의 이용 후기를 살펴보면 '감은사가 복원된 듯하다.', '덕분에 불국사를 제대로 보고 왔다.' 등의 평을 남기고 있다. 시각적 자료와 함

그림 3 _ '국립공원 스마트탐방 PARK' 실행화면

그림 4 _ '국립공원 스마트탐방 PARK' 감은사지 관련 실행 모습

그림 5 _ '국립공원 스마트탐방 PARK' 불국사 사천왕상 관련 실행 모습

께 제공되고 있는 문자 정보도 최대한 쉽게 대중에게 다가가려는 모습을 보인다. 어려운 용어를 배제하고, 대중들에게 친숙한 요소들을 가미해가며 설명하고 있다. 다음은 감은사지에 대해서 제공하는 해당 어플리케이션의 문자 정보이다.

살아생전에도 문무왕은 늘 이제 갓 통일된 신라의 미래에 대해 근심과 애정이 깊어 숨을 거두기 전에 아들 신문왕에게 유언을 남겼다고 합니다. '내가 죽거든 나를 화장하여 동해에 묻어다오. 그러면 내가 바다의 용이 되어 신라를 지키겠다.' 돌아가시면서까지 신라에 대한 걱정을 한순간도 놓지 못했던 문무왕의 유언에 따라 신문왕은 왕위에 오르자마자 아버지 문무왕의 유언대로 동해바다에 왕릉을 만들었고 아버지가 못다 지으신 감은사를 완성하셨습니다. …(중략)… 유홍준 교수님의 문화유산답사기 책자에 소개되어 '경주국립공원'에서 가장 으뜸가는 답사지 중 한 곳으로 각광을 받고 있어 많은 방문객이 찾는 사랑받는 답사일번지가 되었습니다.

해당 문자정보에서는 딱딱하지 않은 화법으로 이야기를 풀어내듯 서술하고 있다. 또 마지막에 『나의문화유산답사기』 관련 내용을 서술하여 대중들이 친근감을 가지고 정보를 접할 수 있도록 하고 있다. 『나의문화유산답사기』 시리즈는 앞서 머리말에서도 언급했지만 굉장히 오랜 기간 독자들에게 사랑받고 있는 서적으로, 정보의 수용자 입장에서 친숙하게 여겨질 수 있는 요소이다. 시각 정보와 함께 제공되는 이러한 친숙한 문자 정보는 대중들에게 효과적으로 전달될 수 있다. 분명 이전의 전문 용어만 나열하던 정보 제공 방식에 비해 분명 개선된 모습이다. 플랫폼 개발시에 고려될만 한 사례 중 하나이다.

2) 통합된 창구와 실질적 정보의 공유 공간 마련

각 지자체의 노력으로 유사한 어플리케이션들이 개발되고 있지만, 통합된 플랫폼 없이 각각의 어플리케이션으로 존재하는 점은 아쉽다. 2017년 초 다양한 신조어를 탄생시키고 사회·경제적 파급을 가져왔던 증강현실 기반 게임 '포켓몬 고(Pokemon GO)'의 강점 중 하나는 하나의 어플리케이션으로 지역을 넘나들며 즐길 수 있다는 것이었다. 이에 반해, 현재 서비스되고 있는 증강현실 기반 문화유산 정보 제공 어플리케이션들은 각 지자체별로 개별 개발·운용되기에 해당 지역을 벗어나면 의미가 없어진다.

짧은 기간을 여행하는 사용자들에게 지역을 지날 때마다 어플리케이션을 설치해야 하는 것은 매우 수고로운 일이다. 전국 동일한 플랫폼에서 자신에게 맞는 문자 정보를 제공하며 생동감 있는 시각정보까지 함께 연계하여 제공할 수 있다면 시너지 효과는 더욱 클 것이다. 포켓몬 고는 '포켓몬 고 PLUS(Pokemon GO PLUS)'라는 웨어러블 디바이스로 '포켓몬'이 출현하는 것을 실시간으로 알려주는 역할을 하였다. 동일한 플랫폼 제공이 가능해진다면 스마트 워치 등 이미 출시되어 있는 각종 웨어러블 디바이스를 폭넓게 활용할 여지도 생긴다. 디바이스를 통해 전국 어디를 지나든 인접해있는 문화유산에 대한 정보를 사용자에게 '다가가는' 형식으로 보여줄 수 있게 되는 것이다. 문화유산 정보는 생산과 제공 방식의 변화로 더욱 사용자와 밀착될 수 있다.

다음으로 정보 제공 플랫폼에서 고려되어야 할 것은 사람과 사람, 즉 각 사용자간·생산자–사용자 간 연결 관계 형성이다. 앞서 여행지 정보 획득 관련 설문조사에서 보았듯 대중들은 조금 더 실제적인 정보를 얻고자 한다. 상호작용을 통해 간접적인 경험을 체득하여 본인의 경험을 더 성공적으로 만들기 위함일 것이다. 문화유산에 대한 정보를 제공하는 플랫폼이 만들어진다면 사용자가 참여할 수 있는 '광장'을 만들어 역사적 정보 외에 다른 부분들에 해당하는 실제적 정보와 연계될 수 있어야 한다. 사용자들이 문화유산에 대한 정보를 얻고자 하는 가장 큰 동기 중 하나가 '여행'이고 사용자들은 한 번에 역사적 정보와 실제적인 정보를 함께 얻을 수 있길 희망한다. 가장 많이 이용되는 여행 정보 획득 수단인 블로그에서 대개 위치정보·입장정보·역사적 정보·관련 행사 소개·주변 음식점 소개·관련 루트 추천·개인적 평가 등을 함께 제공하는

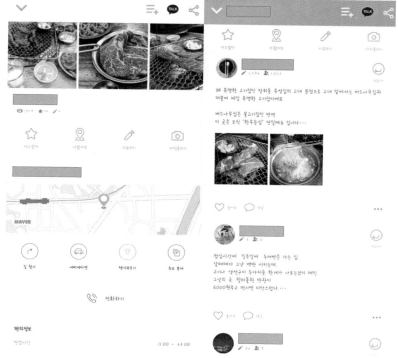

그림 6 _ '망고플레이트'의 실행화면. 음식점에 대한 기본적인 정보를 제공하고(左)
사용자의 평을 확인할 수 있다.(右)

것도 이러한 대중들의 취향을 반영한 글쓰기일 것이다.

이에 대해서는 이미 대중들에 의해 활성화되어 있는 음식점에 대한 정보를 제공하는 플랫폼들이 좋은 참고가 될 수 있다. '카카오 플레이스'·'망고 플레이트' 등은 해당 업장에 대한 기본적 정보와 메뉴판을 제공하고, 사용자의 참여로 해당 음식점의 평점을 작성한다. 그리고 사용자는 리뷰를 남겨 다시 그 음식점에 대한 정보를 생성한다. 그 리뷰를 보고 찾아간 다른 사용자는 다시 자신의 생각을 글로 남긴다. 이 과정의 반복을 통해 정보는 누적되고, 해당 어플리케이션들은 '실패 가능성을 줄여 줄' 풍성한 정보를 제공하고 있다. 혹은 빅데이터를 활용해 관련 리뷰들을 자동으로 검색하여 제시해주기도 한다. '다이닝 코드'라는 어플리케이션이 이에 해당하는데, 역시 업장에 대한 기본적 정보를 제공한 뒤 이미 작성된 관련 블로그 리뷰들을 제시해주는 형식이다. 이렇게 여러 사용자들을 연결해주는 방식으로 해당 어플리케이션 들은 각각 100만·100만·50만 다운로드 횟수를 기록[35]하며 많은 이용자들의 환영을 받고 있다.

사용자들은 역사가가 일방적으로 생산하기 힘든 주변정보를 풍부하게 해준다. 문화유산과 주변 부대시설의 관리 정도에 대한 개개인의 평가를 통해 문화유산 관리에도 도움을 줄 수 있다. 또 사용자 자신이 이용한 바를 바탕으로 자연스레 주변의 음식점이나 연계할 수 있는 추천 코스 등 대중의 취향과 부합하는 정보들도 함께 생산될 것이다. 만들어진 '광장'을 통해 사용자들은 자신이 느낀 바를 공유하며 '기본적' 정보에 그치지 않은 실제적인 정보들을 생산해 낼 것이다. 그리고 그 정보는 다른 사용자에게 자유롭게 접할 수 있도록 노출된다. 즉 대중들이 '블로그'를 통해서 얻으려 했던 실제적인 정보들을 문화유산의 정보와 함께 살필 수 있게 된다.

이러한 정보의 누적으로 사용자들이 많이 유입될수록 사용자들은 자신에게 적합한 추가적인 정보를 추천받을 수 있다. 이미 사용자의 이용패턴을 통한 추가적인 정보 추천 방식은 각 분야에서 두루 이용되고 있다. 한 예로 학술관련 DB인 'DBPia'의 경우에는 검색 대상이 된 논문을 다운로드한 사용자들이 추가로 접근한 논문들을 보여준다. 그리고 해당 논문의 키워드 등을 바탕으로 관련도가 높은 논문들을 추천해준다. 〈그림 7〉은 「고려시대 본품항두(本品行頭)」[36]라는 논문을 다운받았을 때의 제시된 글들이다. '함께 다운받은 논문'에는 같은 저자가 참여한 글들이, 'DBpia 추천논문'에는 해당 글의 주제인 본품항두제와 관련된 글들이 노출되고 있다. 이러한 추천 기능은 문화유산 정보에 대한 플랫폼에서도 충분히 적용 가능한 서비스다. 예를 들어 플랫폼을 통해 충남 논

산의 개태사의 정보를 얻은 사용자가 있다면, 다음 추천 목적지로 고려
시대라는 시대적 연관성을 가진 관촉사나 거리적으로 가까운 곳에 위
치한 돈암서원을 노출시켜주는 등의 방식이다. 사용자들은 이를 통해
연관 문화유산을 파악하고 여행 경로를 계획하는 등 유용하게 이용할
수 있을 것이다.

이상과 같이 제안된 플랫폼을 통해 대중들이 문화유산 정보를 제공
받는 과정을 도식화하면 다음 〈그림 8〉과 같은 과정이 될 것이다.

앞서 언급하였듯 문화유산 관람은 해당 유산이 지닌 가치를 이해하
고 공감하는 과정이다. 위와 같은 플랫폼에서 역사가들은 사용자를 고
려해 문화유산에 대한 기본적 정보를 생산하여 사용자들과 보다 잘 연
결될 수 있는 가치 판단의 근거를 제공하게 된다. 기술 발전의 산물인
여러 기기들을 통해 문화유산 정보는 더 편리하게 사용자에게 다가갈
수 있다. 정보를 바탕으로 문화유산을 접한 사용자들은 서로 연결될 수

그림 7 _ DBpia의 논문 추천 기능

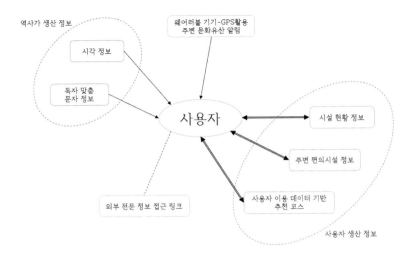

그림 8 _ 문화유산 정보 제공 모델

있는 일종의 '광장'을 통해 사용자들은 자신이 이해하고 공감한 바를 공유할 수 있다. 그리고 그 과정에서 사용자들의 요구가 반영된 실제적인 정보들 역시 생산·이용할 수 있게 된다. 단일한 정보를 단방향으로 전달하던 기존의 정보 제공 방식에서 벗어나 사용자와 사용자, 사용자와 제공자가 서로 연결되어 상호작용할 수 있게 되는 것이다.

문화유산 관람은 여전히 대중들이 많이 찾는 역사와의 교감 방식이다. 역사가들은 정보 제공을 통해 대중들에게 교감의 교두보 역할을 해야 한다. 대중의 니즈(Needs)를 파악하고 그에 부합하는 정보 형태를 고민하는 것은 그 역할의 일환이다. 이러한 고민과 그에 따른 정보 생산은 연결과 그로 인한 상호작용이 중요해진 시대에 대중과 역사가들이 상호 소통하며 관계맺음 할 수 있는 한 방법이 된다.

맺음말

현대사회는 '상시 접속·상시 접근·정보풍요·상호작용·모두와 관련·항상 기록'의 특성으로 정의되는 초연결(Hyperconnectivity) 사회이다. 대중들은 여전히 문화유산 관람이라는 방식을 사용해 역사라는 분야에 마주하지만 문화유산 정보를 얻는 방법은 초연결 사회가 실현되면서 다양화되었다.

한 설문 결과에 따르면 전체의 약 90%가 인터넷망을 통해 여행 정보를 획득하며 그중 대부분은 블로그를 통하고 있는 것으로 나타났다. 블로그에서 문화유산에 대한 역사적 정보를 제공하는 양태를 살펴보면 95% 내외가 전문가에 의해 생산된 1차 정보를 재인용하고 있었다. 결국 1차적 정보는 유효하게 이용되고 있는데, 언론에서 조사한 바에 따르면 이러한 정보는 성인들도 독해에 어려움을 느끼고 있다. 안내문 제작은 정보제공·흥미유발을 목적으로 초등생 3학년 이상이 소화 가능하도록 가이드라인이 잡혀 있는데, 전혀 지켜지지 않고 있다. 독해의 어려움은 청소년 이하로 갈수록 더욱 커져 제공자와 사용자, 사용자와 사용간 정보 격차를 만들어낸다. 문화유산에 대한 역사적 정보는 사용자에게 제대로 '연결'되지 못한 채 문화유산의 가치에 대한 공감을 방해하고 있다.

때문에 정보는 다양한 대상을 바탕으로 제작되어야 한다. 이렇게 제작된 정보는 플랫폼에 등록된 사용자의 정보와 빅데이터 분석을 통해 수준에 맞는 버전이 제공되도록 할 수 있다. 또한 문자에 국한되지 않고 시각적 정보가 함께 연계되어야 한다. 가상현실(VR) 및 증강현실(AR)을 통한 문화유산 안내는 각 지자체별로 개발하고 또 배포하고 있지만 통합된 플랫폼 하에 제공하지 않는 이상 사용자는 해당 도시를 벗어날 때마다 다시 다른 플랫폼을 다운로드해야하는 수고로움을 겪는다. 통합된 플랫폼 하에 제공될 수 있다면 웨어러블 디바이스 등 다른 스마트 기기와 연계도 가능하다. 즉, 사용자가 수고를 통해 접속하지 않더라도 정보가 '다가오는' 형태로 제공될 수 있다.

　가치판단의 근거가 될 기본적인 정보를 제공하되, 사용자가 참여할 수 있는 '광장'이 함께 마련되어야 한다. 이 '광장'을 통해 사용자들은 자신이 이용한 것을 추천하고 자신이 이해하고 공감한 바를 공유하며 실제적인 정보를 다시 생산해낸다. 단일한 정보를 단방향으로 전달하던 기존의 정보 제공 방식에서 벗어나 사용자와 사용자, 사용자와 제공자가 서로 연결되어 상호작용할 수 있게 되는 것이다. 이는 연결과 그로 인한 상호작용이 중요해진 시대에 대중과 역사가들이 상호 소통하며 관계맺음 할 수 있는 한 방법이다.

한국사 연구자 네트워크 기반 역사지식 플랫폼의 구축 방안

— 연구자간 소통 확대와 역사대중화를 위한 모색 —

곽금선

머리말

2017년 2월 1일 대한민국 바로세우기 제5차 포럼이 개최되었다. 제목은 '미래를 위한 담대한 도전, 4차 산업혁명', 문재인은 이 포럼의 기조연설자였다.[1] 이 연설에서 문재인은 세계가 인공지능과 전기차, 자율주행차, 신재생에너지 시대로 달려가는 지난 9년 동안 한국은 허송세월했고, '4차 산업혁명'의 준비에서 까마득히 뒤쳐졌다는 취지의 발언으로 연설을 시작했다. 4차 산업혁명은 이미 시작되었으며, 21세기 세계는 촛불혁명과 '4차 산업혁명'에 모두 성공한 나라로 대한민국을 기억할 것이라는 말이 연설의 마지막이었다.[2] '4차 산업혁명'은 문재인의 대통령 공약에는 포함되지 않았다. 하지만 2017년 7월 19일 '문재인 정부 100대 국정과제' 중 주요한 과제로 설정되었으며,[3] 9월 17일 4차 산업혁명위원회 20인의 민간위원이 위촉되어 제1기 위원회가 본격적인 활동을 시작, 10월 11일 대통력직속 기구로써 4차 산업혁명위원회가 공식 출범하게 되었다.[4] '4차 산업혁명'은 문재인 정부의 주요한 국정 중의 하나로 비중 있게 다루어져 오고 있는 것이다.

'4차 산업혁명'이 디지털 기술을 기반으로 하는 새로운 산업 전체를 망라하는 의제로 설정된 것은 2016년 다보스에서 열린 세계경제포럼 '제4차 산업혁명의 이해'로부터였다. 세계경제포럼의 회장 클라우스 슈밥은 그의 저서에서 플랫폼 효과를 언급했다.[5] 2016년 10월 13일 과총 국가발전포럼에서 정재승은 '4차 산업혁명'에서 플랫폼이 가지는 중요성을 언급하고, 앞으로는 먼저 시장에 진입하여 플랫폼을 깔고 데이터를 많이 축적하는 회사가 성공할 것이라 말했다.[6] '4차 산업혁명'의 시대는 바야흐로 플랫폼과 그에 축적된 수많은 정보를 장악한 자가 승리하게 될 것이라는 말이었다.

문제는 플랫폼을 채울 콘텐츠의 존재이다. 플랫폼의 성패는 그것이 무엇을 어떻게 담을 것인가에 의해 결정된다. 김현은 "플랫폼에 실리지 않은 콘텐츠는 맹목적이며, 콘텐츠를 담지 않은 플랫폼은 공허하다"라 말한바 있다. 플랫폼과 콘텐츠의 관계는 대등하며 결합을 통해 서로의 가치를 증진시키는 상보적 관계임을 보여주는 패러디였다.[7] 그렇다면 그와 같은 상보관계를 어떻게 실현시킬 것인가? 여기서 콘텐츠의 지속적인 생산과 축적을 가능하게 하는 플랫폼은 어떠한 형태여야 하는가가 화두로 제시된다. 문제는 다시 플랫폼으로 돌아온다.

위키피디아는 이와 같은 문제를 가장 효율적으로 해결한 플랫폼이라 할 수 있다. 위키피디아는 일종의 지식플랫폼으로써 불특정한 다수의 편집자들은 어떠한 자격을 갖고 있지 않더라도 자유롭게 자신이 알고 있는 지식을 탑재할 수 있으며, 이용자들은 그렇게 완성된 정보를 어떠한 제한도 없이 사용할 수 있다. 이러한 장점을 바탕으로 현재 위키피디아는 세계에서 가장 활발히 콘텐츠를 생산해내고 축적해내는 공간이 되었다.

위키피디아의 위상은 구글 검색을 통해서도 알 수 있다. 구글 검색 알고리즘은 여러 사용자가 검색을 실행했을 때 중요하게 여기는 사이트를 찾아 가장 먼저 표시될 수 있게 한다. 즉 사용자들이 특정한 단어를 검색했을 때 가장 '유용한' 사이트 순서대로 검색 결과물이 배치된다는 것이다. 〈그림1〉을 보자. '독립협회'를 구글에서 검색하면 위키백과, 나무위키, 한국학중앙연구에서 운영하는 한국민족문화대백과사전, 국사편찬위원회에서 운영하는 한국사 콘텐츠 순으로 노출된다(2019년 1월 기준). 사용자들의 신뢰성과 접근성, 편의성에서 위키피디아와 나무위키가 가장 상위에 위치하는 것은 시사하는 바가 크다. 본고에서 다루고자 하는 역사지식 플랫폼이 앞으로 어떠한 방향성을 가져야하는 지를 보여주는 것이라 할 수 있다.

본고는 이와 관련하여 역사지식 플랫폼이 이후 위키피디아와 같은 형태의 형태를 갖추어야한다는 일종의 제언을 하고자 한다. 단 기존의 위키피디아는 학술적인 부분에서 신뢰성의 문제를 가지고 있다. 이에 본고는 한국사연구자의 인적 네트워크를 활용한 역사지식 플랫폼의 설계를 제안한다. 이 플랫폼은 신뢰도 높은 역사 콘첸츠를 제공하는 한편, 위키피디아가 가지는 편집방식을 적극적으로 수용하여 새로운 학설의 끊임없는 업데이트와 토론이 가능해야 할 것이다. 이를 통해 연구자들의 지적 교류를 확대시키고, 나아가 역사 대중화를 위한 공간을 만들어 냈으면 한다.

다시 말해 역사지식 플랫폼은 학계의 최신 연구 경향이 그대로 콘텐츠화 되어 일반대중과 만나는 통로가 될 것이다. 역사지식이 소비재로서 사회 구성원들의 문화적 안목을 제고하고, 다시 더 높은 수준의 역사적 지식에 대한 수요를 불러일으킬 것이다. 또한 역사지식 플랫폼은 이른바 지식소비상들로 하여금 좀 더 다양한 역사적 해석의 결과물을 사용할 수 있게 하는 생산재를 제공하게 될 것이다.[8]

글의 구성은 다음과 같다. 1장에서는 한국사연구가 심화되는 과정에서 동반하는 전공 간의 단절과 이를 해결하기 위한 방법으로 '연구자 네트워크기반 역사지식 플랫폼'이 필요하다는 내용을 다루었다. 2장에서는 한국에서 가장 널리 쓰이는 지식플랫폼인 위키백과와 나무위키, 그

그림 1 _ 독립협회의 구글 검색 결과

리고 한국학중앙연구원에서 서비스하고 있는 Encyves 위키와 한국민족
문화대백과사전을 각각 비교할 것이다. 3장은 '연구자 네트워크기반 역
사지식 플랫폼'이 실제 설계될 경우 어떠한 문제들이 해결되어야 할 것
인가에 대해 언급하였다.

본고는 '4차 산업시대'에 한국사연구자들이 어떠한 행동을 취할 수
있을 것인가에 대한 실험적 제언이다. 본고를 통해 이후 한국사연구자
들이 어떻게 소통하고 학문적 성취를 공유할 것인가, 그리고 어떻게 대
중과 소통할 것인가를 생각해보는 계기가 되었으면 한다.

1. 한국사 연구자 소통 공간의 필요성

근대 학문으로 역사학이 가지는 특징 중 하나는 무수한 학문 분과로
나뉜다는 것이다. 우선 한 국가를 연구의 대상으로 설정하는 한국사 자
체가 전체 역사학에서 하나의 학문 분과이다. 여기서 고대사에서 시작

하여 현대사 까지 각 시대에 따라 구분되며, 다시 경제사, 사상사, 정치사, 문화사, 외교사, 제도사, 군사사 등으로 나뉘게 된다. 이러한 분과 구분은 각 연구자가 다루는 연구 주제의 전문성을 심화시킴으로써 보다 깊이 있는 연구 성과를 내놓는데 기여하였다. 즉 개개인의 연구자들은 자신이 연구하는 분야에 대한 전문성을 최대한으로 심화시켜 연구대상의 깊이 있는 이해를 가능하게 하였다. 이러한 각각의 연구가 중첩됨으로써 우리는 보다 더 다양한 역사상을 재구성해 낼 수 있었다.

반면 이러한 학문의 세분화는 각각의 연구자가 자신이 전공하는 분야 의외의 영역에서 전문성을 담보할 수 없게 만들기도 한다. 예컨대 국사편찬위원회에서 제공하는 한국사연구휘보 184호에는 2018년 10월부터 12월 사이에 출판된 한국사 관련 연구결과가 정리되어 있는데, 그 수가 1,117건에 달한다. 이 가운데는 교양서 등도 포함되어 있지만 그럼에도 불구하고 한 달 동안 생산되는 결과물 자체가 상당하다는 사실만은 분명하다. 지금 이 시간에도 한국사 관련 연구 성과물은 끊임없이 업데이트 되고 있다. 각각의 연구자들은 이 같은 연구를 모두 검토하는 동시에 새로운 자료를 수집하고 해독하는 작업까지 수행해야하는데, 이러한 환경 속에서 다양한 시대, 연구방법론을 모두 섭렵하는 작업은 어려울 수밖에 없다. 다시 말해 각각의 연구자들은 자신이 전공하는 분야에서는 전문가이며 누구보다 많은 지식을 가지고 있지만, 역사학 전체에서는 그렇지 않을 수 있다는 것이다.

때문에 현재의 학문체계에서 과거와 같은 통사의 서술은 어려울 수밖에 없다. 앞에서 언급한 전문성의 문제 이외에도 하나의 사건에 대한 다양한 이견을 담기에는 과거와 같은 통사의 형식은 부적합하기 때문이다. 이에 따라 각각의 연구자가 서로의 연구 성과를 확인하고 토론할 수 있는 공간이 필요하다고 생각한다. 이는 '집단지성'의 개념을 차용한 것이기도 하다.

집단지성의 개념을 통해 만들어지는 이 공간은 탈중심화된 네트워크를 기반으로 연구자 간의 자유로운 상호작용과 수평적 협력을 통해 완성될 필요가 있다.[9] 다음에서 분석할 위키피디아와 같은 플랫폼은 물론, '4차 산업혁명'의 핵심 기술 중 하나라 주목받고 있는 블록체인 기술 역시 탈중심화가 주요한 가치 중 하나임을 기억하자. 이러한 탈중심화는 고정된 역사해석을 경계하는 역사학의 본질과도 맞닿아 있는 부분인데, 때문에 연구자 네트워크를 기반으로 하는 탈중심화된 지식의 축적 작업은 인문학에 적합한 작업이라 할 수 있다. 즉 이러한 공간은 자유롭고 활발한 학술토론이 가능한 소통의 장으로 다양한 역사지식 콘텐츠를 생산할 수 있어야 할 것이다.

한편 현실적인 문제로 교양서의 집필이나 대중 강의 등을 위해 자신의 전공 분야 이외의 지식을 필요로 할 경우. 전공자가 아니면 해당 시대 이외의 영역에서 발표되는 최신 학술경향을 따라가기가 쉽지 않은 것이 사실이다. 하지만 연구자들은 자신의 전공 분야를 벗어난 부분에 대해서도 강의를 진행해야 하는데, 이 경우 '일반적'인 '통사'적 역사 지식의 전달에 그치기가 쉽다. 이러한 문제는 학계와 대중의 괴리와도 연결이 되는데, 연구자간의 지식을 쉽게 접할 수 있는 공간이 있다면 그와 같은 문제의 해결에도 도움이 될 수 있을 것이다.

본고에서는 그와 같은 공간을 '연구자 네트워크기반 역사지식 플랫폼'이라 명명하겠다. 이 공간은 이후 분석할 위키피디아와 같은 형식을 차용하고자 하는데, 이는 오픈형 백과사전의 장점을 취하면서, 개별 연구자의 접근성을 높이고 차후 대중 서비스까지를 염두에 둔 것이라 할 수 있다. 즉 연구자 네트워크기반 역사지식 플랫폼은 역사 대중화를 위한 것이기도 하다. 전문적인 역사지식의 축적과정이 즉자적인 방식으로 콘텐츠화 되고, 이것이 대중에게 제공 되는 것까지가 본 플랫폼이 목표로 하는 지점이다.

2. 기존 플랫폼의 사례 분석

1) 지식 플랫폼의 탄생과 특징

(1) 위키피디아와 집단지성

1999년 10월 지미 웨일스(Jimmy Wales)는 자원봉사자들이 만든 온라인 백과사전을 구상했다. 이러한 구상은 2000년 1월 래리 샌저(Larry Sanger)가 합류함에 따라 구체화되었고 2000년 3월 9일 누피디아 홈페이지의 정식 출범으로 이어졌다.[10] 누피디아는 자유로운 배포와 수정이 가능한 라이센스로 문서를 공개하고자 했는데, 단 그것은 기존의 백과사전에 필적하는 수준이 보장되는 것이어야만 했다. 이를 위해 광범위한 규모의 동료평가가 수반되었다. 각각의 문서는 해당 분야의 전문가에 의해 작성되어야 했으며, 이렇게 작성된 문서는 다시 동료 전문가들의 심사를 거친 뒤에 비로소 공개될 수 있었다.[11] 이같이 지난한 과정은 문서작성의 효율성을 떨어뜨렸다. 서비스 첫 해에 12개의 문서가 작성되었을 뿐이며, 폐쇄되기 직전인 2003년 8월 8일에도 27개의 기사만이 작성되었다.

이 같은 누피디아의 비효율성을 해결하기 위해 '위키' 개념의 도입이 모색되었다. 위키 개념은 1994년 미국의 프로그래머인 워드 커닝햄(Ward Cunningham)이 개발한 위키위키웹에 의해 처음으로 구현되었다. 위키란 불특정 다수가 협업을 통해 직접 내용과 구조를 수정할 수 있는 웹사이트를 말한다. 위키라는 개념이 백과사전에 도입되었다는 것은 불특정 다수가 편집권을 가지고 협업하는, 전에 없던 백과사전이 편찬될 것임을 의미하는 것이었다. 그렇게 2001년 1월 15일 영문 위키피디아가 세상에 선을 보였다.[12]

위키피디아는 다음과 같은 다섯 원칙에 따라 운영된다. 위키백과는 백과사전이다. 위키백과는 중립적 시각에서 바라본다. 위키백과의 글은 우리 모두의 글이다. 위키백과에서는 다른 사용자를 존중한다. 위키백과에는 엄격한 규칙이 없다.[13] 이와 같은 위키피디아의 항목 편집은 문서작성에 대한 평등함, 시의성, 높은 수준의 자유도 등을 제공한다.

위키피디아의 개방성으로 인해 일각에서는 신뢰도의 문제를 제기하기도 한다. 하지만 위키피디아는 '독창적 학술 조사 금지'라는 원칙, 그리고 소프트웨어를 활용한 실시간조정 장치를 통해 신뢰도를 높이고 있다. 즉 위키피디아에 글을 쓰기 위해서는 제삼자가 출판한 자료에 근거해야 한다. 이때의 출판물은 사실 확인은 물론, 정확성에서 일정한 명성을 갖춘 신뢰할만한 것일 필요가 있다. 일반적으로 동료심사를 거친 학술지가 가장 신뢰성 높은 자료로 인정받으며, 상업 광고 등 진위가 의심 받는 자료들은 신뢰받지 못한다. 소프트웨어를 활용한 실시간 조정의 경우 문서훼손 행위로부터 위키피디아를 보호한다. 반달리즘을 행하는데 걸리는 시간보다 그것이 회복되는 시간이 빠르다는 사실은 위키피디아의 조정 능력이 얼마나 뛰어난 것인지를 보여주는 것이라 할 수 있다.[14]

위키피디아는 집단지성의 원리가 가장 성공적으로 적용되고 있는 공간이라 할 수 있다.[15] 집단지성의 개념은 1997년 미디어 철학자 레비(Pierre Levy)에 의해 본격적으로 탐구되었다. 레비는 "모든 것을 다 아는 사람은 없지만 누구나 어떤 무엇인가를 알고 있기 때문에 완전한 지식은 인류 전체에 퍼져있다"는 관점에서 집단지성의 중요성을 주장했다.

서로위키(James Surowiecki)는 다양한 문제들이 주어졌을 경우 한 개인이 집단보다 일관되게 나은 결과를 지속적으로 내릴 가능성은 거의 없다고 주장했다. 그는 때로는 집단 전체가 집단에 속한 가장 똑똑한 사람보다 더 현명한 판단을 내리며, 따라서 지적 능력이 뛰어난 사람들이 집단을 지배해야 할 이유가 없다고 강조했다. 비록 사람들이 정보의 부족으로 인해 제한적 합리성 속에 살고 있다고 하더라도, 그들의 불완전한 판단을 적절한 방법으로 합치면 집단의 지적 능력이 작용해 놀라운 결과를 만들어낸다는 것이다.

그 결과 위키피디아는 2019년 현재 전세계적으로 가장 대중적인 백과사전으로 존재하고 있다. 위키피디아에 따르면 2018년 12월 현재 301개 언어로 된 493만여 개의 기사가 작성되어 있으며,[16] 한국어 위키백과에만 현재 445,874개의 항목이 작성되어 있다. 2015년 9월을 기준으로 매달 3억 7400만 명이 방문하고 있다고 하며, 이와 같은 활용도는 지금까지 존재한 그 어떤 사전도 보여주지 못한 것이었다. 사전으로써의 신뢰도 또한 낮지 않다. 2005년 1월『네이처』에 실린 논문은 위키피디아와 브리태니커의 정확도에 차이가 없다는 발표를 하였는데, 위키피디아의 경우 오류로 지목된 항목을 바로 수정함으로써 브리태니커보다 더 '정확한' 모습을 보여줄 수 있었다.[17]

위키피디아의 이러한 장점은 기존의 백과사전을 변화시키고 있다. 2010년 두피디아로 이름을 바꾼 두산백과는 최근 '지식나누기'라던가 '참여백과' 등을 운영하며, 이용자들의 참여를 일부 허용하고 있다. 하지만 편집자의 참여도와 이용자의 이용 횟수 등의 측면에서 그 효과는 미비한데, 2019년 1월 현재까지 참여백과에 작성된 글이 천여 개에 불과한 것이 이를 보여준다. 한국의 오픈형 백과사전을 위키백과와 나무위키가 선점하고 있는 사실이 무관하지 않을 것이다.

(2) 나무위키, 지식의 놀이터

리드비터는 위키피디아 웹상의 집단지성에 초점을 맞추었다. 그는 집단지성을 "웹이 창조한 집단적 사고방식, 집단적 놀이방식, 집단적 작업방식, 그리고 집단적 혁신방식"이라 규정했다.[18] 이 가운데 집단적 놀이방식이 가장 잘 나타난 곳이 바로 나무위키이다.

나무위키는 리그베다 위키를 기반으로 2015년 4월 17일 시작된 한국어 위키이다. 2019년 2월 20일 통계에 따르면 총 639,629개의 문서가 수록되어 있으며, 리다이렉트(넘겨주기)를 포함한 전체 문서의 수는

2,250,437개에 달한다. 나무위키는 당초 서브컬처를 중심으로 시작되었다. 현재에는 문서 편집상의 편리함과 인터넷 하위문화와의 친연성 등에 기인하여, 한국판 위키피디아 즉 위키백과의 인기를 능가하고 있다. 그 위상은 2018년 9월 기준 한국 내 인기 웹사이트 순위에서 9위를 차지할 정도이다.[19]

나무위키의 장점은 무엇보다 '재미있다'는 것이다. 이상에서 언급한 인터넷 하위문화와의 친연성과도 관계가 깊다. 가벼운 서술방식과 그와 연계되는 하이퍼링크를 따라가는 것은 중독과도 같은 재미를 느끼게 한다. 각각의 위키는 저마다의 문법을 갖는데, 나무위키의 경우 취소선이라는 독특한 문법을 통해 플랫폼 자체의 흥미도를 높이기도 한다. 참여자와 이용자는 나무위키라는 플랫폼을 커뮤니티의 연장, 즉 웹상의 놀이터로 여기고 있는 것이다. 지식 전달의 측면 역시 커뮤니티에 글을 업로드하는 것과 비슷한 맥락이라 할 수 있다.

나무위키는 많은 비판을 받는 플랫폼이기도 하다. 자유로운 편집이 가능하기 때문에 편향된 서술과 사회적으로 문제가 될 만한 성격의 글이 심심치 않게 작성된다는 것이다. 〈그림 2〉를 보자. 구글에서 나무위키를 검색하면 자동완성 기능에 따라 '나무위키 꺼라'라는 검색어가 노출되고 있음을 확인할 수 있다. 이는 나무위키가 가지는 편향성, 비전문성 등을 상징하는 표현이다.

나무위키에 나타나는 이와 같은 문제는 물론 위키백과에도 존재한다. 위키피디아의 경우 '경제적 여유가 있는 20~30대 고학력의 백인 남성'이 편집을 주도함으로써 서구중심적, 남성중심적인 문서 작성이 이루어지고 있다는 비판을 받기도 한다.[20] 다만 위키피디아에 가해지는 문제는 플랫폼 자체보다는 그것을 둘러싼 사회적 환경에 따른 것이라 할 수 있다. 반면 나무위키가 비판받는 편향성은 독자연구가 가능하다는 점이라는 데에서 궤를 달리한다. 즉 출처를 확인할 수 없는 내용이 작성된다 하더라도 이를 누군가 발견하기 전까지는 수정할 방법이 없는 것

그림 2 _ 나무위키의 자동완성 기능

이다. 이러한 문제들은 위키백과에 비해 느슨한 문서작성 규정 때문인데, 과도한 자율성이 주는 단점이라 할 수 있다.

한편 나무위키가 비난받는 이유 중의 하나는 불투명한 운영에 있다. 이러한 운영은 플랫폼 전반에 대한 신뢰도를 떨어뜨리기도 한다. 무엇보다 나무위키라는 사이트 자체가 리그베다 위키의 사유화를 비판하는 과정에서 탄생했음을 생각한다면, 이와 같은 불투명한 운영은 플랫폼의 존폐와도 관련 있는 문제라 할 수 있다. 당초 나무위키는 나무라이브라는 커뮤니티 사이트를 통해 수익을 내고자 하였으나 여의치 않았던 것 같다. 결국 2018년 9월 15일자로 광고가 노출되기 시작했는데, 광고수입 내역은 비공개이다. 위키피디아의 경우 비영리를 표방한다. 나무위키도 당초에는 비영리를 내세웠으나 광고수입이 발생하는 만큼, 그리고 이전의 사유화 시도의 전례가 있었던 만큼 투명한 관리가 필요하다고 생각된다.

(3) 한국민족문화대백과사전과 Encyves 위키

2007년 한국학중앙연구원은 『한국민족문화대백과사전』(1991년 12월 출간)의 인터넷 서비스를 시작했다. 한국민족문화대백과사전은 현재 한국학중앙연구원 홈페이지에서 자체서비스를 하고 있을 뿐 아니라, 네이버, 다음 등과 협약을 맺어 이들 사이트에 콘텐츠를 제공하고 있다. 2013년 2월 현재 매월 500만 건 이상의 이용자 접속건수를 기록할 정도로 많은 사람들이 역사지식을 얻기 위해 방문하는 사이트이다.[21] 한국민족문화대백과사전은 1980년 이후 지속된 한국학연구 장기프로젝트의 결과를 기반으로 각 분야의 전문 연구자들이 집필에 참여했다. 이를 통해 높은 수준의 학술적 신뢰도를 확보할 수 있었다. 다만 인터넷 서비스와 함께 개정 증보작업을 계속함에도 불구하고 본질은 '종이책'이다. 기존과는 다른 역사적 사실관계가 발견되거나 새로운 학설이 제기되더라도 그와 같은 정보가 반영되기 어렵다. 필자 한 명이 하나의 항목을 서술하기 때문에 균형 잡힌 서술을 기대하기도 힘들다.

한국학중앙연구원은 디지털인문학이라는 문제의식에 입각하여 데이터 기반 인문지식 백과사전을 만들기 위한 여러 시도를 하고 있다. 그리고 그 결과물 중 하나가 바로 '한국 기록유산 Encyves 위키'이다. Encyves 위키는 데이터 네트워크 형태의 백과사전으로 '지식'과 '자료'를 넘나드는 융합콘텐츠를 지향한다. 시각적 체험 공간을 제공하고자 노력하고 있으며, 위키시스템을 차용하는 만큼 집단지성의 기여로 확장되는 개방적 데이터를 축적하고자 한다.[22] 이러한 측면에서 기존의 백과사전과 차별성을 기하고 있는데, 이와 같은 시도는 위키시스템을 이용해 전문적인 역사지식의 축적과 제공을 목표로 한다는 점에서 본고와 문제의식을 공유한다고 할 수 있다. 하지만 Encyves 위키의 경우 객관적인 역사지식의 전달에 집중하며, 또한 앞에서 언급한 여러 플랫폼과 비교했을 때 대중적이지 않다는 한계를 갖기도 한다.

2) 기존 지식플랫폼의 역사콘텐츠 서술방식 비교

본 절에서는 앞에서 언급한 여러 지식플랫폼의 역사콘텐츠 서술방식을 비교함으로써 각각의 플랫폼이 가진 성격과 장단점 등을 살피고자 한다. 분석 항목의 선정은 상반된 시각이 존재할 수 있는 사건을 필자가 임의로 설정하였다. 분석의 대상이 적기 때문에, 이를 통해 지식플랫폼이 갖는 특징을 전부 살폈다고 볼 수는 없다. 그럼에도 불구하고 각각의 플랫폼이 어떠한 성격을 가지며, 어떻게 차별화되는지를 살펴보기에는 충분하다고 생각한다.

(1) '독립협회'의 서술

① 위키백과

위키백과에서 독립협회에 대한 문서가 처음으로 만들어진 것은 2006년 2월 12일이었다. 당시 문서의 내용은 〈그림3〉과 같다. 독립협회라는 문서의 제목, 설립년도 등이 포함된 간단한 설명, 주요활동 인물이 나타나 있다.[23]

이 문서는 2019년 2월 20일 기준으로 226회의 편집을 거쳤다. 문서의 목차는 〈그림4〉에 보이는 것과 같다. 우선 독립협회의 정의를 간단히 서술하고 그 뒤에 1. 설립배경, 2. 설립자와 참가자, 3. 활동과정, 4. 내용별 주요 활동, 5. 주요 활동 인물, 6. 평가와 비판, 7. 독립협회에 대한 오해, 8. 관련 서적, 9. 참고자료, 10. 각주, 11. 외부 링크 등의 11개 대항목이 각각 위치해 있다. 이들 항목 아래에는 다시 필요에 따라 소항목이 존재하며, 그 아래 다시 세부항목이 존재하는 경우도 있다. 예컨대 4. 내용별 주요 활동 아래에는 4.1 자주 국권 운동, 4.2 자유 민권 운동, 4.3 의회 설립 운동 4.4 자강 개혁 운동의 소항목이 존재하며, 그 아래에 다시 세부 항목이 있는데, 이 중 4.4 자강개혁 운동을 보면 4.4.1 세부 활동, 4.4.2 헌의 6조, 4.4.3 조칙 5조, 4.4.4 비판 등의 목차가 있음을 알 수

그림 3 _ 2006년 2월 12일 위키백과의 독립협회 최초 문서

있다.[24]

이와 같은 항목이 자리잡는 데에는 2008년 5월 5일부터 8일까지 Knight2000이라는 참여자가 작성한 일련의 내용, 그리고 2013년 3월 6일, 4월 1일과 3일 Almust라는 참여자가 작성한 일련의 내용이 큰 비중을 차지하는 것으로 보인다. 한편 이러한 문서 작성은 반드시 문서의 완성도를 위한 방향으로 이뤄지는 것이 아니었다. 예컨대 2006년 6월 1일 한 차례 상당한 분량의 문서가 작성되었지만 11분 후 삭제되었으며, 같은 해 8월 8일에는 문서훼손도 이뤄지고 있어서 해당 편집으로 들어가면 인공기를 비롯한 '주체'탑의 사진이 문서를 구성하고 있기도 하다. 이는 작성 약 2시간 뒤 삭제되었다.[25]

목차를 보면 나름의 체계를 갖고 해당 문서를 서술하려 했음을 알 수 있다. 각 항목에 대한 서술은 최대한 객관성을 유지하려 노력한 측면이 보이는데, 해당 문서에서 위키백과의 특수한 지점을 잘 드러내주는 것은 비판 부분이다. 한국학중앙연구소에서 서비스하는 한국민족문화대백과사전 독립협회 문서는 1996년 유영렬에 의해 집필되었으며, 때문에 문서 전반에는 그의 관점이 투영되어 있다. 의의와 평가는 간단히 정리되어 있는데 이 또한 유영렬의 관점을 반영하고 있다. 즉 한국민족문화대백과사전에는 독립협회의 긍정적인 측면만이 서술되고 있는 것

목차 [숨기기]

1 설립 배경
2 설립자와 참가자
  2.1 주요 설립자
  2.2 참여 계층
3 활동 과정
  3.1 설립 초기
    3.1.1 조직
  3.2 사회 개혁, 계몽 운동
  3.3 반러 개방, 자유주의 운동
  3.4 정부, 사회의 대응
  3.5 노비 해방 선언
  3.6 의회 수립운동, 수구파와의 대립
  3.7 정부와의 갈등과 해체
4 내용별 주요 활동
  4.1 자주 국권 운동
    4.1.1 세부 활동
    4.1.2 비판
  4.2 자유 민권 운동
    4.2.1 세부 활동
  4.3 의회 설립 운동
    4.3.1 세부 활동
  4.4 자강 개혁 운동
    4.4.1 세부 활동
    4.4.2 헌의 6조
    4.4.3 조칙 5조
    4.4.4 비판
  4.5 몰락과 해체
5 주요 활동 인물
6 평가와 비판
  6.1 평가
  6.2 비판
7 독립협회에 대한 오해
8 관련 서적
9 참고자료
10 각주
11 외부 링크

그림 4 _ 2019년 2월 20일 기준 위키백과의 독립 협회 문서 목차

이다.

반면 위키백과의 경우 비판항목이 존재하며 독립협회에 대한 상반된 두 가지 시각을 제공한다. 이는 '자주 국권 운동' 하위에 존재하는 '비판' 항목 '자강 개혁 운동'의 '비판' 항목 그리고 '6. 평가와 비판 항목' 하위의 '비판' 항목, 마지막으로 '7. 독립협회에 대한 오해'라는 항목을 통해 확인할 수 있다. 이러한 항목들을 통해 위키백과는 독립협회 구성주체의 계급적 성격과 한계, 외세의존적 측면, 참정권 주장이 국민 참정권과는 거리가 먼 것이었다는 등의 사실을 지적한다. 즉 독립협회의 부정적 측면도 함께 서술하고 있는 것이다. 이처럼 위키백과의 독립협회 문서에는 신용하가 말하는 바와 같이 독립협회를 시민단체로서 근대화의 주체였다는 관점, 그리고 고종이야말로 근대 이행의 주체이며 독립협회는 그에 대한 반대 세력에 불과하다는 이태진의 두 가지 상반된 관점이 공존해 있는 것이다.

한편 관련 서적을 제공하는 것도 흥미로운 부분이다. 연구서에서 대중교양서, 그리고 번역본이기는 하나 일기류와 같은 저서까지 소개하며 해당 문서를 더욱 깊게 이해할 수 있도록 돕고 있다. 다만 독립협회와 관련한 저서 전부가 모두 포함되어 있다고는 보기 어려우며 선정의 기준 또한 이해하기 어렵다는 점은 개선될 필요가 있다. 주진오의 박사논문과 같이 독립협회 연구사에서 중요한 의미를 가지는 글이 수록되어 있지 않은 점도 아쉬움으로 남는다.

위키백과의 독립협회 서술은 한국민족문화대백과사전과 비교했을 때, 비교적 최신의 학설까지 소화하면서도 문서작성의 중립성을 지키고자 한다는 지점에서 높이 평가할 만 하다. 이는 사실 웹 브라우저기반 오픈형 사전의 장점이기도 한데, 다만 위키백과 참여자가 아마추어이며 또한 지속적으로 새로운 연구 결과가 반영될 만큼의 화제성도 없다는 점에서 가장 최근의 연구 성과를 폭넓게 반영하고 있지는 못하다.

② 나무위키

나무위키의 독립협회 항목이 개설된 것은 2012년 10월 5일로 2019년 2월 20일 기준으로 총 152회의 편집이 있었다. 최초 편집 당시 전문은 〈그림 5〉와 같다. 당시에는 나무위키가 아니라 리그베다 위키에서 작성되었다.

2019년 2월 20일 현재 목차를 보면 우선 크게 1. 개요, 2. 역사, 3. 평가, 4. 여담 등으로 구성되어 있고, 2. 역사 하위에 설립, 활동, 해산의 항목이 만들어져있다. 위키백과와 비교했을 때 항목이 소략하다는 것을 알 수가 있는데, 문서를 구성하는 텍스트양은 결코 적지 않다.

나무위키의 특징은 자유로운 문서작성에 있다. 때문에 출처를 명시하지 않아도 된다. 이러한 특징은 문서 자체가 가지는 신뢰성의 하락을 가져올 수 있는데, 독립협회 문서의 경우 이러한 문제를 원문 제시를 통해 어느 정도 보완하고 있다. 물론 이 경우에도 원문의 출처는 표기하지

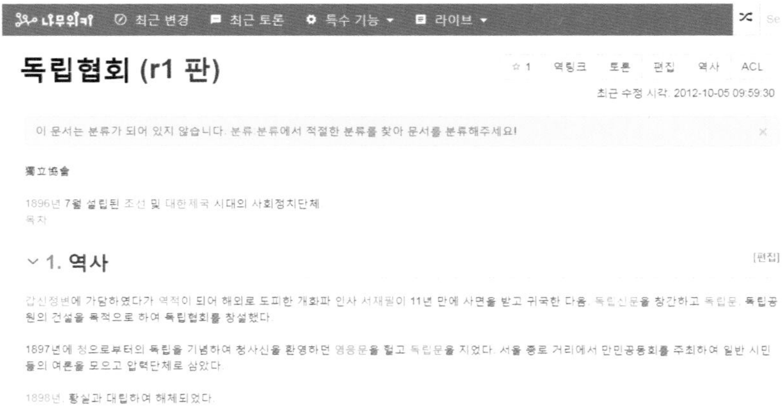
나무위키 최근 변경 최근 토론 특수 기능 라이브

독립협회 (r1 판)

☆ 1 역링크 토론 편집 역사 ACL

최근 수정 시각: 2012-10-05 09:59:30

이 문서는 분류가 되어 있지 않습니다. 분류:분류에서 적절한 분류를 찾아 문서를 분류해주세요!

獨立協會

1896년 7월 설립된 조선 및 대한제국 시대의 사회정치단체

목차

1. 역사 [편집]

갑신정변에 가담하였다가 역적이 되어 해외로 도피한 개화파 인사 서재필이 11년 만에 사면을 받고 귀국한 다음, 독립신문을 창간하고 독립문, 독립공원의 건설을 목적으로 하여 독립협회를 창설했다.

1897년에 청으로부터의 독립을 기념하여 청사신을 환영하던 영은문을 헐고 독립문을 지었다. 서울 종로 거리에서 만민공동회를 주최하여 일반 시민들의 여론을 모으고 압력단체로 삼았다.

1898년, 황실과 대립하여 해체되었다.

그림 5 _ 2012년 10월 5일 나무위키의 독립협회 최초 문서(해당 항목은 현재 제목 하단에 광고가 노출되고 있는데 이는 편집을 통해 삭제한 것임을 밝힌다)

않았다.

나무위키의 독립협회 문서는 단체의 성격이나 사상적인 측면을 정리하기보다는, 사건사적인 맥락을 서술하는데 치중한다. 문서의 대부분을 차지하는 '역사' 항목에서 설립, 활동은 소략한 편이며 해산 위주로 서술되고 있는데, 이른바 '익명서 사건' 이후 있었던 사건들을 시간순으로 번역된 원자료를 제시하며 소개하고 있는 것이다. 이때 주로 『조선왕조실록』을 인용하는 것으로 보이는데 예컨대 "11월 6일 고종은 다시 해산 명령을 내린다"라는 서술 바로 아래에 그와 관련한 조령이 내려진 『조선왕조실록』 기사 전문이 나타나는 식이다. 이러한 서술방식은 독립협회가 해체되는 양상을 상세히 알려주는 데에는 적합할지 몰라도, 2년 이상 존속해온 단체의 서술이라 하기에는 다소 부족하다.

자유로운 서술에 따르는 사실관계에 대한 오류도 상당하다. 서재필을 설명하는 부분에서 "을미 개혁을 진행하는 중추원의 고문이 된 피제손"이라는 문장을 보자. 중추원은 개혁 작업을 주도하는 기구가 아니었다. 당시 시점으로 중추원 자체가 유명무실한 기구였고, 때문에 서재필

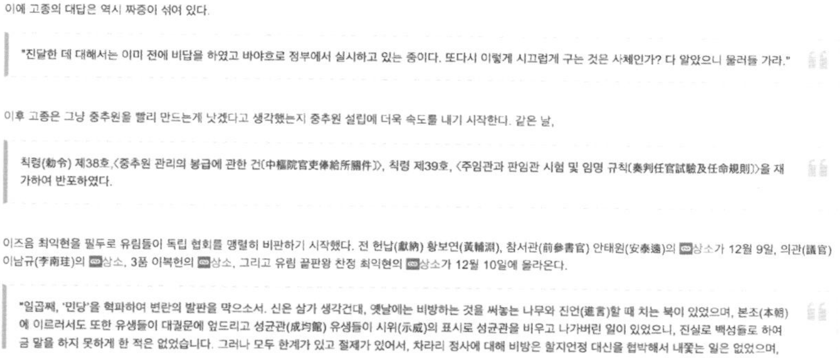

이에 고종의 대답은 역시 짜증이 섞여 있다.

> "진달한 데 대해서는 이미 전에 비답을 하였고 바야흐로 정부에서 실시하고 있는 중이다. 또다시 이렇게 시끄럽게 구는 것은 사체인가? 다 알았으니 물러들 가라."

이후 고종은 그냥 중추원을 빨리 만드는게 낫겠다고 생각했는지 중추원 설립에 더욱 속도를 내기 시작한다. 같은 날,

> 칙령(勅令) 제38호,〈중추원 관리의 봉급에 관한 건(中樞院官吏俸給所關件)〉, 칙령 제39호,〈주임관과 판임관 시험 및 임명 규칙(奏判任官試驗及任命規則)〉을 재가하여 반포하였다.

이즈음 최익현을 필두로 유림들이 독립 협회를 맹렬히 비판하기 시작했다. 전 헌납(獻納) 황보연(黃輔淵), 참서관(前參書官) 안태원(安泰遠)의 🔲상소가 12월 9일, 의관(議官) 이남규(李南珪)의 🔲상소, 3품 이복헌의 🔲상소, 그리고 유림 끝판왕 찬정 최익현의 🔲상소가 12월 10일에 올라온다.

> "일곱째, '민당'을 혁파하여 변란의 발판을 막으소서. 신은 삼가 생각건대, 옛날에는 비방하는 것을 써놓는 나무와 진언(進言)할 때 치는 북이 있었으며, 본조(本朝)에 이르러서도 또한 유생들이 대궐문에 엎드리고 성균관(成均館) 유생들이 시위(示威)의 표시로 성균관을 비우고 나가버린 일이 있었으니, 진실로 백성들로 하여금 말을 하지 못하게 한 적은 없었습니다. 그러나 모두 한계가 있고 절제가 있어서, 차라리 정사에 대해 비방은 할지언정 대신을 협박해서 내쫓는 일은 없었으며,

그림 6 _ 나무위키, 독립협회 서술의 일부

이 고문을 맡으면서 할 수 있는 일 자체가 없었다고 보는 것이 맞다. '피제손'이라는 표현은 서재필의 영문이름 필립 제이슨을 한자로 표기한 것인데, 그렇게 서술한 기준이 무엇인지 알 수 없다. 피제손이라는 표기는 문서 전체에 등장한다. 익명서 사건이 11월 15일에 발생했다는 서술도 잘못되었다.[26] 이처럼 나무위키의 자유로운 서술은 문서의 신뢰도와 직결되는 사실관계에 대한 오류로 연결되는데, 이 부분은 해당 위키가 가지는 정보의 양과 영향력을 고려했을 때 아쉬운 부분이다.

한편 평가부분은 독립협회에 대한 비판적인 시각만을 소개하고 있다. "구한 말 최초로 민권 운동을 하였으며 개혁적인 활동을 한 단체였으나 한계로는 친일적이었고 너무 독선적이었던 것이다"라는 첫 문장으로 시작하는 독립협회에 대한 평가는 시종일관 비판적이다. 이는 한국민족문화대백과사전과는 다른 맥락에서 편향적이라 할 수 있는데, 독립협회에 대한 비판은 일면 타당하다 할 수 있으나, 그렇다고 해서 그것이 가지고 있는 역사적 가치가 사장되어서는 안 될 것이다.

나무위키에는 독립협회 문서에는 여담이라는 항목도 있다. 여기서는 '독립협회와 청년 이승만'이라는 영화, 그리고 정교의 대한계년사가 가지고 있는 문제점을 간단히 언급하고 있다. 이러한 내용들은 독립협회

에 대한 정보라기보다는 그와 관련한 정말 '여담'인 셈인데, 나무위키의 독특한 특성이라고 할 수 있다.

③ Encyves 위키

Encyves 위키의 독립협회 항목을 보자. 2017년 6월 20일 최초의 문서가 작성되어 2017년 12월 22일까지 총 31회의 편집을 거쳤다. 이후 추가적인 편집은 없다. 해당 문서는 1. 정의, 2. 내용, 3. 지식 관계망, 4. 시각자료, 5. 주석, 6. 참고문헌의 목차구성에 따라 서술되었다. '내용' 부분은 독립협회에 관한 내용이 간단하게 서술되어 있다. 앞서 살핀 위키백과나 나무위키에 비하면 소략하다. 이는 적은 수의 문서작성자에 의해 작성되었기 때문이라 생각된다. '시각자료'라는 항목도 특이할만 하다. 시각자료에는 KBS에서 제작한 관민공동회 관련 영상이 링크를 통해 직접 노출되어있다. 이를 통해 독립협회와 관련한 정보를 제공한다.

Encyves 위키에서 가장 특이할 만한 목차는 바로 '지식 관계망'이다. 이 항목은 지식관계망 그래프와, 관계정보, 시간정보, 공간정보 등의 소항목으로 구성되어 있다. 각각의 서술관계를 살피도록 하자. '지식관계망 그래프'는 독립협회와 관련된 인물, 단체, 사건, 장소 등의 역사적 사실은 물론 그와 관련된 창작물(그림) 등이 어떻게 관련되는 것인지를 시각화하여 표현해내고 있다. 관계망 자체가 치밀하다고는 볼 수 없으나, 시각화된 자료를 통해 사건의 맥락을 짚어내는 것에는 유용하다 할 수 있다(〈그림 7〉). '관계정보'는 독립협회를 항목A로 설정하고 항목B에 각종 사건과 단체, 인물을 설정하여 두 항목 사이의 관계성을 서술하고 있다. '시간정보'는 독립협회의 설립과 독립신문가 창간되었던 시간 등이 나타나 있고, '공간정보'에는 독립문, 만민공동회와 관련한 위치의 좌표가 위도와 경도로 표시되어 있다.[27]

Encyves 위키는 이처럼 지식의 객관적인 전달이라는 측면에 충실하다. 또한 '지식 관계망'이란 항목은 '기계가독형데이터'[28]를 구축함으로

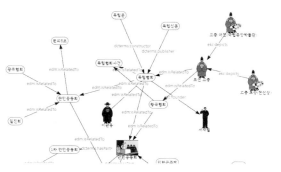

지식 관계망

* '만민공동회의 민중대회'(최대섭) 지식관계망

Graph

그림 7 _ Encyves 위키, 독립협회 항목 지식관계망의 시각화

관계정보

항목A	항목B	관계	비고
독립협회	만민공동회	A는 B와 관련이 있다	A edm:isRelatedTo B
독립문	독립협회	A는 B와 관련이 있다	A edm:isRelatedTo B
조긍 군부	독립협회	A는 B와 관련이 있다	A edm:isRelatedTo B
황국협회	독립협회	A는 B와 대립하였다	A edm:isRelatedTo B
독립협회	서재필	A에 의해 설립되었다	A ekc:founder B
독립협회	이상재	A는 B를 구성원으로 가진다	A foaf:member B
독립협회	윤치호	A는 B를 구성원으로 가진다	A foaf:member B
독립협회	이완용	A는 B를 구성원으로 가진다	A foaf:member B
독립협회	이상설	A는 B를 구성원으로 가진다	A foaf:member B
독립협회	남궁억	A는 B를 구성원으로 가진다	A foaf:member B
독립협회	안창호	A는 B를 구성원으로 가진다	A foaf:member B
독립신문	독립협회	A는 B에 의해 간행되었다	A dcterms:publisher B

시간정보

시간정보	내용
1896년 07월 02일	서재필이 독립협회를 설립하였다
1896년 04월 07일	서재필이 독립신문을 창간하였다
1897년 11월 20일	독립협회가 독립문을 건립하였다
1898년 03월 10일	독립협회가 만민공동회를 개최하였다
1898년 12월	고종이 독립협회를 해산하였다

공간정보

위도	경도	내용
37.572633	126.959570	독립협회는 독립문을 건립하였다
37.570020	126.983695	독립협회는 종로에서 만민공동회를 개최하였다

그림 8 _ Encyves 위키, 독립협회 항목 지식관계망의 구성

써 다양한 역사적 추론의 가능성을 열어주고 있다. 이러한 설계는 필자가 본고를 통해 제안하고자하는 역사지식플랫폼에 많은 시사점을 준다. 하지만 각각의 역사적 사건에 대한 평가나 관점 등을 제시하지는 않는다는 점에서 필자가 제안하고자 하는 플랫폼과는 지향하는 바가 다르다고 생각된다.

(2) '묘청의 난' 서술

다음은 '묘청의 난' 혹은 '서경천도운동'이라 명명되는 사건이 각각의 지식플랫폼에 어떠한 형식으로 정리되고 있는가를 살펴도록 하겠다. 해당 항목의 경우 각각의 지식플랫폼에 따라 상이한 제목으로 정리되어 있다. 위키백과와 한국민족문화대백과사전, Encyves 위키는 '묘청의 난'이라는 항목으로, 나무위키의 경우 '묘청'이라는 항목아래에 '서경천도운동'이 하나의 절로 삽입되어 있다.

① 위키백과

위키백과의 '묘청의 난' 항목은 〈그림 9〉에 보이는 것처럼 1. 배경, 2.개경파의 반발과 천도운동의 좌절, 3. 경과, 4. 평가, 5. 영향, 6.기타, 7. 관련 항목, 8. 각주로 '독립협회' 항목과 같이 체계적인 목차로 구성되어 있다. '평가' 부분에서는 신채호의 '일천년래 제일대사건'이라는 견해를 민족주의 사관이라 서술하고 있으며, 그 반론으로 현실주의에 입각한 비판적 견해를 나란히 배치하고 있다. 이러한 중립성은 독립협회 항목 서술에서 보인 그것과 유사하다.[29]

목차 [숨기기]
1 배경
　1.1 서경 천도 운동과 금국정벌론
　1.2 서경파와 개경파의 갈등
2 개경파의 반발과 천도운동의 좌절
3 경과
　3.1 묘청의 반란
　3.2 정부군의 진압
4 평가
　4.1 신채호의 평가
　4.2 반론
5 영향
6 기타
7 관련 항목
8 각주

그림 9 _ 위키백과의 '묘청의 난' 목차

② 나무위키

나무위키의 경우 '묘청'이라는 제목으로 항목이 편성되어 있으나, 대부분의 서술은 '서경천도운동'과 관련해 이루어져 있다. 해당 문서는 1.소개, 2.서경천도운동, 3.반란과 비참한 최후 4. 평가의 목차 구성을 보인다. '묘청' 항목 역

시 독립협회 항목과 마찬
가지로 시간의 흐름에 따라
서술되고 있는데, 단 1차 사
료의 인용은 없다. 출처 또
한 제시되어 있지 않다.

'평가' 부분을 보자. 우
선 묘청이라는 인물에 대
해 상당히 비판적이다. "현
대 사학자들의 평가는 그
냥 정지상의 광대", "서경
천도를 밀어붙이기 위해
성인의 이미지를 덧붙여서
내세운 얼굴마담"이라는
서술이 보인다. 서경천도

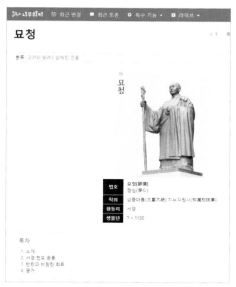

그림 10 _ 나무위키의 '묘청' 목차

운동을 전개한 세력에 대해서도 "개경의 문벌귀족 세력을 타도한다는
하나의 목적으로만 뭉쳤던 잡탕"이라 서술한다.

특이할만한 지점은 '역사저널그날' 동영상을 문서에 노출시키며 묘
청의 난에 대한 신채호의 견해가 가지는 민족주의적 한계를 지적하고
있는 점이다. 독립협회 항목과 비교했을 때 특기할 만한 지점으로, 이
는 나무위키가 가지는 문서작성의 자유도를 반영하고 있는 것이라 하
겠다.[30]

③ Encyves 위키와 한국민족문화대백과사전

Encyves 위키의 '묘청의 난' 항목은 1. 정의, 2. 내용, 3. 지식관계망, 4.
주석, 5. 참고문헌 의 목차로 구성되어 있다. 정의와 내용에는 해당 항목
과 관련한 사건이 기존의 사전에 서술되어 있는 내용을 기반으로 간단
하게 정리되어 있다. 특기할만한 지점은 역시 '지식관계망'이다. 여기서

는 항목A로 '묘청의 난'이 항목B로 묘청, 김부식, 정지상, 윤언이가 설정되어 사건과 인물과의 관련성을 드러내고 있다. Encyves 위키가 가진 장점을 부각시키는 지점이라 할 수 있다. 단 해당 사건에 대한 서술이 소략한 편이고, 평가와 같은 부분 역시 생략되어 있는 점은 아쉬운 부분이다.[31]

마지막으로 한국민족문화대백과사전의 '묘청의 난' 항목이다. 해당 항목은 하현강에 의해 1995년 작성되었다. 정의, 역사적 배경, 경과, 결과, 의의와 평가, 참고문헌, 주석, 집필자의 순으로 구성되어 있다. 체계적인 목차 구성 속에서 정보전달에 충실한 서술이 이루어지고 있다. '의의와 평가' 부분을 보자. 그 또한 신채호의 견해를 비중 있게 서술한다. 그러면서 '묘청의 난'이 실패한 결과 권력구조의 균형이 깨어졌으며, 고려의 '문신 귀족사회'가 가진 정치적·사회경제적 모순과 폐단이 극에 달하게 되었다 평가한다. '묘청의 난' 자체에는 긍정적인 평가를 내리고 있음을 알 수 있다.[32]

(3) 임나일본부설

'임나일본부설'이 각 지식플랫폼에 어떻게 서술되고 있는가를 분석해보겠다. 앞서 다룬 두 항목과 달리 '임나일본부설'의 경우 식민사학이라는 문제가 얽혀 상당히 민감한 논쟁을 불러일으킬 수 있는 주제이다.

① 위키백과

위키백과의 '임나일본부설' 문서는 항목은 〈그림 11〉와 같다. 비교적 객관적인 어조의 서술을 보인다. 해당 항목과 관련한 간단한 개요 뒤에 그것의 근거가 되는 사료가 제시되어 있고, 이어서 비판 사항이 정리되어 있다.

'현대의 학설' 항목에는 현재 '임나일본부설'에 대한 한일 양국 학자들의 견해가 소개되어 있다. 여기에는 '임나일본부설'에 비판적인 한국학자들의 의견은 물론 이를 긍정하는 일본학자들의 의견까지 소개되어 있다. 눈에 띄는 점은 각각의 견해에 그것을 주장하는 학자들이 병기되어 있다는 점이다(〈그림 12〉 참조). 이러한 서술을 통해 '임나일본부설'에 대해 어떤 사람이 어떤 해석을 내렸는가를 쉽게 확인하는 것이 가능하다.[33]

목차 [숨기기]

1 개요
2 사료
3 임나일본부설 비판
4 현대의 학설
5 같이 보기
6 각주
7 참고 문헌 및 링크

그림 11 _ 위키백과의 '임나일본부설' 목차

② 나무위키

나무위키의 '임나일본부설' 문서는 위키백과에 비해 상당히 많은 분량으로 서술되어 있다. 2010년 10월 22일 첫 문서가 생성된 이후 2019년 7월 11일까지 총 630회의 편집이 이뤄졌다. 위키백과가 2005년 6월 8일부터 2019년 7월 19일까지 총 157회의 편집이 이루어졌음을 생각한다면, 해당 항목에서 나무위키의 편집이 활발하게 진행되어 왔음을 알 수 있다. '임나일본부설'이 논쟁적인 주제인 만큼 적극적인 문서 편집이 진행되어 온 것이 아닌가 생각된다.

〈그림 13〉은 '임나일본부설'의 목차이다. '3. 근거와 논박'의 서술 부

현대의 학설 [편집]

이 문단의 **내용은 출처가 분명하지 않습니다.** 지금 바로 이 문단을 편집하여, **참고하신 문헌이나 신뢰할 수 있는 출처를 각주 등으로 표기해 주세요.** 검증되지 않은 내용은 삭제될 수도 있습니다. 내용에 대한 의견이 있으시다면 토론 문서에서 나누어 주세요. (2010년 3월 15일에 문단의 출처가 요청되었습니다.)

임나일본부설에는 여러 가지 해석이 있다. 이들 학설 가운데 몇 가지를 뽑아 보면,

- 일본이 가야 지방에 일본부를 두고 가야를 실제로 지배했다는 설.(스에마쓰 야스카즈, 이시모다 다다시 石母田正, 야기 아쓰루 八木充의 說, 기존 일본 학계의 통설이었던 說)
- 가야 지방의 일본인을 관리하기 위해 일본 조정이 세운 기관이었다는 설.(일본의 이노우에 히데오 井上秀雄의 說)
- 일본과 외교 관계가 돈독했던 가야 동맹의 한 나라였다는 설.[출처 필요]
- 교역을 위해 양국이 교류한 흔적(교역기관)이라는 설.(이병도, 이근우, 김태식과 요시다 아키라 吉田晶의 說)
- 가야인이 일본 열도로 건너가 세운 나라였다는 설. (김석형의 說)
- 백제가 가야를 지배하기 위해 세운 기관(백제군사령부)이었다는 설. (천관우, 김현구의 說)
- 한국의 역사학자 이병도는 일본사에서 소위 임나일본부(ヤマトノミコトモチ)란 왜관(倭館)의 관리와 같은 종류의 것으로서 이 때에는 다소의 정치활동을 겸하였던 것인 듯 하거니와, 이 역시 본질적으로 구명(究明, =규명)하면 철, 금, 은, 직물, 재보(보석), 기타 곡물의 무역취인을 주로 맡던 일종의 공(公)적 상관(商官)이라고 설명하였다.[10]
- 또다른 학설.(백제 성왕의 대가야 진출을 의미)

그림 12 _ 위키백과, '임나일본부설' 문서 중 '현대의 학설' 목차

목차

1. 개요
2. 역사
3. 근거와 논박
   3.1. 일본서기의 내용
   3.2. 일본이라는 국호가 등장한 시기상의 오류
   3.3. 칠지도
   3.4. 중국 역사서의 왜왕 책봉 기사
   3.5. 수서 왜국전 내용
   3.6. 양직공도 신라 제기
   3.7. 구당서
   3.8. 『광개토왕릉비』의 내용
   3.9. 주구묘와 장고형무덤(전방후원분)
   3.10. 구마모토의 편두 유골
   3.11. 경남 서부 내륙지역 및 남해안 일대의 왜계 석실
4. 임나일본부설과 가야
5. 종합
6. 현재진행형 수정설
   6.1. 일본 학계
   6.2. 한국 학계
7. 한국 유사역사학자들의 주장
8. 기타

그림 13 _ 나무위키, '임나일본부설' 문서의 목차

분이 눈에 띈다. 이 부분에서는 해당 문서의 논쟁점이 각각의 소항목을 통해 자세히 서술되고 있다. 이러한 서술을 통해 '임나일본부설'의 논쟁점을 정리할 수 있는 것은 해당 지식플랫폼이 제공하는 장점 중의 하나라 할 수 있다. '5.종합'에서는 앞에서의 작업을 토대로 하나의 결론을 내리고 있는데, 학술적으로 '임나일본부설'은 부정되고 있으며 다만 일본정부 차원에서 주장되고 있을 뿐이라는 것이다.

'6. 현재진행형 수정설'은 현재 한일 양국에서 부정되고 있는 '임나일본부설'에 대한 부정적 시각과 함께, 한국사학계 일각에서 제기되고 있는 새로운 해석이 소개되어 있다. 해당 항목에 대한 구체적 비판은 이전의 목차에서 충분히 다뤄지고 있기 때문에 해당 목차의 비중은 크게 높

다고 볼 수 없다. 일부 유사역사학자들이 주장하는 '왜인 한반도 남부 지배설'을 소개하고 있는 것도 해당 문서가 가지는 특징이라 할 수 있을 것이다.[34]

③ Encyves 위키와 한국민족문화대백과사전

Encyves 위키의 '임나일본부설' 항목의 서술은 소략한 편이다. 2017년 11월 17일 문서가 생성된 이래, 2018년 1월 14일까지 9차례의 편집이 4명의 참여자에 이루어졌던 한계라 생각된다. 서술은 대체로 일본이 주장하는 '임나일본부설' 그리고 이에 반박하는 김석형의 반론이 전부이다. Encyves 위키의 가장 큰 장점이라 할 수 있는 지식관계망에서도 '광개토대왕릉비'와 연결될 뿐인데, 해당 항목이 가지는 논쟁적인 성격을 생각해 볼 때 부족하다는 느낌을 지울 수 없다.[35]

한국민족문화대백과사전 '임나일본부설' 문서는 1995년 김태식에 의해 작성된 것이다. 이때가지 일본학자들에 의해 전개되어 온 해당항목의 전개과정, 그리고 한국학자들에 대한 반박에 이어 향후 과제를 간단하게 언급하고 있다.[36] 문서 자체는 상세하게 서술되어 있는 편이다. 이러한 서술은 나무위키의 그것과 유사하다. 다만 해당문서는 1995년 이후의 내용을 담고 있지 못하는데서 한계를 드러낸다. '종이책'이라는 같은 한계를 그대로 안고 있는 것이다.

3. 연구자 네트워크기반 역사지식 플랫폼 설계의 고려사항

본 장에서는 이상에서의 분석을 참고로 연구자 네트워크기반 역사지식 플랫폼의 실제 설계와 관련한 여러 문제들을 다루고자 한다.

1) 운영원칙

운영원칙과 관련하여 다음과 같은 부분들이 검토되어야할 필요가 있다.

- 전문적인 수준의 역사적 지식 제공을 목표로 한다.
- 문서작성의 자격은 대학원 이상의 교육기관에서 역사학 및 관련 분야를 전공한 사람이라면 누구나 가능하다.
- 토론은 자유로우며 누구나 전공 관련 여부에 상관없이 참여 가능하다. 문서작성과 토론에 대한 일체의 불이익은 없어야 한다.
- 연구공간이 아니다. 출처가 분명한 내용만을 작성하도록 한다. 출처에는 원자료 및 연구결과물 모두를 포함한다.

연구자 네트워크기반 역사지식 플랫폼이 여타의 지식플랫폼과 차별성을 갖는 것은 전문성을 담보한 역사콘텐츠의 생산에 있다. 이에 이상과 같은 대원칙 속에서 문서 작성이 이루어질 필요가 있다. 독자적인 문법을 가져야 할 필요가 있다. 역사전공자라면 누구든 문서작성의 권한이 주어지며 문서 작성에는 최대한의 자율성을 부여할 필요가 있을 것이다.

한편 나무위키의 사례에서와 같이 플랫폼을 개인의 연구 공간 또는 낙서장과 같이 생각해서는 곤란하다. 이에 문서의 작성은 출처를 분명히 해야 할 필요가 있다. 원자료를 출처로 사용할 수 있을 것인가는 생각해 보아야 할 문제이다. 원자료를 인용하여 자신의 의견을 자유롭게 개진하는 것은 좋으나 이는 한편으로 플랫폼을 독자연구의 공간으로 만들어버릴 우려가 있다. 이와 관련하여 원자료를 사용하여 문서를 작성할 경우 그것을 어떠한 수준에서 어떠한 방법으로 노출시켜야 하는가에 대한 고민이 필요하다고 생각한다.

2) 플랫폼의 설계

플랫폼의 설계와 관련해서 다음과 같은 부분을 고려해야할 것이다. 본 플랫폼이 추구하는 목표 가운데 하나는 다양한 연구성과를 비교 검토하고 토론할 수 있는 연구자 네트워크 공간을 만들고자 함에 있다. 때문에 문서작성의 실제에서 분명한 '사실'을 제외한 그 어떠한 의견도 작성자 본인을 제외한 타인이 마음대로 수정해서는 안 될 것이다. 예컨대 '독립협회'라는 문서가 있다면 '독립협회는 1896년 설립되었다'라는 사실을 기본으로 두고, 이를 수정 또는 서술하되 누군가 '문명개화를 목표로 한 계몽단체로 한국 시민사회의 원류가 되었다'라는 평가를 삽입해 놓았다면, 이에 대한 이의를 제기하고 싶은 자는 새로운 항목을 만들어 '계급적인 측면에서 한계를 가지고 있었으며 봉건성 또한 극복하지 못했다'와 같은 상반된 내용을 추가하는 방식이다. 그렇게 완성된 문서는

독립협회는 1896년 설립되었다
- 문명개화를 목표로 한 계몽단체로 한국 시민사회의 원류가 되었다
- 계급적인 측면에서 한계를 가지고 있었으며 봉건성 또한 극복하지 못했다

이상과 같이 노출될 필요가 있다. 이러한 편집방식은 역사적 사실은 사실 그대로 제공하고, 이와 관련한 학계의 다양한 서술을 제공한다는 점에서 효과적이라 할 수 있을 것이다.

한편 본 플랫폼의 토론과정은 최대한 직관적인 방식으로 노출되어야 한다. 위키피디아나 나무위키의 경우 수정된 문서는 해당 문서의 '역사' 항목에 들어가야만 확인할 수 있다. 이러한 방식은 해당 사안에 대한 명료한 서술을 가능하게 할지는 모르지만, 그것과 관련한 다양한 해석에 접근하기에는 부적합하다. 역사학에서 하나의 절대적인 해석은 있을 수

없다. 때문에 위와 같은 방법을 통해 해석의 다양성을 노출시키는 편이 낫다고 생각한다.

그와 관련하여 문서의 항목과 관련 있는 논문 및 저서 그리고 자료에 바로 접근할 수 있도록 링크를 제공할 필요가 있다. 해당 항목에 대한 간단한 설명을 플랫폼에 서술하면서 그와 관련하여 좀 더 깊은 정보를 얻고자 할 경우, 그 근거가 되는 논문 혹은 저서의 정보를 바로 찾아볼 수 있게 서비스하여 이용자의 편의성을 높일 필요가 있다고 생각한다.

이상의 사항들을 종합하여 하나의 문법을 완성할 필요가 있다. 즉 '온톨로지(Ontology)'가 필요하다. 온톨로지란 정보화의 대상이 되는 세계를 전자적으로 표현할 수 있도록 구성한 데이터 기술체계를 말한다. 일반적으로 온톨로지의 설계는 대상 자원을 '클래스(class)'로 범주화하고, 각각의 클래스에 속하는 '개체(individuals)'들이 공통의 '속성(attribute)'을 갖도록 하고, 그 개체들이 다른 개체들과 맺는 '관계(relation)'를 명시적으로 기술하는 형태를 가지게 된다.[37]

본고의 주안점은 역사적 사건에 대한 다양한 해석을 담고자 하는 것이다. 때문에 시험적이나마 그와 같은 '해석', '견해', '관점'의 다양성을 어떻게 범주화할 것인지에 대해 서술해보도록 하겠다. 앞서 예를 든 독립협회에 대한 다양한 평가를 보자.

> 독립협회는 1896년 설립되었다(독립협회, 1896년)
> - 독립협회는 문명개화를 목표로 한 계몽단체로 한국 시민사회의 원류가 되었다(문명개화, 근대주의, 시민사회, 계몽주의, 내재적발전론, 공론장 등)
> - 계급적인 측면에서 한계를 가지고 있었으며 봉건성 또한 극복하지 못했다(대외투쟁, 마르크스사학, 민중사학, 내재적발전론, 매판세력, 민족 등)
> - 독립협회의 활동은 근대국민국가 창출을 위한 것이었으며, 이는 결과

적으로 황제권 중심의 국가권력구조를 만들어내었다.(근대국민국가비
판, 대중동원, 포스트모더니즘, 탈식민주의 등)

우선 독립협회 항목은 단체이름과 설립연도와 같은 객관적 정보로
취급되는 정보를 갖는다. 중요한 것은 그 아래 항목인데, 작성자들은 역
사적 평가 부분을 작성할 때 이상의 예문에서 괄호 안에 들어가 있는 정
보들을 함께 기입해 줄 필요가 있다. 즉 그와 같은 평가의 기저에 있는
역사방법론이나 이론, 그리고 해당 평가를 이해하는데 필요한 키워드
등의 정보들이 같이 기입되어야 한다. 이러한 정보들은 해당 문서 내의
다양한 견해들을 분류하고, 또 다른 항목과의 관계성을 드러내는데 사
용될 것이다. 즉 수많은 역사적 '평가'와 '해석'을 체계화할 수 있는 온
톨로지가 필요하다.

3) 익명성과 출처의 문제

문서 작성에서 익명성의 문제는 민감하고 어려운 부분이다. 그렇지
만 해당 항목의 아이디어와 같은 저작권의 문제 등을 고려했을 때 익명
성 보다는 문서 편집인 실명을 노출하는 것이 더 좋은 방법일 수 있다.
출처의 범위를 어디까지 한정 지어야 할 것인가도 생각해봐야 할 문
제이다. 플랫폼의 탑재기준이 지나치게 엄격하거나 또는 복잡한 절차를
거쳐야 한다면 누피디아의 실패를 통해 알 수 있듯이 문서작성의 효율
성이 떨어져 누구도 찾지 않은 공간이 되어버릴 가능성이 있다. 때문에
수업에서 작성되는 발제문에서 연구자가 작성하는 에세이, 논문, 저서
에 이르기까지 출처의 범위를 비교적 자유롭게 설정할 필요도 있다고
생각한다. 다만 수업 발제의 경우 독창성이 떨어지는 경우도 있으며, 출
판되지 않은 저작물이라는 점을 고려했을 때 출처로서 부적절한 측면
도 존재한다.

이러한 문제를 종합하여 본 플랫폼의 출처표기는 원본 문서와의 직접적 연결을 지향할 필요가 있다. 예컨대 기본적인 출처 표기는 '저자, 논문명, 학술지명 및 호수, 연도, 쪽수' 등을 따르되, 출처를 클릭하면 해당 저자의 연구 성과물 목록과 함께 인용된 정보의 원문이 연결되는 것이다. 이러한 방식은 출판되지 않은 정보, 즉 위에서 언급한 수업 발제와 같은 최소한의 검증을 거친 자료의 이용 또한 가능하게 하는 방법이 될 것이다.

4) 연구자 참여유도 방안과 플랫폼 운영주체

플랫폼이 성공하기 위해서는 자발적이며 지속적인 참여인원의 확보가 무엇보다 중요하다. 본 플랫폼의 경우 연구자 네트워크와 같은 폐쇄적인 대상을 참여자 설계의 기초로 삼기 때문에 자발적이며, 지속적인 참여자의 확보가 가장 중요하다. 이를 위해서 문서 작성자에 대한 인센티브가 고려될 필요가 있다. 하지만 대부분의 위키가 비영리적으로 운영되는 것을 감안한다면, 때문에 금전적 수익을 목표로 하지 않는다는 점을 생각한다면 연구자에게 실제적으로 도움이 되는 인센티브가 과연 무엇일지는 단언하기 어려운 문제이다.

학술활동의 본질에서 생각해보자. 연구를 하는 사람이라면 누구나 자신의 글이 널리 읽히고, 자신이 생각하는 바가 다른 누군가에게 전달되길 바랄 것이다. 이와 같은 욕망을 본 플랫폼이 해결해줄 수 있어야 한다. 하지만 이 역시도 플랫폼의 성공이 전제되어야 한다. 초기 단계가 가장 중요하다고 할 수 있다.

무엇보다 플랫폼이 정착하고 활성화되기 위해서는 그것의 물리적 환경과 재원이 확보될 필요가 있다. 플랫폼이 웹상에서 안정적으로 운용되기 위해서는 그것을 위한 서버가 있어야 하며 이를 관리할 주체가 선정되어야한다. 한편 플랫폼 참여인원을 전문적인 연구자로 설정해야한다는 점을 고려했을 때, '전문적인 연구자'의 기준을 마련하고 관리하기 위한 주체가 필요하다. 이러한 플랫폼 운영주체의 후보로는 우선 국사편찬위원회, 한국학중앙연구원과 같은 기관, 역사 전공 대학원, 그리고 역사 관련 학회 등을 생각해 볼 수 있을 것이다. 이 가운데 역사 전공 대학원은 한국사에 대한 전문적인 소양을 가진 인재를 다수 보유하고 있으며, 관련 인재를 지속적으로 충원할 수 있다는 점에서 이와 같은 사업을 추진하는데 적합한 주체가 될 수 있을 것이라 생각된다.

5) 플랫폼과 역사대중화

폐쇄형 플랫폼으로서의 안정성 확보 및 상당한 데이터 축적 이후 제한적 개방 플랫폼으로 전환하여 대중이 자신이 원하는 역사적 지식을 비교적 쉬운 문법을 통해 얻을 수 있도록 플랫폼을 확장할 필요가 있다. 전문화된 역사지식의 대중화는 결국 본 플랫폼이 도달하고자 하는 궁극점이라고도 할 수 있다. 앞에서 언급한 연구자 참여유도와도 관련하여 생각하면, 연구자 개인의 연구결과가 대중에게 전달되는 창구로 플랫폼이 기능하는 것보다 좋은 동기부여는 없을 것이다.

대중화라는 궁극적인 도달점을 생각한다면 플랫폼은 '나무위키'와 같은 가벼움을 어느 정도 추구할 필요가 있다고 생각한다. 플랫폼의 글이 논문과 같은 문법으로 쓰인다면 대중이 이에 접근하기는 어려울 것이다. 자유로움과 재미, 전문성 등을 모두 포괄할 수 있는 최선의 방법을 생각해 보아야 한다.

가장 효과적인 방법은 정보의 시각화가 아닐까 생각한다. 이러한 점에서 Encyves 위키가 선보인 관계망 그래프, 삽화, 동영상 등의 활용은 시사하는 바가 있다. 즉 문서작성을 반드시 '글'로 해야 한다는 생각에서 벗어날 필요가 있다. 역사학연구자의 모임 중 하나인 '만인만색 연구자 네트워크'는 팟캐스트 '다시, 또 역시'를 통해 학계의 다양한 연구 성과를 소개하고 있으며, 최근에는 유투브로도 그 영역을 확장하고 있다. 이는 대중으로 하여금 딱딱하지 않은 방법으로, 그리고 즐겁게 역사에 접근할 수 있게 하는 방법이다. 역사대중화를 목표로 한다면 이처럼 다양한 방식의 문서작성이 가능한 플랫폼으로의 설계가 필요하다고 생각한다.

맺음말

근대역사학은 다양한 분과로 나뉘면서 전문성을 제고할 수 있었지만, 그 반대급부로 전공 간의 단절을 가져오기도 했다. 분과학문으로 나뉘어 심화된 학계의 연구경향은 한편으로 대중과의 괴리를 가져오기도 했다. 이러한 문제는 연구자로 하여금 연구를 위한 연구만을 반복하게 할 뿐, 어떤 '쓸모'가 있느냐에 대한 회의를 불러일으키기도 한다. 본고는 근대역사학이 갖는 분과학문으로서의 전공 간, 대중과의 단절을 해결하기 위한 방법으로 연구자 네트워크 기반의 역사지식 플랫폼을 제안하였다.

이와 같은 플랫폼이 활성화되기 위해서는 양질의 콘텐츠가 활발히 생산될 필요가 있다. 그런데 양질의 콘텐츠가 지속적으로 생산되기 위해서는 무엇보다 플랫폼의 설계가 중요하다. 그와 같은 측면에서 위키피디아와 나무위키의 구조와 특성을 분석할 필요가 있었다. 위키피디아는 집단지성이라는 불특정 다수가 콘텐츠를 생산하지만, 출처를 분명히 하는 등의 원칙을 통해 신뢰 받는 지식플랫폼으로 성장할 수 있었다. 다만 대중의 관심이 문서를 만드는 특성상 학계의 최신성과를 반영하는 등의 전문성을 담보하지는 못한다는 한계를 가진다. 나무위키의 경우 '즐거움'을 기반으로 한국 최대의 지식플랫폼으로 성장할 수 있었지만, 그에 내재한 '자유'와 '즐거움'은 스스로를 겨누는 칼날이 될 위험을 가지고 있기도 하다.

연구자 네트워크기반 역사지식 플랫폼은 전문적인 지식을 즐겁게 제공할 수 있는 공간이 되어야 한다고 생각한다. 플랫폼의 성패는 콘텐츠의 생산자와 소비자 양자가 모두 활발히 참여하는 것에 달려있다. 전문성을 표방하는 이상 생산자와 소비자 간에 어느 정도의 구분은 분명히 필요하다. 대신 2차창작의 영역을 소비자, 즉 대중에게 공개하는 것은 가능하지 않을까, 이를 통해 소비자와 생산자 간의 간격을 좁히고, 그렇게 함으로써 전문성을 담보하면서도 많은 사람이 즐겁게 역사콘텐츠를 생산하고 소비하는 공간을 만들어낼 수 있지 않을까? 물론 이는 아직 구상단계에 불과하다. 하지만 만일 '연구자 네트워크기반 역사지식 플랫폼'이 실현된다면, 그리고 활성화된다면 역사대중화를 위한 좋은 하나의 방법이 될 수 있을 것이라 생각한다.

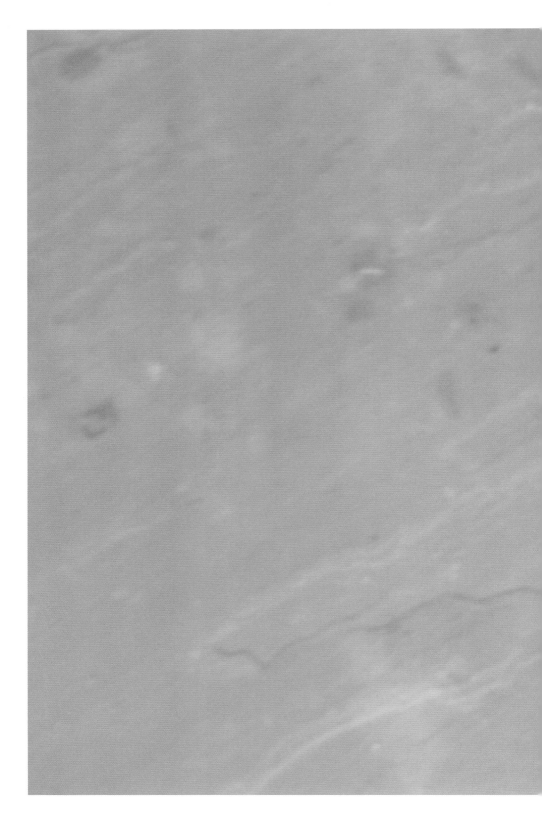

3편
역사학의 대중화와
빅데이터 기술

'4차 산업혁명'시대 '역사학의 대중화'를 위한 시론

— 팟캐스트: 만인만색 〈역사공작단〉을 중심으로 —

김태현

머리말 ─ '역사'의 열풍과 '역사학'의 위기 ─

2016년 스위스 다보스에서 열린 '세계경제포럼'에서 '4차 산업혁명'을 주제로 택한 것을 계기[1]로 한국에서도 '4차 산업혁명'이 모든 산업의 중심 테마로 떠올랐다. 아래 〈그림1〉은 대통령직속 4차 산업혁명위원회에서 제공하는 '4차 산업혁명' 인포그래픽이다. '4차 산업혁명'은 인공지능·빅데이터·초연결로 정의되며 그것을 판단하는 직관은 기계의 방대한 데이터 반복학습이다. 적용 분야는 신산업 주파수·스마트 공장·사회인프라·개인생활·드론산업·스마트공항·발명교육·스마트시티·인공지능R&D·지능형 산림재해 분야로 인문학 연구와 관련된 구상은 전무하다.[2]

그런데 데이터 산업 활성화 사업에서 인문학과 연계 가능성은 잠재되어 있다. 그중에서도 모든 공공데이터를 최대한 모으는 전문 빅데이터센터는 주목할만 하다. 이를 검토하기 위해 본고는 인문학의 상품화 현상을 주목했다. 그중 인문학을 소비하는 대중의 성향을 빅데이터화할 필요가 있다는 문제제기를 하고자 한다.

그림 1 _ 4차 산업혁명위원회의 '4차 산업혁명' 인포그래픽

또한 인문학의 상품화 현상 중 두드러지는 분야는 한국사이다. 아래에서 살펴보겠지만, 역사는 도서·TV프로그램·영화·스마트 미디어 등의 다양한 매체에서 유통되고 있다. 이러한 '역사 대중화' 속에서 역사연구자는 어디에 있어야하는가라는 질문을 본고에서 풀어나가고자한다.

본고는 각종 미디어에서 재현되는 역사'소비'를 '역사 대중화'[3]로 정의하고, 역사학의 연구성과 유통을 역사연구자가 직접 하는 경우를 '역사학의 대중화'[4]라고 본다. 이렇게 대중화의 양상을 구분해서 본다면 '역사 대중화'는 열풍이지만 역사학은 위기이다. 그러한 양상은 기업화되는 대학, 줄어드는 대학 내 일자리, 현실적인 지원 없는 정부의 인문학 정책, '학진체제'(현 한국연구재단)중심의 학술 통제로 나타났다.[5]

우선 '역사 대중화'의 열풍부터 살펴보자. 문화체육관광부는 2018년 1월~2018년 6월 동안 5,000명(일반국민 4,500명, 인문학 전공 전문인력 500명)을 대상으로 인문학 관련 설문을 진행하였다. 그중 인문정신 문화 습득을 위해 역사를 선택한 설문자는 60.4%로 가장 높았다. 요컨대 인문학 열풍 속에서 대중들의 관심에 따라 역사는 상품화되었다.

표 1 _ JTBC '차이나는 클라스' 1화~97화 방송 주제(2017년 3월 5일~2019년 2월 20일)

카테고리	건축학	경제학	과학	의학	범죄학	법학	사회학	생명공학	철학
방영횟수	1	2	6	6	1	6	9	1	12
카테고리	수식	신학	역사	음악사	미술사	인류학	정치외교학	종교학	천문학
방영횟수	1	1	37	2	3	1	5	2	1

대표적인 예로 인문학 콘텐츠를 유통하는 JTBC '차이나는 클라스' 방송 97화 중 역사 관련 콘텐츠는 42화로 약 44%를 차지했다. 이처럼 역사 전반의 대중화는 활발하다.

1990년대 이후부터 이러한 '역사 대중화'에 대한 비판적 여론이 등장했다.[6] 또한 기존의 '역사 대중화' 관련 연구를 보면 대중이 향유하는 역사는 단순하고 재미있는 '콩쥐팥쥐식의 서사 스타일'·쉽고 재미있는 대중화'·'선정적인 대중화'로 설명된다.[7] 또한 '사이비역사학',[8] '전문성 없는 대중적 역사학', 과도한 국수주의적 민족주의, 이분법적 역사관에 대한 비판은 도서출판을 중심으로 현재 활발하게 이루어지고 있다.[9] 위와 같은 '역사 대중화' 연구의 목적은 비평이었으며, '역사 대중화'의 대안으로는 자료와 사실에 기초한 역구의 방법론을 되새기는 것이었다. 요컨대 '역사 대중화'에 대한 연구자의 입장은 비평가였다. 그렇다면 역사 연구자들은 '역사학의 대중화'에 대해서는 어떠한 고민을 했는가.

설혜심은 역사의 질 높은 '소비'를 위해 역사연구자가 '소비'를 주도할 수 있는 '창조자'라는 사실을 잊지 말 것을 당부했다. 연구자가 대중 강연, 미디어를 통한 소개, 역사 관련 프로그램의 적극적 참여와 기획 그리고 정부 차원의 제도적 장치 수립 요구 같은 활동에 적극 나서야 한다는 문제제기를 했다.[10] 정리하자면 '역사 대중화'에 대한 비평을 넘어서 역사연구자가 직접 역사학의 유통에 직접 개입해야 한다는 필요성을 제기한 것이다. 이러한 문제제기가 꾸준히 축적되었지만[11] '역사 대중화'에 대한 연구자의 주된 입장은 비평가였으며 '역사학의 대중화'를 위한 학문적 기반과 방법론에 대한 고민은 크게 대두되지 못했다.

　그동안 역사연구자들의 '역사 대중화'에 한정된 비평가적 대응은 대중과 접점을 이룰 수 있는 분야에 진출하는 것을 미진하게 만들었다. 그 결과 '지식소매상'·'학원강사'·'사이비역사학자'들이 방송·강연·스마트 미디어 플랫폼·도서에서 '역사 대중화'를 주도하고 있다. 이로써 이들에 의해 역사는 점점 사실적인 것보다는 내러티브와 출연자의 개성에 더 관심을 보이는 미디어 문화가 되었다. 즉 대중화 시장에서 역사학은 설자리를 잃었지만 역사 전반의 대중화는 인기를 얻고 있다.

　예를 들어 역사를 기반으로 한 영화인 〈명량〉(17,615,437명), 〈암살〉(12,706,819명), 〈광해, 왕이 된 남자〉(12,323,745명), 〈왕의 남자〉(12,302,831명), 〈태극기 휘날리며〉(11,746,135명), 〈실미도〉(11,081,000), 〈관상〉(9,135,806명), 〈밀정〉(7,500,457명), 〈1987〉(7,232,387명). 〈인천상륙작전〉(7,051,150명), 〈안시성〉(5,441,020명), 〈말모이〉(2,856,537명), 〈동주〉(1,176,300명)으로 영화시장에서 역사극의 관객 동원력은 적지 않다.[12]

　학계에서 '역사학의 대중화'·역사의 상품화에 역사연구자가 개입해야 한다는 문제의식이 설정된 것은 비교적 최근이라고 할 수 있다. 대표적으로 2018년 한국 역사학대회의 주제는 '역사 소비 시대, 대중과 역사학'이었다. 역사연구자가 대중을 역사 지식의 전파 대상으로 삼는 '역사학의 대중화'를 넘어서야 한다는 문제의식이 대두된 것이다. 현재 '역사 대중화'의 비평적 시각을 넘어서 역사연구자가 '역사학의 대중화'를 어떻게 실천할 것인가라는 현실적 요청에 부응한 것이다.

　역사학대회에서 김재원은 "역사소비의 시대에 역사연구자는 어디로 가야 하는가?"라는 거대한 물음은 "그래서 지금 이 순간, 역사란 무엇인가?"라는 거대한 서사와 만나야 한다는 문제를 제기했다. 그러면서 '역사 대중화'가 '올바른'지에 대한 논의를 이끌어 나갈 수준의 학문적 기반을 갖추지도 못했다는 성찰이 필요함을 역설했다. 이를 통해 역사 소비에 역사연구자가 어떠한 방법론으로 개입할지는 앞으로의 과제로 설정했다.[13] 즉, 역사연구자가 비평가에서 벗어나 '역사학의 대중화'를 위

한 생산과 유통에 적극적으로 개입할 필요성과 이를 위한 학문적 기반을 마련할 필요가 있다는 것이다.[14]

필자는 김재원과 설혜심의 문제의식을 계승하고 보완하기 위해 역사소비·'역사 대중화'를 단발적인 유행처럼 여기며 대응하는 것이 아니라, '역사학의 대중화'를 소재로서 심층적 연구를 하기 위한 데이터 축적과 대중과 소통할 수 있는 '장'의 형성을 제기하고자 한다. 이를 위해 아래의 두 가지를 보고자 한다.

첫째, '역사학의 대중화'의 생산과 유통에 개입하기 위해서는 대중문화 속의 역사('역사 대중화')는 어떠한가라는 질문이 필요하다. 그중 스마트 미디어[15]에서 재현되는 역사를 분석하고자 한다. 스마트 미디어에서 '인문콘텐츠'는 점점 확대되는 추세이다.[16] 역사 관련 콘텐츠 역시 스마트 미디어의 등장으로 언제 어디서든 자유롭게 접근할 수 있는 영역으로 확대되었다. 위와 같이 역사 지식에 대한 대중적 수요가 확대되고 있음을 보고자 한다.

둘째, '역사학의 대중화'의 대상은 누구이며 난이도는 어떻게 설정해야 하는가. 흔히들 중등교육단계의 역사교육을 받은 사람을 대상으로 난이도는 대학의 기초교양 교육 수준을 상정한다. 하지만 이러한 기준은 굉장히 막연하다. 역사를 향유하는 대중은 세대별·학력별·성별·계층별·전공별·직업별 등이 중첩·위계화되어 있다. 이처럼 대중은 단일한 존재가 아니며, 지속적으로 변화를 거듭하고 있다. 학계의 연구성과와 괴리된 대중의 역사학 관점을 논하기 이전에 대중 분석의 필요성을 역설하고자 한다.

본고는 위와 같은 문제의식으로 '역사학의 대중화'를 접근하고자 한다. 그중에서도 분석의 구체성을 채워나가기 위해 고민해야 할 지점으로서 한국사 연구자들이 진행하는 팟캐스트 '만인만색 〈역사공작단〉(이하 〈역사공작단〉)을 중심으로 분석하고자 한다. 〈역사공작단〉의 원칙은 연구성과를 연구자가 직접 방송에서 내용을 설명하는 방식이다. 패널은 고대사·고려사·조선사·근현대사로 구성되어 있으며, 각자의 패널이 본인이 연구한 소재 혹은 연구된 내용을 바탕으로 방송을 기획한다. 요컨대 역사학 자체를 대중에게 전달하는 방식을 취하고 있다.

분석방법으로는 〈역사공작단〉의 이용자 통계, 댓글, 에피소드 주제 분석 등을 시도하고자 한다. 그중 온라인 댓글은 주목할만하다. 댓글은 자신의 생각을 나타내고 다른 사람들과 소통할 수 있는 수단이다. 〈역사공작단〉 이용자들은 에피소드를 토대로 대화를 하기 때문에, 댓글은 이러한 욕구를 충족시킬 수 있는 기제이다. 또한 〈역사공작단〉 청취자들은 에피소드에 대해 자신들의 의견을 게재하는 것으로써 패널들과 이용자 사이의 의미를 창출할 수 있다. 이로써 댓글 분석을 통해 역사를 향유하는 대중을 분석하고자 한다.

1. 스마트 미디어 속 '역사대중화'의 현황

2017년 기준으로 모바일을 통한 온라인 동영상 및 콘텐츠 이용은 58.9%로 PC(38.4%) 보다 높다는 조사결과가 나왔다.[17] 그야말로 스마트폰을 통해 언제 어디서나 모바일 콘텐츠를 이용하는 대중들이 급속도로 늘어나고 있는 양상이다.

지금까지 미디어에서 절대적 위치를 차지한 TV가 채널 선택권만 부여했다면, 스마트 미디어에서는 프로그램 선택권을 보장할 뿐만 아니라 시간과 공간의 제약 없이 콘텐츠를 소비할 수 있다. 또한 스마트 미디어는 범용 인터넷을 통해 콘텐츠를 제공하는 방식이기 때문에 컴퓨터 및 모바일 기계를 소지한 개인은 누구나 콘텐츠 제작자가 될 수 있다. 요컨대 대중들이 매스미디어가 제공하는 콘텐츠를 수동적으로 수용했던 과거에 비해 개인의 기호에 따라 자신이 원하는 콘텐츠를 접근할 수 있는 환경이 조성되었다.

그중 유튜브는 세계적인 동영상 콘텐츠 제공 플랫폼이다. 유튜브는 일종의 크라우드소싱(crowdsourcing)의 연습장으로서 대중의 취향과 관심을 신속하고 충실하게 반영해서 그 정보를 사람들의 각 상황에 적용하는 알고리즘을 구축하고 있다.[18] 유튜브의 역사콘텐츠는 역사 스토리텔링을 기반으로 한 전문성과 오락의 결합, 취미와 상식의 역사, 대중과 소통, 수험 대비의 네 가지 성격으로 분류된다.

첫째, 전문성과 오락의 결합은 역사 관련 TV 프로그램에서 나타난다. 역사 관련 방송 중에서는 대표적으로 KBS의 〈역사저널 그날〉과 국방TV의 〈토크멘터리 전쟁史〉가 있고 두 방송 프로그램은 편집본으로 유튜브에 업로드되고 있다. 즉, 방송국의 프로그램이 스마트 미디어의 플랫폼으로 환류되는 양상을 보이고 있다. 방송 제작 시 유튜브 등의 플랫폼 진출까지 같이 고려하고 있는 것이다.

KBS의 〈역사저널 그날〉은 2013년 10월 26일부터 현재까지 방영되고 있다. 〈역사저널 그날〉은 기본적으로 5~6인의 패널들이 토론하는 형식으로 진행된다. 기획의도는 " **'역사'와 '이야기'의 만남** 우리 역사의 커다란 물줄기가 바뀐 결정적인 하루가 흥미진진한 이야기로 전개된다! 역사가 움직인 터닝 포인트인 '결정적 하루'를 입체적으로 구성하는 **교양과 재미가 있는 인포테인먼트 프로그램!** 그날의 주연과 조연은 누구였으며 그 당시 세계는 어떻게 흘러가고 있었고 오늘에 던지는 메시지는 무엇인지를 수다로 풀어보는 본격 역사 토크쇼"[19]이다. 요컨대 참고영상과 전문가의 해설을 들으며 한국사의 특정한 '날'을 이야기로 풀어나가는 구성이다.

국방TV의 〈토크멘터리 전쟁史〉는 2016년 6월 8일 첫 방송으로 현재까지 이어지고 있다. 기획의도는 "고대부터 현재에 이르기 군사 전술과 전략, 인물과 신무기라는 흥미로운 소재들을 **두꺼운 책이나 어렵고 딱딱한 다큐멘터리가 아닌, 재미있는 토크멘터리** 형태로 풀어내는 밀리터리 콘텐츠 제작을 추구"[20]한다. 〈토크멘터리 전쟁史〉는 MC와 전쟁사 전문가와 군사전문 기자가 전쟁사를 논하는 토크 형식이고, 무기 관련 설명, 참조 영상을 해설하는 방식이다. 앞의 〈역사저널 그날〉과 기본포맷은 매우 비슷하다.

〈역사저널 그날〉은 역사 스토리텔링을 통해 교양과 재미라는 두 마리의 토끼를 잡고자 한다. 즉, 정보와 오락을 함께 담아내는 인포테인먼트인 것이다. 인포테인먼트 프로그램은 본래는 정보성이 강한 교양적 메시지에 오락적 요소를 보강시켜 보다 재미있고 유익한 형태로 만들어진 프로그램을 의미한다. 인포테인먼트 프로그램이 주는 '재미'의 요소란 오락 프로그램에서 주는 단순한 재미가 아니라 몰랐던 것을 아는 것에 대한 지적만족이다. 〈토크멘터리전쟁史〉도 두꺼운 책이나 어렵고 딱딱한 다큐멘터리가 아닌 인포테인먼트의 일종인 토크멘터리를 추구한다.

두 방송은 대중들의 지식축적 욕구를 파악했으며, 그것을 재미를 통해 풀어내야 외연이 확장된다는 지점을 간파하고 있다. 단순한 재미가 아니라 몰랐던 것을 아는 것에 대한 지적만족의 영역이 분명 존재한다는 것이다.

이처럼 역사방송 프로그램은 유튜브 진출과 다큐멘터리와 오락적 성격의 결합 시도, 토크 형식의 포맷을 통해 전문가의 일방적인 강의 형태를 벗어나 쌍방향적인 모습을 연출하고 있다. 두 방송 모두 해당 분야의 전문가가 진행을 하면서 '역사 대중화'와 '역사학의 대중화'사이에 위치 하고 있다. 요컨대 대중성과 전문성을 확보하고자 하는 노력을 하고 있다.

〈표 2〉의 '내용이 어렵고 추상적이라 접근성이 낮기 때문에 '인문학을 기피한다는 응답이 높다는 점을 고려한다면 역사교양 콘텐츠에 오락적 요소가 추가된 것은 긍정적인 현상이다. 기존 방송프로그램은 오락과 교양을 적절히 융합하고 있기 때문에, 역사학의 저변을 넓히는 역할을 하고 있다.

표 2 _ 인문관련 프로그램 인지경로 (1+2순위) [전체응답자(n=4,500), 단위: %]

구분	내용이 어렵고추상적이라 접근성이 낮기 때문에	취업 및 직장업무에 직접적 관련성이 적기 때문에	시대적 전환에 민감하게 대응하지 못하기 때문에	인문학에 대한 흥미나 관심자체가 없기 때문에	지역과 사회발전에 활용·도움이 되기 어렵기 때문에
전체	39.3	25.2	16.6	11.0	7.7

다만 방송은 태생적으로 대중추수적 측면이 있다. 그러므로 방송은 시청률에 예민할 수밖에 없다. 원칙적으로 방송물이 대중에게 외면당했다는 것, 즉 시청률이 낮다는 것은 방송의 본질상 죄악이기조차 하다.[21] 즉, 방송국 프로그램 제작의 자율성은 개인 혹은 단체가 제작하는 콘텐츠에 비해 떨어진다. 단적으로 국방TV의 〈토크멘터리史〉는 국가안보 강조, 영웅적인 군인을 강조한다. 그러다 보니 연구자의 연구결과에 따른 의견보다는 기존 통설 혹은 방송국의 성향에 따라 콘텐츠가 제작되는 단점이 있다.

둘째, 유튜브에는 취미와 상식의 역사를 표방하는 〈역사 여왕과 나〉(구독자 50,522명, 총조회 수 : 2,825,916회), 〈도도도〉(구독자 66,731명, 총조회 수 : 23,102,424회)가 대표적이다.[22] 〈역사 여왕과 나〉의 '한 번에 살펴보는 라오스 역사', 〈도도도〉는 '10분 만에 알아보는 오스트리아(합스부르크 왕가)의 역사'의 제목처럼 각 국가의 통사를 10분 내외의 짧은 시간 안에 효과적으로 전달하고 있다.

〈역사 여왕과 나〉는 '저는 전문가도 아니고요, 그저 인터넷과 서적 등에서 알려진 정보와 자료를 요약 각색해서 영상화하는 일반인입니다.' 〈도도도〉는 '역사를 좋아하는 한 남자의 채널'이라며 취미로 역사를 향유하는 대중이자 생산자임을 밝히고 있다. 두 채널은 누구나 콘텐츠 제작자가 될 수 있다는 점과 대중들이 역사를 상식과 취미 차원에서 접근하고 있는 현상을 대변한다.

셋째, 대중과의 소통이다. 〈라임양〉(구독자 43,599명, 총조회 수 : 5,356,596회) 〈한나TV〉(구독자 114,513명, 총조회 수 : 21,524,234회)[23] 등의 채널이 있다. 두 채널은 시청자와 역사를 주제로 소통하는 콘텐츠이다. 그 중 〈한나TV〉 '안중근 의사의 의거 테러가 아니야?'라는 전통적인 주제부터 '아이를 먹는 의사 괴담의 진실은?'이라는 흥미로운 사건을 중심으로 이야기를 풀어 나간다. 역사의 스토리텔링과 대중과의 소통을 기반으로 한 '역사대중화' 현상을 보여준다.

넷째, 수험 대비이다. 2018년 6월 21일부터 27일까지 최근 3개월 내 배움의 목적으로 1회 이상 유튜브를 시청한 경험이 있는 15~69세 1천 명을 대상으로 '유튜브 러닝 콘텐츠 활용 현황 조사'를 실시했다. 그 결과 이들은 이틀에 한 번꼴로 유튜브에서 러닝 콘텐츠를 시청하는 것으로 나타났다. 유튜브에서 원하는 정보 및 지식을 배우게 되면서 학원이나 도서 등 이전 정보 습득 방법을 활용하지 않거나, 병행하지만 그 활용 정도가 감소했다는 응답은 50.15%로 과반수를 차지했다.[24] 한국사 교육에서도 비슷한 양상이 나타나는 것을 아래에서 확인할 수 있다.

〈이보람의 빡공TV〉는 수능 대비 인터넷 국사 강의로 구독자는 306,426명, 재생채널 중 '빡공시대 중3역사'의 회당 조회 수는 평균 320,000회이다.[25] 단꿈교육의 〈단꿈 공식 유튜브 채널〉은 구독자 346,521명으로 그중 시험과 관련된 한국사검정능력 시험, 수능, 공무원 한국사의 조회 수는 회당 각각 평균 12,000회 이상을 기록하고 있다.[26] 〈메가스터디 한국사 이다지 쌤〉은 평균 조회 수가 19만 회이다.[27] 이처럼 스타강사를 중심으로 한 유튜브의 역사 강의는 한국사검정능력·공무원 한국사·수능 등의 각종 시험 대비를 위한 이용이 활발하다. 요컨대 인문학 중 역사는 수험과목으로서 그 위치를 공고히 하고 있다. 그런데 시험을 보기 위해 교과서의 지식을 암기하고 제도를 외우고, 유물을 외우기만 하는 일은 역사교육의 목적과는 거리가 멀다는 지적은 어제오늘의 일은 아니다.[28] 현실적으로 한국사 교육의 강화는 시험 목적의 한국사뿐만 아니라 한국사의 전체적인 관심을 이끌고 있다는 점도 주목된다. 이러한 관심을 역사연구자가 어떻게 전유할 것인가를 고민할 필요가 있다.

표 3 _ 〈역사공작단〉 한국사능력검정시험 관련 댓글

다경엄마	이번에 한국사시험을 봤는데 고급 문제에 임꺼(꺽)정 문제가 나왔습니다. 임꺽정이 조선 3대 의적인 것까지만 알았는데 이번에 문정왕후편을 듣고 이 문제 맞혔습니다. 감사합니다
yoon1203	오늘 한국사능력검정시험을 보고 왔는데 선생님들 덕분에 위만, 대문예, 임시정부, 고려 과거제 등과 관련된 문제들을 쉽게 풀었습니다. 방송만 잘 들어도 고급시험 10문제 이상은 그냥 맞추겠더라고요. 정말 감사드려요. ㅠㅠ

위의 〈표 3〉은 〈역사공작단〉를 듣고 한국사능력검정시험에 도움이 되었다는 이용자의 감사 댓글이다. 〈역사공작단〉은 시험 대비를 목적으로 듣기에는 거리가 먼 방송이다. 그럼에도 학계의 연구성과를 정리해 알리는 작업이 의도치 않게 수험에 도움이 되었다는 이 사실은 역사학을 배운다는 것 속에 시험이 자리 잡을 수 있는 단초를 보여준다.

그 단초로서 유튜브의 〈역사공작단TV-문제적연구자〉가 주목된다. 이 콘텐츠는 역사연구자가 실시간으로 수능(국사, 근현대사), 한국사검정능력시험, 공무원 한국사 시험을 수험 대비라는 목적에서 벗어나 실시간으로 시청자와 소통을 하며 문제를 같이 푸는 것이다. 요컨대 시험문제를 연구자의 시각에서 역사학을 전달하며 시청자와 소통하는 하나의 콘텐츠로 전유한 것이다.

본장에서는 유튜브의 '역사대중화' 성격을 크게 전문성과 오락의 결합, 취미와 상식의 역사, 역사 스토리텔링와 대중과 소통, 수험 대비로 구분해서 살펴봤다. 각 채널의 구독자 수와 조회수를 보듯이 역사에 대한 대중의 수요는 결코 적지 않다. 그렇다면 상식과 취미, 흥미의 역사 속에서 '역사학의 대중화'는 어디에 자리매김해야 하는가에 대해서는 아래 장에서 살펴보도록 하겠다.

2. '역사학의 대중화'와 대중의 반응

1) 〈역사공작단〉 이용자의 연령별·성별 특성

역사학은 사료를 생산하고, 체계적으로 분류하는 방식으로 데이터베이스를 일찍부터 구현했다. '4차 산업혁명'에도 역사학은 새로운 사료의 수집과 분석 방법론을 통해 적응해 나가고 있다. 그중 하나가 역사를 소비하는 대중 분석이다.

본장에서는 한국사 전공자들이 만든 팟캐스트 〈역사공작단〉을 중심으로 서술하겠다. 〈역사공작단〉은 소위 인기 팟캐스트라고 볼 수는 없지만 팟빵 카테고리 최고 순위 8위, 평균 15위권 이내이다. 또한 〈역사공작단〉은 논문, 연구서를 대중에게 전달한다는 '역사학의 대중화'를 표방함으로써, 대중과 역사학의 간극을 파악하는데 적절한 표본이다. 아래에서는 〈역사공작단〉의 에피소드의 재생 요청 수, 댓글 분석을 통해 역사학을 소비하는 대중의 경향을 파악하고자 한다. 그러면서 이용자 데이터 수집과 분석 방법론의 필요성을 제기하고자 한다.

표 4 _ 〈역사공작단〉의 전체적인 방송난이도는 어떻습니까?

방송난이도	응답 수	
쉽다	40	42.6%
약간 어렵다	12	12.8%
어렵다	6	6.4%
주제별 난이도 편차로 평가가 어렵다	36	38.3%

한국사 전공자들이 진행하는 팟캐스트 〈역사공작단〉의 설문조사 〈표 4〉를 참고하면 '주제별 난이도 편차로 평가가 어렵다'는 항목이 눈에 띈다. 방송 소재의 난이도, 진행자의 스토리텔링 능력에 따라 주제별 난이도 차이가 날 수 있다. 한편으로는 대중이 단일한 군이 아님을 보여주는

26_% 74_%

그림 2 _ 〈역사공작단〉 청취자 연령과 성별 비율(출전: 팟빵 크리에이티브 스튜디오)

것이다.

참고로 출판시장을 보면, '사이비역사학' 비판을 주제로 삼은 『욕망 너머의 한국고대사』는 알라딘 온라인 서점에서 8위(2018년 10월 5주차)를 기록했다. 한편 '사이비역사학'과 관련된 도서는 베스트셀러 30위권에는 없지만, 중고 온라인 서점 10위권의 책 중에 4권을 차지하고 있다. 이처럼 거시적인 도서출판의 소비는 분명 이중적 현상을 보인다. 이중적 현상을 해명하기 위해서는 우선 책 구매자의 기초 정보가 필요하다. 즉, 『욕망 너머의 한국고대사』를 구입한 소비자와 '사이비역사학'을 소비한 사람들은 중첩되는가? 분리되어 있다면 어느 지점에서 나눠져 있고, 어떤 부분이 중첩되어 있는가?라는 물음에 답을 내릴 수 있을 것이다.

결국 역사연구자가 대중문화 속의 역사상을 일관된 지표와 데이터에 대한 분석 없이 선험적인 판단을 하고 있는 것이다. 학계의 연구성과 전달과 '역사학의 대중화'를 논하기 전에 실제로 역사를 대중들이 어떻게 향유 하고 있는가에 대한 분석이 필요하다.

〈그림 2〉를 보면 〈역사공작단〉의 주 청취자는 40대(48.5%), 30대(28.8%)로 30~40대 남성이다. 10대는(0.0%), 20대는(6.3%)로 상당히 저조한 수치를 보이고 있다. 팟빵의 전체 이용자의 연령별 비율이 10대(2.3%), 20대(19.6%)인 것을 감안 한다면[29] 플랫폼 이용자의 특성으로 볼 수 있다.

그런데 유튜브 채널인 〈만인만색 역사공작단TV〉의 청취자는 13-17세 (0%), 18-24세(8.7%), 25-34세(61.9%), 35-44세(30%)이다. 곧 플랫폼의 차이로만 연령별 편차를 설명할 수 없다.

10대에서 20대 비율이 저조한 것은 우선 한국의 교육 현실과 무관하지 않을 것이다. 국영수 중심의 학교 교육 현실에서 사회는 청소년들이 입시 공부가 아닌 다른 것에 관심 두는 것을 허락하지 않았다. 입시에서 역사는 소외되었고, 몇 시간 안 되는 역사교육은 파행적으로 운영되었다.[30] 한 고등학교 역사 교사는 "오랫동안 학교에서 역사 교육은 약화되는 길을 걸어왔는데, 역사를 선택과목으로 바꾼 건, 우리 고교 교육에서 국영수만 중요하다는 결정적 신호를 준 것과 다름 없었다"고 말했다. 이어 "2012년 역사가 필수 과목으로 환원된 뒤에도 수능에서 한국사는 선택 과목인 절름발이 상태였다"며 "일선 학교 가운데는 역사 수업 시간에 수능 과목 자율학습을 실시하는 등 파행적으로 운영된 곳도 적지 않아 당시 학교를 다닌 중고등학생들의 역사 인식에 문제가 있는 건 사실 놀랄 일도 아니다"고 촌평했다. 이처럼 미래 세대의 역사에 대한 관심과 방향설정은 한국사 교육과 '역사학의 대중화'의 연결 고리로써 앞으로 연구가 진척될 필요가 있다.

한편 〈그림 1〉의 성별 비율을 보면 팟빵 전체 청취자 성비가 여성 (56.0%), 남성(44.0%)[31]이다. 반면에 〈역사공작단〉의 성비는 여성(31%), 남성(69%)로 남성 이용자가 상당히 많다. 참고로 철학 대중화를 목적으로 한 유튜브 〈책이다〉의 성별 청취율은 여성(75%), 남성(25%)이고 연령대는 25~34세가 70%이다.[32] 이러한 양상을 명확한 기준으로 파악할 수는 없지만, 역사학을 접하는 연령대가 철학에 비해 높고 남성이 많다는 점도 확인할 수 있다. 즉, 학문의 성격에 따라 청취자의 성별이 달라진 것이다. 〈표 4〉에도 남성 중심의 역사학 소비 현상이 드러난다.

표 4 _ 〈역사공작단〉에피소드의 재생 요청 수 순위(1~10)

순위	에피소드 제목	시대사	재생 요청수
1	118화 굿바이! 이덕일1-사이비 역사비판	사이비역사	85,983
2	61화 "병자호란 (II) - 전쟁으로 가는 길"	조선시대	62,517
3	140화-내가 왕이 될 상인가(1): 수양대군, 조력자에서 찬탈자로	조선시대	60,212
4	60화 "병자호란 (I) - 누르하치와 동아시아의 격변"	조선시대	56,670
5	25화 이이제이와 듣기 좋은 역사, 탈탈 털업! 김원봉편	일제시대	50,782
6	119화 굿바이! 이덕일2-사이비 역사비판	사이비역사	50,442
7	106화 고려의 황혼-ep.1 공민왕의 빛과 그림자	고려시대	49,594
8	132화 풍운아 박헌영, 혁명가의 등장	일제시대	48,255
9	143화-박정희, 권력을 취하다	현대사	47,141
10	115화 려몽전쟁2-헬게이트가 열리다. 몽골군의 남하	고려시대	47,135

출전: 팟빵 크리에이티브 스튜디오

메리 E 위스터 행크스는 학계에 알려진 역사는 '보편적인 역사'가 아니라 '남성 위주'의 '특수한 역사'라고 지적한다. 그리고 이러한 남성 위주의 역사는 한 시대, 또는 한 지역만의 문제가 아니라 전 시대, 전 지역에 해당한다고 파악한다. 즉, 기존의 역사는 가부장제를 기본으로 서술되었으며 남성 중심적이다.[33]

〈표 4〉를 보면 전쟁사(2·4·10), 정치사(3·7·9), 운동사(5·8) 등 주로 전통적인 역사학의 주제가 순위권에 배치되어 있다. '사이비역사'(1·6) 비판 방송도 조회 수가 높은데 이에 대해서는 다음 절에서 살펴보고자 한다. 한편 172화~175화 동안 진행했던 여성 통치자 특집은 여성(70%), 남성(30%)로 도리어 여성 이용자 비율이 더 높았다.[34] 요컨대 젠더에 따라 역사학의 소비 현상이했다.

또한 많이 알려진 소재일수록 재생요청 수가 높은 경향이 있다. 대표적으로 일제시대 사회주의 운동가인 박헌영과 이재유 방송의 재생요청 수를 비교하면 위의 경향이 뚜렷하게 나타난다. 〈표 5〉의 방송은 같은 날 동일한 패널이 녹음한 것으로서, 패널의 스타일 차이 등의 변수보다

표 5 _ 박헌영과 이재유 방송 재생 요청수 비교

제목	재생 요청수	순위	제목	재생 요청수	순위
132화 풍운아 박헌영, 혁명가의 등장	40,373	8위	135화 혁명가 이재유의 DRAMA	14,914	96위
133화 풍운아 박헌영, 조선의 별에서 간첩으로	33,916	19위	134화 사회주의 독립운동의 빛나는 별, 이재유	14,723	99

출전: 팟빵 크리에이티브 스튜디오

는 확실히 소재에 따라 재생 요청수가 큰 차이가 날 수 있다는 것을 보여준다. 주의해야 할 점은 이러한 결과를 가지고 방송의 청취율을 높이기 위해 일반적으로 익숙한 역사 소재·인물로 편향하는 것은 다양한 역사상과 관점을 알리려는 노력과 배치될 수 있다. 따라서 이용자 반응의 피드백은 익숙하지 않은 역사 소재를 어떻게 대중에게 알릴 수 있을까라는 문제의식 아래에서 이루어져야 한다.

표 6 _ 5·18항쟁 방송에 대한 댓글

고속복사용지	공화국의리버럴	호랑이 형님
… 옛날 이야기는 충분한 거리감을 가지고 즐길 수 있는데, 내 아버지와 어머니들, 할아버지와 할머니들의 이야기가 되면 정서적, 감정적으로 상처받는 게 두려워 …	저도 5 18 주제는 듣지 않았습니다. 이미 알고 있고 감정이 착참해져서, 영화 항거도 못보겠더라구요.	1. 정답이 널리 알려져 있다 2. 금기시 되는 내용이 많아, 패널들이 말할 수 있는 범위가 제한적이다.

한편 〈표 6〉의 댓글을 보면 당위로서 기억해야하는 역사는 사람들에게 감정적 소모를 일으켰다. '고속복사용지'는 옛날 이야기는 충분한 거리감이 있다고 했다. 이것은 〈역사공작단〉에서 전근대사 방송이 평균적으로 조회 수가 근현대사에 비해 높은 것과 관련이 있을 것이다.

닉네임 '공화국의리버럴'은 '고속복사용지'의 의견에 동조하며, 유관

순을 다룬 영화 항거도 보지못했다고 적었다. 요컨대 과잉된 문제의식과 역사의 어두운 측면을 사실적으로 보여주는 것에 대한 감정 소모를 거부하는 것이다.

한편 '닉네임 '호랑이형님'은 널리 알려졌고, 말할 수 있는 내용이 제한적일 만큼 '5·18 항쟁'의 새로운 서사구조가 없을 것이라는 지적을 했다. 즉, 많이 알려진 역사라 할지라도 소재에 따라 대중은 선택하지 않을 수 있다는 것이다. 이처럼 새로운 해석이 없는 내러티브에 대한 거부감도 가지고 있다. 본인이 알고 있는 역사에서 새로운 해석을 원하는 측면이 있는 것이다.

본절에서는 〈역사공작단〉을 통해 본 이용자는 연령·성별·익숙함의 정도에 따라 이용 패턴이 다르다는 것을 거칠게나마 확인할 수 있었다. 다음은 '역사 대중화'가 '국수주의적'이고 단순한 서사구조로 이루어졌다는 것이 과연 대중 또한 그러한가라는 물음을 가지고 댓글을 분석해 보겠다.

2) '국수주의적 대중 역사'에 감춰진 대중

'역사 대중화'에서 과도한 국수주의적 민족주의, 이분법적 역사관으로 비판 받는 주제는 '사이비역사학'과 '민족운동사'가 대표적이다. 예를 들어 김헌주는 의병을 소재로 한 드라마 〈미스터 션샤인〉이 다양한 캐릭터를 통해 계급, 민족과 근대를 교차하는 방식으로 논의를 풀어가면서 기존의 드라마와는 다른 가능성을 보여줬다고 평가했다. 하지만 후반부로 가면서 각각의 캐릭터가 가진 다양한 가능성과 경로를 오직 애국이라는 단일한 통로로 귀결시킨 것을 지적했다.[35]

분명 '역사 대중화'를 구현하는 미디어는 국수주의적 성격이 강하다. 그런데 〈역사공작단〉 에피소드 중 '사이비역사학'과 '민족운동사' 관련 방송의 이용자 반응을 본다면 국수주의적 역사가 반드시 대중들에게

흡수되는 것이 아니라는 것을 살펴볼 수 있다.

앞에 〈표 4〉를 보면 재생요청수 순위 중 '사이비역사학' 비판을 주
제로 한 '118화 굿바이! 이덕일1-사이비 역사비판'(재생요청수 1위:
85,983), '119화 굿바이! 이덕일2-사이비 역사비판'(재생 요청 수 6위:
50,442)이다. 방송 초창기 재생 요청 수 평균이 9,000회인 상황에서 '3화
이덕일과 팔리는 역사학(1)'(재생 요청 수 14위: 37,803), '4화 이덕일과 팔
리는 역사학(2)'(재생 요청 수 19위: 35,089)로 평균을 훨씬 상회 하는 재
생 요청 수를 기록했다. 이처럼 이용자들은 '사이비역사학'에 관심이 많
았다.

표 7 _ '사이비역사학' 관련 댓글

ios
…한때 이덕일씨 책을 모두 사서 읽었던 저로써는 그랬던 제가 너무나 부끄러울 따름인데 말이에요

역사교사지망대학원생
사이비역사학, 사이비 역사학에 대해서 사실 그냥 비상식으로 크게 대응하지 않았던 것 같습니다.
초장에 싹을 잘랐으면 좋았을 텐데. 아쉬운 점이 있습니다. **학계에서 보다 적극적인 태도가 필요할 것
같다는 생각이 듭니다.** 사이버상에서는 너무나도 많이 왜곡된 정보가 돌아다니고 심지어 교수라는
사람들이 학문으로서 들이대니, 사태가 더 심각한 거 같네요. 학문이라기 보단 신앙에 가까운 거
같아요.

〈표 7〉의 댓글을 보면 '사이비역사학'을 비판하는 논리가 필요했던
이용자, '사이비역사학'에 심취되었지만 방송을 듣고 전향한 이용자 등
반응은 다양했다. 그 중 특히 '역사교사지망대학원생'이 '사이비역사학'
에 대한 학계 대응의 아쉬움을 표하고 있다. 역사를 향유하는 대중들이
전공자들의 적극 참여를 요청하고 있었다. 이것은 대중이 '민족주의·국
수주의적 역사'에 매몰된 그룹뿐만 아니라 실제 그것을 판단할 수 있는
지식축적에도 관심이 많고, '사이비역사학'에 비판적인 그룹이 있음을
보여준다.

다음은 '민족운동사' 콘텐츠 중 3·1운동 방송의 댓글 반응이다. 〈역
사공작단〉의 3·1운동 특집은 기존의 3·1운동 콘텐츠의 중심이라고 할

수 있는 유관순·민족대표33인을 다루지 않고, 3·1운동 시기 인물들의 다양한 군상을 보여주는 것에 의미를 두었다. 그중 양주흡편은 그의 일기를 통해 3·1운동에 참여한 당대인의 심성에 다가서 보는 것이었다.[36]

표 8 _ 3·1운동 특집 방송 재생요청수 비교

제목	재생 요청수	순위	제목	재생 요청수	순위
[시즌3] 216화 만세 속으로, 청년 양주흡의 고뇌	8,692	187	[시즌3] 214화 3.1운동, 윤치호와 김윤식의 갈림길	15,461	126
[시즌3]215화 인싸가 되고 싶었던 아싸의 3.1운동 참관기	10,464	174	[시즌3] 213화 3.1운동 목격 일기-김윤식과 윤치호	17,065	108

〈표 8〉은 〈표 5〉의 방송처럼 같은 날, 동일한 패널이 진행했지만 인지도에 따라 재생 요청 수 차이가 났다. 또한 〈표 8〉을 보면 재생 요청수는 평균 이하였지만, 양주흡에 관한 평가를 두고 청취자들의 글이 다른 편에 비해 많았다.

댓글의 가장 큰 특징은 평범한 일반인이 직접 주장을 하거나 정보를 제공할 수 있으며, 내용에 대한 어떤 편집 과정이 없기 때문에 왜곡이 없다는 점이다. 댓글 작성에는 비용이 들지 않으며 시공간을 초월한 참여가 가능하고, 익명이기 때문에 솔직하고 직접적 표현이 가능하다. 따라서 댓글을 보면 3·1운동이라는 역사적 사건에서 개인이 느끼는 감정, 심성을 일기를 통해 봄으로써 청취자들의 공감대를 불러일으켰다는 점이 잘 드러난다.

〈표 9〉의 댓글을 보면, 만인만색에서만 들을 수 있는 내용이라며 즉, 역사학(연구, 논문, 책)을 기반으로 한 방송으로서, 교과서, 통사에 실리지 않은 연구성과를 반영한 지점을 의미했다. 다음으로 독립운동가의 인간적 면모, 고뇌, 심성을 접근함으로써 청취자에게 공감대를 불러일으켰다. 영웅적 서사는 존경과 경외심이 드는 반면 독립운동가를 평범

표 9 _ 양주흡 관련 피드백 댓글에 관한 논평 댓글

대방어

양주흡 편을 포함한 삼일절 특집은 정말 유익한 방송이었고 만인만색에서만 들을 수 있는 내용이어서 좋았습니다. …(중략) 지금은 대단하게 훌륭한 것으로만 느껴지는 독립운동가들도 일정한 결함이 있었고 때로 좌절하기도 한 사람이었다는 사실을 들을 때마다 그 인물들이 살아있는 인간으로 다가오고 그들의 역사에서 배울 지점들을 찾게됩니다.
…(중략) 저는 진행자분들의 코멘트들이 양주흡을 보다 친밀하고 가까운 사람으로 만들어줘서 좋았습니다. …(중략) 일제시기 독립운동에 대한 정형적 이상화를 벗어나는 것이 그 시기를 종합적으로 바라보고, 그 시대를 통해 지금의 상황을 바라볼 수 있게 해주는 길이라고 느낍니다.

한 인간으로 접근함으로써 공명을 일으키는 방식이었다. 또한 국수주의적 민족주의, 이분법적 역사관으로 정의된 '역사 대중화'에 감춰진 대중의 발견이다. 그러한 양상은 〈표 10〉에서도 드러난다.

표 10 _ 양주흡을 둘러싼 논쟁 댓글

(1) 트레드	(2) dadakk
이번 양주흡편의 패널들의 태도 무척 실망…(중략)그 시대에 그런 생각을 할 수 있다는 것 만으로 대단하고 그분의 일기 속에서 저항 운동을 하기 위한 고뇌…(중략) 패널들 하나같이 그분의 고뇌를 웃음거리로 만들다니…패널들의 역사의식은 어떨까? 그냥 지식으로만 가지고 있는 것은 아닐까…	오히려 정보가 없는 독립운동 지망생이니 다양한 상상의 여지가 있는 거겠죠. 무슨 촛불 켜놓고 물 떠놓고 경건하게 방송합니까. 충분히 재밌었는데 역사의식이 어떻고 말고 ㅋㅋ 역사가 아니라 대중들은 역사인물에 대해 다양한 해석을 할 수 없는 겁니까? 그런 관용적 태도야말로 민주주의의 핵심이에요.
(3) 안녕하세요 선생님	(4) yoon1203
양주흡님 방송 잘들었습니다. 본인의 의사는 알지 못하면서 양주흡에 대한 패널선생님들의 조롱같은 느낌이 강하게 들었습니다. 나라를 위해 좋은 일을 하려한 사람의 진정성은 없었던 것인가요?	동의하지 않습니다. 한 시대의 인물에 대해서 충분히 상상가능한 영역을 조금 가볍게 표현했다고 해서 그걸 조롱이라고 지적한다면, 이건 그 인물을 역사 속에서 표백화시키는 태도라고 생각하기 때문입니다. …(중략)나라를 위한 진정성을 가졌다고 해서 그걸 비장하고 영웅적으로만 묘사해야 한다면, 오히려 그것이 몰역사적 태도라는 것이 제 소견입니다.

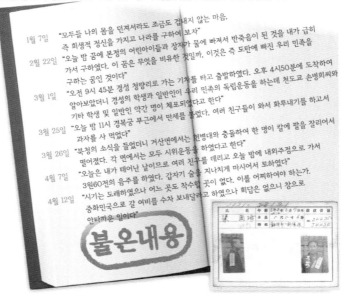

100년 전 21세 청년 양주흡의 일기장 자료: 국사편찬위 〈한민족독립운동사 자료집〉 중 양주흡 수사보고

1월 7일 "모두들 나의 몸을 던져서라도 조금도 겁내지 않는 마음, 즉 희생적 정신을 가지고 나라를 구하여 보자"

2월 22일 "오늘 밤 꿈에 본정의 어린아이들과 장재가 물에 빠져서 반죽음이 된 것을 내가 급히 가서 구하였다. 이 꿈은 무엇을 비유한 것일까, 이것은 즉 도탄에 빠진 우리 민족을 구하는 꿈인 것이다"

3월 1일 "오전 9시 45분 경성 청량리로 가는 기차를 타고 출발하였다. 오후 4시50분에 도착하여 알아보았더니 경성의 학생과 일반인이 우리 민족의 독립운동을 하는데 천도교 손병희씨와 기타 학생 및 일반인 약간 명이 체포되었다고 한다"

3월 25일 "오늘 밤 11시 경복궁 부근에서 만세를 불렀다. 여러 친구들이 와서 화투내기를 하고서 과자를 사 먹었다"

3월 26일 "북청의 소식을 들었더니 헌병대와 충돌하여 한 명이 칼에 팔을 잘리어서 떨어졌다. 각 면에서는 모두 시위운동을 하였다고 한다"

4월 7일 "오늘은 내가 태어난 날이므로 여러 친구를 데리고 오늘 밤에 내외주점으로 가서 3원60전의 음주를 하였다. 갑자기 술을 지나치게 마시어서 토하였다"

4월 12일 "시기는 도래하였으나 어느 곳도 착수할 곳이 없다. 이를 어찌하여야 하는가. 중화민국으로 갈 여비를 수차 보내달라고 하였으나 회답은 없으나 참으로 안타까운 일이다"

불온내용

그림 3 _ 유정인, 「다·만·세 100년, 어느 21세 유학생의 다짐
"산이 움직이고 바닷물이 쳐들와도 피하지 않겠다"」, 『경향신문』, 2019. 01.08의 인포그래픽

〈표 10〉은 양주흡 관련 댓글 중 이용자 간 논쟁이 일어난 것을 모은 것이다. (1)트레드는 3·1운동 당시 '혁명', 민족독립을 고뇌하는 양주흡을 웃음거리로 만들었다는 점을 지적했다. 반면 (2)dadakk은 역사인물의 다양한 해석의 가능성과 재미를 강조한다. 양주흡을 다루는 방식을 한쪽은 '웃음거리' 다른 쪽은 '흥미' '다양함'으로 인식했다.

다음을 보면 (3)안녕하세요선생님은 양주흡의 '진정성'을 강조하며, 그를 조롱거리로 취급한다고 지적했다. 반면 (4) yoon1203은 그 시대를 살았던 인물의 내재적 입장에서 양주흡의 진정성은 충분히 드러났으며, 묘사방식이 비장하고 영웅적으로 접근할 필요가 없다고 주장했다. 이처럼 〈표 10〉의 (1)~(4)의 댓글은 양주흡을 묘사하는 패널들의 '가벼움'을 상이하게 수용하고 있다. 대중에게 역사를 전달할 때, '가벼

움'에 대해서 청취자들은 '조롱'-'다양한 해석'-'흥미'라는 다층적 반응을 보인다. 그리고 서로의 생각을 댓글로 소통함으로써 다양한 역사상을 스스로 만들어 나가는 모습을 보였다.

'역사 대중화'의 성격을 통해 대중의 역사상을 보는 탑다운 방식의 해석은 역사학의 수용을 원하는 대중을 발견하지 못하게 했다. 반면 역사를 향유하는 대중을 직접 분석한 결과 역사학이 대중에게 수용될 가능성을 전망할 수 있었다. 한정된 대중의 반응이지만 앞으로 역사를 향유하는 대중에 대한 분석이 진척된다면, '역사학의 대중화'가 뿌리내릴 비옥한 토양을 찾을 수 있을 것이다.

맺음말

'4차 산업혁명'과 한국사에서 구체적으로 수용되고 있는 방법론은 '위키피디아로 대표되는 공유문서 편찬', '온톨로지(Ontology)', 'XML (Extensible Markup Language)'과 RDF(Resource DescriptionFramework), '데이터베이스', '하이퍼미디어', '지리정보시스템(GIS: Geographic Information Sysyem)', '데이터의 시각화'로 나타나고 있다. 이 외에 최근 빅데이터에 대한 관심이 높아지고 있다. 본고는 그중 데이터의 집적과 활용에 주목했다. 특히 역사를 향유하는 대중에 대한 데이터 축적이 필요하다는 문제제기를 했다.

현실적으로 역사를 소비하는 대중을 본격적으로 분석하기 위해서는 데이터 수집·데이터해석·데이터 시각화의 단계를 거쳐야 한다. 특히 데이터를 해석하고 활용하는 능력에서 역사연구자의 능력이 필요하다. 디지털기술의 도움으로 얻은 데이터로 역사연구자[37]는 역사를 향유하는 대중의 양상뿐만 아니라 그것이 담고 있는 함의와 사회현상까지 분석함으로써 역사 소비현상 자체를 분석의 소재로 삼을 수 있다. 이를 통해 '역사학의 대중화'의 이정표를 세울 필요가 있다.

최근 들어 역사연구자가 역사 '소비'에 대한 비평을 넘어서 직접 생산과 유통을 담당해 대중 역사학과의 괴리를 줄여야 한다는 현실적 요청이 제기되었다. 이처럼 역사연구자가 역사소비의 생산과 유통을 담당하기 위해서는 우선 '역사대중화'·'역사학의 대중화' 연구가 필요하다고 생각한다.

본고에서는 '역사 대중화'와 '역사학의 대중화'를 구분하고, 현재 '역사 대중화'의 경향성 속에서 '역사학의 대중화'의 방향을 잡기 위한 문제 제기를 시도했다. 역사를 향유하는 대중의 데이터가 없는 상황에서 〈역사공작단〉 이용자의 경향과 댓글을 통해 미약하나마 접근을 했다.

이것이 대중 분석을 통해 대중이 원하는 역사만을 제공하는 수준으로 활용된다는 것을 의미하지는 않는다. 대중이 원하는 역사는 왜 대중이 그러한 역사를 원하는 것인지를 밝힐 수 있는 연구 소재이자, 앞으로 '역사학의 대중화'를 위한 주요 피드백으로서 역할을 하게 될 것이다.

또한 '역사학의 대중화'를 실천하고 있는 역사연구자는 데이터를 통해 이용자와 직·간접적인 소통이 가능해진다. 이것은 댓글, 메일, 페이스북 메신저와 같은 논쟁 혹은 의문에 대한 답변을 통한 소통과 더불어 이용자의 '니즈'를 파악함으로써 전문성과 대중성의 괴리를 좁힐 수 있는 주요한 피드백으로 자리 잡을 수 있다. 요컨대 '역사학의 대중화'는 현재와 과거 그리고 대중과의 대화속에서 이루어져야 할 것이다.

역사학의 위기 속에서 '역사학의 대중화'만이 현 문제의 유일한 해결방법은 아니다. 다만 역사학을 기반으로 한 역사연구자들이 가장 두각을 잘 발휘할 수 있는 분야를 탐색한다는 의미해서 중요한 의의를 가질 수 있다고 생각한다.

빅데이터와 역사학 연구의 전망

— 한국근현대사 연구사례와 과제를 중심으로 —

문민기

머리말

한국사회에서는 언제부턴가 '4차 산업혁명'이라는 용어가 다가올, 혹은 이미 도래한 세상을 설명하는 용어가 되었다. 2017년에 치러졌던 대통령 선거에서는 '4차 산업혁명'이라는 용어가 쟁점으로 부각되기까지 하였다. 이미 수많은 학자와 전문가들이 '4차 산업혁명'의 정의에 대해 각자의 키워드를 이용해 설명하고 있는데 "유비쿼터스 모바일 인터넷, 더 저렴하면서 작고 강력해진 센서, 인공지능과 기계학습이 제4차 산업혁명의 특징이다"라는 클라우스 슈밥의 정의[1]에서 지적하고 있듯이, 정보기술의 엄청난 발달과 디지털 혁명을 골자로 한다는 것이 공통된 요소이다.

그러나 이 '4차 산업혁명'이라는 용어는 최근에 등장한 것이 아니다. 1955년 전자공학의 등장, 1970년대 컴퓨터 시대의 도래, 1984년 정보통신기술의 발전 때에도 모두 '4차 산업혁명'이라는 용어가 사용되었다. 또한 1990년대 초반 나노기술에 대해서도 동일한 용어가 사용되었다.[2] 일찍이 한국에서도 '4차 산업혁명'이라는 용어가 사용되었음을 확인할 수 있다. 전국경제인연합회는 1983년 10월 4일 근대화론으로 유명한 미국 경제학자 로스토우(W. W. Rostow)를 초청하여 〈한국과 제4차 산업혁명 : 1960~2000〉이라는 제목의 강연회를 개최하였다. 로스토우는 "제4차 산업혁명에는 마이크로 일렉트로닉(micro-electronic)·통신·유전공학·로보트 및 새로운 합성물질의 기술혁신이 포함된다"고 설명하였다.[3] 36년 전의 언급이지만 현재 논의되고 있는 것과 동일하게 '4차 산업혁명'을 관통하는 키워드로 '기술혁신'이 언급되고 있다.

클라우스 슈밥은 현재의 기술변화가 여전히 3차 산업혁명의 연장선에 있다고 이해하는 전문가들과는 달리 다음의 세 가지 근거를 제시하며 '4차 산업혁명'이 현재 진행 중이라고 주장한다. 속도(Velocity), 범위와 깊이(Breadth and Depth), 시스템 충격(System Impact)이 그 근거이다.[4] 혁신의 발전과 전파 속도는 그 어느 때보다 빠르며, 규모수익 또한 놀라운 수준으로 성장했다는 것이다. 게다가 '4차 산업혁명'은 수많은 분야와 발견이 끊임없이 융합하고 조화를 이루는 독특한 습성을 지니고 있다고 설명한다.[5]

'4차 산업혁명'이라는 용어의 적절성과 특징 등에 대해서는 각자 생각하는 기준에 따라 주장하고픈 바가 다를 것이다. 그러나 '기술혁신'이라고 지칭되는 변화가 현실이 되고 있는 것은 부정할 수 없는 사실이다. '4차 산업혁명'을 설명하는 새로운 기술에는 여러 가지가 포함된다. 그리고 이 새로운 기술들은 여러 분야에 영향을 미치고 있고, 앞으로 미치게 될 것이다. 앞서 소개한 전경련 강연회에서 로스토우는 "신기술은 세계 도처에서 나타나 농업·임업·축산업과 같은 1차 산업 뿐만 아니라 의료·교육 등의 서비스 분야에 이르기까지 경제의 거의 모든 부문에 영향을 미치게 되리라는 점"을 일찍부터 예견했다.[6]

이는 학문 분야 또한 마찬가지다. 근래의 새로운 기술 가운데 디지털 환경으로의 변화와 발전은 우리의 삶에 밀접하게 관련되어 있고, 큰 영향을 끼치고 있다. 해외에서는 역사학을 비롯한 인문학 분야와 디지털의 접합이 일찍부터 고민되었고 현재 다양한 결과물들을 선보이고 있다.[7] 한국의 인문학 연구에서도 이에 대한 고민이 일찍부터 있어왔고, 디지털 인문학(Digital Humanities)에 대한 많은 논의들이 등장했다.[8] 디지털 인문학은 디지털 기술을 인문학에 어떻게 활용할지와 디지털 시대에 인문학이 어떻게 변모해야 하는가에 대한 고민을 담고 있다. 이는 "4차 산업혁명의 기술혁신과 변화에 학문 분야, 더 좁게는 역사학이라는 분과학문이 어떻게 대응하고 기술을 활용하며 새로운 역사학을 만들어 가야하는가?"라는 질문과도 통한다. 이 글은 이러한 질문을 던지면서 그에 대한 대답을 함께 모색해 나가기 위한 것이다.

'4차 산업혁명'을 이야기 할 때 빠지지 않고 거론되며, 여러 기술들의 근간을 이룬다고 해도 과언이 아닌 것이 '빅데이터(Big Data)'이다. 데이터가 바탕이 되어야 한다는 것은 비단 기술의 영역에만 적용되는 말이 아니다. 모든 학문은 데이터를 바탕으로 이루어진다. 특히 역사학은 오랜 기간 '축적된 데이터' 즉 '사료(史料)'를 이용하여 만들어지고 이야기되는 학문이다. 즉, 데이터와 역사학은 떼려야 뗄 수 없는 관계에 있는 것이다.

그런데 이제는 빅데이터를 이야기하는 시대가 되었다. 역사학 연구자로서 빅데이터가 무엇인지 파악하고 활용할 방안을 모색한다는 것은 방대해진 데이터—디지털 사료—를 어떻게 다룰 것인가를 고민하는 일이다. 따라서 이 글에서는 빅데이터의 의미를 다시 한 번 되짚어 보고, 이것이 역사학과 어떠한 접점을 갖고 있는지를 먼저 확인해 보고자 한다. 그리고 빅데이터가 어떻게 활용될 수 있는지에 대해서 한국근현대사 연구사례를 통해 전망해 볼 것이다. 당연하게도 새로운 기술의 등장은 학문의 변화를 수반할 수밖에 없게 되는데, 빅데이터를 비롯한 '4차 산업혁명'의 기술혁신이 새로운 역사서술/역사학의 등장에 어떠한 영향을 미칠지에 대해서도 한 번 고민을 던져보고자 한다. 그 속에서 역사학 연구자의 역할은 어떤 것인지도 함께 이야기 해 보아야 할 것이다.

1. 빅데이터의 의미

1) '4차 산업혁명' 시대의 '빅데이터'

빅데이터라고 하면 기본적으로 커다란 데이터 덩어리만을 떠올리기 쉽다. 실제로 우리는 디지털화 된 데이터가 넘쳐나는 세상에 살고 있고, 단순히 '데이터'라고 하기에는 너무나 방대한 데이터가 매순간 생산되고 유통되는 것을 몸으로 느끼는 시대에 살고 있다. PC와 인터넷, 모바일 기기 이용이 생활화되면서 사람들이 생산하는 데이터는 기하급수적으로 증가하고 있으며, 이는 빅데이터라는 용어가 널리 쓰이기 이전부터 나타난 커다란 변화였다. 시간이 흐를수록 사람들은 대부분의 시간을 PC와 인터넷에 할애하게 되었고, 현재는 사람과 기계, 기계와 기계가 서로 정보를 주고받는 사물지능통신이 확산되면서 디지털 정보는 더욱 폭발적으로 증가하게 되었다.[9] 이처럼 데이터는 말 그대로 폭증하고 있는데, 최근의 몇 년 동안 우리가 만든 데이터는 지난 인류의 역사 동안 생산된 모든 데이터보다 많다. 2020년이 되면 지구상의 모든 인류는 매초마다 1.7메가바이트의 새로운 데이터를 생산할 것으로 예측된다.[10]

하지만 데이터의 방대한 양만을 고려하는 것은 빅데이터의 절반만 이해하는 것이다. 폭증하는 데이터를 '어떻게 활용할 수 있는가'에 관한 사고방식이 변화하게 된 것이 현재의 '빅데이터' 정의를 이루는 핵심이라 할 수 있다. 사람들은 더이상 데이터를 고정물로 생각하지 않게 되었으며, 비지니스의 원자재로서 새로운 형태의 경제적 가치를 창출하는 원료로 생각하게 되었다.[11] 모든 빅데이터는 우리의 통찰력으로 사용 가능하게 바꾸지 않으면 특별한 가치가 없다는 버나드 마의 지적은 빅데이터 정의의 핵심을 관통한다.[12]

합의된 빅데이터의 정의가 존재하는 것은 아니지만, 관련 업계 및 전문가들의 정의 또한 이를 뒷받침한다. IT 시장 전문 리서치 업체인 IDC 는 '빅데이터는 클라우드 컴퓨팅과 대형 메모리 모델의 변화를 포함한 하드웨어 기능의 변화와 플랫폼 변경에 따른 데이터 처리 능력과 비용 을 극대화하기 위한 기술 범위의 발현이다'라고 정의하고 있다. 즉, 단 순히 데이터의 크기만을 의미하는 것이 아니라 데이터 처리 속도, 데이 터 관리 인프라 등 여러 가지 사항을 만족했을 때의 데이터가 빅데이터 라고 볼 수 있다는 것이다. '다양한 종류의 대규모 데이터로부터 저렴 한 비용으로 가치를 추출하고 (데이터의) 초고속 수집, 발굴, 분석을 지 원하도록 고안된 차세대 기술과 아키텍처'라는 정의 또한 맥을 같이한 다. '기존 데이터베이스 관리도구의 데이터 수집·저장·관리·분석 역량 을 넘어서는 대량의 정형 또는 비정형 데이터 세트와 이러한 데이터로 부터 가치를 추출하고 결과를 분석하는 기술을 의미한다'는 정의도 찾 을 수 있다.[13] 다시 말해 데이터의 분석과 활용이 어떻게 이루어질 것인 지에 관한 질문과 대답이 없이는 빅데이터라고 할 수 없다.

여러 빅데이터 정의를 살펴보면 알 수 있듯이, 빅데이터는 규모의 변 화에 의해 생겨난 용어이다. 당초 빅데이터 아이디어는 정보의 양이 너 무 커진 나머지, 검토할 데이터량이 데이터 처리에 쓰이는 컴퓨터 메모 리에 맞지 않게 되어 엔지니어들이 분석 툴을 개조해야 했던 상황에서 나왔다. 이로 인해 새로운 데이터 처리기술들이 등장했고, 규모의 변화 는 상태의 변화를, 양적 변화는 질적 변화를 낳았다. 기존의 양식과 기 술로는 수집과 분석이 불가능했던 데이터들을 다룰 수 있게 됨으로써, 큰 규모를 활용해 더 작은 규모에서는 불가능했던 새로운 통찰이나 새 로운 형태의 가치를 추출해 내는 것이 가능하게 되었다.[14]

흔히 '빅데이터'라고 통칭되지만, 이와 같은 이유로 빅데이터 기술은 기계 학습이나 자연어 처리, 각종 통계 기법, 분산 병렬 컴퓨팅 기술 등 의 다양한 기술들이 복합적으로 결합되어 있는 기술 시스템이다. 빅데 이터 기술은 컴퓨터 명령어로 짜여진 정보가 아니라 사람들이 평상시에 쓰는 말이나 글을 컴퓨터가 이해하고 정보화하는 것이 시작이다. 이를 통해 모아진 대용량의 정보를 분석할 수 있도록 프로그래밍 하고, 여기에 여러 가지 통계 기법, 기계 학습과 같은 인공지능 프로그램을 사용하여 이 정보가 담고 있는 복합적인 의미를 분석하고 추론하는 것이 빅데이터 분석인 것이다.[15]

빅데이터 분석은 이미 여러 분야에서 활용 중이다. 수많은 글로벌 기업에서 빅데이터 분석을 토대로 고객 관리와 새로운 상품의 생산 및 마케팅에 활용하고 있는 것은 이미 보편적인 일이 되었다. 정부기관에서도 빅데이터를 활용한다. 버스, 기차, 택시, 도로, 대여 자전거, 자전거 도로, 인도, 페리선까지 포함해 매일 수백만 명이 이용하는 네트워크를 관장하는 런던교통국(Transport for London)에서는 승객들이 만들어내는 데이터를 바탕으로 런던의 대중교통 체계를 변화·향상시켰다. 미국 연방정부 또한 각 부서와 기관들의 단절되어 있던 데이터를 하나의 빅데이터로 관리하면서 행정의 체계성과 효율성을 제고해 나가고 있다.[16]

이제 빅데이터는 학문과 연구 분야까지 그 영향력을 확장시키고 있으며, 더 폭넓은 분야로 확장될 것이 틀림없다. 현재 주로 언급되는 사례들은 소위 이공계열이라 분류되는 과학기술, 공학, 의학 계통의 학문 분과들이다. 하지만 빅데이터가 가진 가능성과 확장성을 생각한다면 인문학이라고 분류되는 학문분과에서도 그 필요성은 더욱 명확해지고 커질 것이다.

2) 역사학과의 접점

연구자마다 관점은 조금씩 다를 수 있겠지만, 군이 분류를 따지자면 역사학은 인문학이라고 할 수 있다. 역사학 안에서도 수많은 연구 주제와 방법론이 존재하지만 그 본질은 인간을 이해하고 분석하기 위한 학문이기 때문이다. 하지만 역사학이라고 하면 대부분의 사람들은 '옛날

이야기'를 먼저 떠올리지 않을까 싶다. 그 옛날이야기가 최신 기술혁명의 하나인 빅데이터와는 어떻게 만날 수 있을지, 별다른 접점이 없을 것 같고 잘 그려지지도 않는 모습에 대해 지금부터 이야기를 해보고자 한다.

현재 빅데이터 관련 서적이나 기사 등에서 언급되는 활용 사례의 많은 부분은 기업에서의 사례들이다. 그렇기에 이를 기술이나 비지니스의 관점에서만 바라보기 쉽다. 그러나 빅데이터가 분석을 하고자 하는 대상으로 눈을 돌리면 그곳에는 '인간'이라는 행위주체가 존재한다. 즉, 빅데이터에서 이야기하는 정보 수집과 분석은 모두 인간 활동을 수집하고 분석하는 행위인 것이다. 이는 인간을 이해하고 분석하기 위한 것이고, 앞서 말한 역사학의 본질과 크게 다르지 않다. 이렇게 이해한다면 빅데이터의 분석 방법론은 인문학의 방법론이기도 하다. '인간을 이해하기 위한 것'이라는 지점에서 빅데이터와 역사학은 만난다.

역사학이 조금 특별한 점은 '현재의' 인간 활동을 분석하기보다는 '과거의' 인간 활동을 분석한다는 것이다. 과거의 단편적이고 무의미해 보이는 데이터 분석을 통해 유의미한 정보를 획득해 낸 사례 중 하나로 미국 해군 중령인 매슈 폰테인 모리(Matthew Fontaine Maury)의 일화를 들 수 있다. 부상으로 인해 사무직인 '해도 및 기기 병참부' 책임자로 보직을 옮기게 된 모리 중령은 그동안 아무도 문제를 느끼지 않고, 바꾸려 들지 않았던 해도와 항로를 개편하는 작업에 착수한다. 그는 병참부가 소장하고 있던 항해물품 목록을 작성하고, 수많은 항해서와 지도, 해도에 주목했으며, 과거 모든 항해에 관한 해군 함장들의 항해일지를 찾아내었다. 전임자들이 쓰레기라고만 생각했던 것들에서 모리는 특정 날짜, 특정 위치에서의 바람, 바다, 날씨에 관한 기록을 발굴했다. 결합된 데이터들은 패턴을 보여주었고, 어디가 가장 효율적인 항로인지 가리켰다. 정확성을 더욱 높이기 위해 모리는 배의 데이터를 기록하는 표준 일지 양식을 만들어 미국 해군의 모든 선박에 배포하고 기지로 돌아오면

일지를 제출하도록 했다. 그는 선장들에게 일정한 간격으로 날짜와 위치, 바람, 뚜렷한 해류 등을 쓴 종이를 병에 넣어 바다에 던지도록 하고 그런 병을 발견하게 되면 수거해 오도록 하기도 했다. 이 데이터를 통해 바람과 해류가 매우 유리한 천연 해로가 드러났다. '바다의 길잡이'로 불리는 모리 중령은, 엄청난 양의 데이터에는 적은 양의 데이터에서는 볼 수 없는 특별한 가치가 있다는 빅데이터의 핵심 교의를 처음으로 자각했던 사람 중 한 명이라고 볼 수 있다.[17] 또한 모리 중령이 과거의 단편적이고 무의미해 보이는 데이터에 주목하고, 그것을 분석해서 새로운 의미를 부여한 과정은 역사학의 연구 방법과도 겹쳐 보인다. 모리 중령의 사례는 바람과 해류라는 자연물을 분석한 것처럼 보이지만, 그 실상은 자연과 싸워왔던 인간 활동의 편린들을 모아서 분석하고 결과물을 만들어냈다는 점에서 인문학의 영역이기도 하다.

모리 중령의 사례에서도 잘 드러나지만, 대규모 데이터 속에서 가치 있는 정보를 추출하는 것은 어느 분야에서나 중요하다. 데이터 마이닝(data mining)이라고 불리는 이 작업은 의미심장한 경향과 규칙을 발견하기 위해서 대량의 데이터로부터 자동화 혹은 반자동화 도구를 활용해 탐색하고 분석하는 과정을 뜻한다. 광물을 찾아낸다는 뜻을 가진 마이닝이라는 용어는 데이터에서 정보를 추출하는 과정이 탄광에서 석탄을 캐거나 대륙붕에서 원유를 채굴하는 작업처럼 숨겨진 가치를 찾아낸다는 특징을 잘 드러낸다.[18]

모든 학문은 이와 같은 작업을 거치면서 수행된다. 그러나 여러 학문 분과 중에서 역사학은 데이터 마이닝과 동일한 형태의 작업이 근간이 되는 대표적인 학문이다. 역사학 연구자들은 과거의 데이터를 수집하는 데 많은 시간과 노력을 쏟고 있으며, 그 가운데 의미 있는 정보를 추출하고 분석해서 하나의 연구성과를 만들어낸다. 간단히 예를 들자면 경제사 분야에서는 통계 수치 등이 기본 사료로 사용되고 있으며, 과거의 데이터를 수량화 하여 새로운 분석과 의미를 부여하는 작업들이 일찍부터 진행되고 있었다. 이는 숫자로 입력된 정형 데이터를 활용하는 아주 기초적인 예시일 뿐이다.

현재 '4차 산업혁명' 기술혁신의 도움으로 비정형 데이터(unstructured data)의 수집과 분석 분야도 많은 발전을 이루었다. 비정형 데이터란 일정한 규격이나 형태를 지닌 숫자 데이터(numeric data)와 달리 그림이나 영상, 문서처럼 형태와 구조가 다른 구조화 되지 않은 데이터를 말한다. 책, 잡지, 문서, 의료기록, 음성정보, 영상정보와 같은 전통적인 데이터 이외에 이메일, 트위터, 블로그처럼 모바일 기기와 온라인에서 생성되는 데이터가 여기에 포함된다. 비정형 데이터 마이닝에는 대규모의 문서에서 의미 있는 정보를 추출하는 텍스트 마이닝(text mining), 인터넷을 이용하는 과정에서 생성되는 웹 로그(web log) 정보나 검색어로부터 유용한 정보를 추출하는 웹 마이닝(web mining), 어떤 사안이나 인물, 이슈, 이벤트에 대한 사람들의 의견이나 평가, 태도, 감정 등을 분석하는 오피니언 마이닝(opinion mining) 등이 있다.[19]

이러한 비정형 데이터의 수집과 분석은 향후 역사학 연구 분야에서도 더욱 중요해 질 것이다. 역사학에서 분석하고자 하는 여러 사건과 사실에 관련된 정보들은 지금도 비정형 데이터 형태로 계속 생산되고 있다. 현재 국사편찬위원회를 비롯한 관련 기관에서는 역사 자료들을 수집하여 데이터화 하는 작업을 진행하고 있으며, 이를 통해 사진이나 스캔한 문서 파일 같은 이미지 뿐만 아니라 음성과 영상 등도 광범위하게 수집되고 있다. 과거의 사료로 눈을 돌리자면 수많은 문헌자료들이 계속해서 이미지 파일의 형태로 디지털 데이터화 되고 있다. 비정형 데이터의 수집은 현재 진행 중이며 앞으로도 계속되어야 할 중요한 작업이다. 그리고 이렇게 수집되는 비정형 데이터들을 편리하게 활용할 수 있는 기술혁신 또한 계속 이뤄지고 있다.

앞서 살펴본 것처럼 '인간 활동'을 분석한다는 측면에서 역사학과 빅데이터의 인문학적인 접점을 찾을 수 있다. 또한 기술적인 측면에서도

그림 1 _ 국사편찬위원회 전자사료관 원문제공 서비스와 구술자료 수집

빅데이터가 가져다 줄 효용성 또한 무척이나 크다. 이는 정형/비정형 데이터 모두 해당된다. 현재는 수집과 분석 모두 개별 연구자들의 작업에 기대고 있지만, 데이터의 수집과 분석 방법 또한 앞으로 많은 변화를

겪을 것으로 예상된다.

2. 당대사의 자료수집과 역사서술

1) 방대한 자료의 수집 필요성

역사학은 과거의 자료를 이용해 과거 사실을 재구성하고 분석·해석하는 학문이다. 이와 동시에 역사학은 현재의 자료를 축적하고 서술하는 학문이기도 하다. 조선시대의 사관(史官)들이 사초를 작성하며 기록을 남겼던 것처럼 현재의 역사학 연구자들도 오늘날의 자료들을 수집할 의무가 있으며, 이를 바탕으로 '당대사(當代史)'를 서술해야 한다. 이는 한국근현대사 연구자들에게 특히 요청되는 중요한 역할 가운데 하나이다. 당연하게도 이렇게 수집된 자료들은 훗날 역사학 연구자들이 활용할 사료가 될 것이다.

그렇다고 한다면 현재의 모습을 담고 있는 '사료'로써 빅데이터를 수집하고 분류하는 것, 나아가 이를 분석하는 것은 앞으로의 중요한 과제 중 하나가 될 것이다. 1차적으로는 어떤 자료들을 어떻게 수집하고 분류할 것이며 보존할 것인가를 고민해야 한다. 이는 역사학 연구자들만 모여서 고민할 것이 아니라 기록관리를 고민하는 아키비스트들과도 함께 협업해 나가야 할 문제이다. 이미 기록학 분야에서는 '4차 산업혁명'의 도래와 빅데이터 기술이 앞으로의 기록관리 및 서비스 제공에 어떠한 시사점을 줄 것인지 고민하는 연구들이 많이 나오고 있다.[20] 당대사라고 하는 것이 현재의 한국 사회를 분석한다는 것을 의미할 때, 역사학 외에도 많은 분과 학문들이 '당대사'를 서술하고 있다. 그렇기에 기록학뿐만 아니라 사회학, 정치학, 경제학 등 다른 분과 학문과의 적극적인 교류 또한 염두에 두어야 한다.

지금 우리가 만들어 내고 있는 수많은 흔적은 디지털 데이터로 남겨진다. 이러한 인간 활동의 '거의 모든 것'을 수집하게 될 빅데이터 기술을 꼽자면 사물인터넷(IoT)이라고 할 수 있다. 현재의 컴퓨터는 점점 더 작아지고 강력해지고 있으며, 점점 더 우리의 일상용품과 결합되면서 모든 것은 디지털적으로 대화를 주고받을 수 있게 되었다. 이제는 컴퓨터가 아닌 사물들로 인터넷을 구성하는 단계에 이르렀으며, 사물인터넷 아이디어는 특히 가전제품에 응용되기 좋다.[21] 사물인터넷은 가정에서 발생하는 대부분의 활동을 데이터로 축적하게 되며, 이는 인간들의 일상생활의 대부분을 기록한다는 의미이기도 하다. 월트 디즈니 파크와 리조트에서는 고객들이 착용하고서 놀이공원과 리조트의 모든 시설을 이용할 수 있는 매직밴드를 만들었다. 이를 통해 고객의 행동을 분석하고 맞춤형 서비스를 제공하는 것이 가능해졌다. 이 사례는 사물인터넷이 여가활동을 벌이고 있을 때조차도 영향을 미치고 있음을 보여준다.[22] 이처럼 우리는 수많은 디지털 발자국을 남기게 되는데, 이 디지털 발자국에는 개인이 의지를 갖고 남기는 기록도 있으며 자신도 모르는 사이에 축적되는 것도 있다. 이처럼 축적된 기록은 인간의 활동을 분석하기 위한 중요한 자료로 활용될 것이다. 우리는 일상생활 속에서 추후 활용 가능한 사료들을 생산해 내고 있는 셈이다.

이처럼 인간은 수많은 기록을 남긴다. 과거에는 식자층인 권력자와 지배자의 기록, 공공기관의 기록 위주로 남겨졌다. 근대에 들어 '개인'이 발견되면서 수많은 개인이 기록을 남기는 것이 가능해졌다. 글을 배우면서 자신의 일상에 관한 기록을 남기게 되었는데, 일기자료가 대표적이다. 신문·잡지의 발행은 공적인 영역에서 수많은 개인의 삶이 기록으로 남겨질 수 있게 하였다. 그러던 것이 이제는 실시간으로 개인의 기록을 남기는 시대가 되었다. SNS나 인터넷 커뮤니티에 올라오는 수많은 글들과 영상, 이미지 등은 이러한 개인의 기록들이다. 지금 우리가 당대사를 정리한다고 할 때, 그리고 먼 훗날 역사학 연구자들이 현재의

그림 2 _ 네이버 뉴스 라이브러리와 조선일보 DB조선의 지면보기

시대를 서술한다고 할 때 활용해야할 사료들이기도 하다. SNS는 우리 시대의 '화두'이자 '자화상'으로 기록되어야 마땅하다고 한 송주형의 말은 이를 의미한다.[23]

국가 및 공공기관의 기록물들도 빅데이터의 하나로 평가하고 수집해 나갈 필요가 있다. 이미 공공기관의 수많은 기록들은 텍스트 데이터와 인터넷 로그 기록으로 생성되고 있으며, 이에 대한 수집·보존이 이뤄지는 중이다. 여기에 더해 종이문서 형태로 된 과거의 자료들도 이미지 형태의 비정형 데이터로 변환하여 수집·보존해야 한다. 현재 국가기록원이나 국사편찬위원회에서 관련 사업들을 활발히 벌여나가고 있지만 더욱 적극적인 수집·보존이 이뤄져야 할 부분이라고 생각된다. 앞으로 빅데이터 기술이 더욱 발달한다면 이미지 형태의 기록물 활용도가 비약적으로 상승할 것이기 때문이다.

신문과 잡지 등의 발행물은 이미 중요한 사료로 취급되며, 원문의 이미지를 웹상에서 바로 볼 수 있는 서비스가 제공되는 것들이 있어서 역사 연구에 많이 활용되고 있다. 특히 한국근현대사 전공자라면 네이버 뉴스 라이브러리 서비스[24]를 자주 활용할 것이다. 네이버 뉴스 라이브러리는 1920년부터 1999년까지 발행된 『경향신문』, 『동아일보』, 『매일경제신문』, 『한겨레』의 원문 이미지를 제공한다. 그리고 신문의 내용을 텍스트로 옮겨 놓아서 기사의 내용 속에 있는 단어를 검색하여 해당 기사를 찾을 수 있게 되어 있다. 아쉬운 점은 이렇게 서비스 되는 신문의 수가 적다는 것과 텍스트로 옮겨놓는 과정에서 많은 오류들이 발생했다는 것이다. 그럼에도 필요한 내용들을 쉽게 찾고 확인할 수 있는 중요한 신문자료 데이터 베이스임은 틀림없다. 『조선일보』의 경우는 과거의 신문들을 PDF 형태로 변환하여 자체적으로 원문 이미지를 제공하고 있다.[25]

앞으로는 신문·잡지의 기사들도 빅데이터 관점에서 취급되어야 한다. 현재 대부분의 신문과 잡지는 종이로 발행하는 것과 함께 인터넷에서 확인할 수 있는 형태로도 기사를 업로드하기 때문이다. 오히려 종이로 발행하는 형태는 점차 사라지고 있는 추세다. 소위 '인터넷 언론'이라 지칭되는 수많은 매체들은 인터넷을 통해서만 기사를 유통하고 있다. 매일 쏟아지는 뉴스기사만 해도 빅데이터라 불리기에 손색없는 정보량이 축적되는 중이다.

이처럼 당대사를 서술하기 위한 사료로서 현재 생성되고 있는 기록의 대부분은 디지털 데이터, 즉 전자기록 형태를 띠고 있다. 이는 단순한 데이터가 아니라 이미 기존의 방식으로 수집하고 분석할 수 없는 수준에 이른 빅데이터이다.

그러나 모든 디지털 데이터는 쉽게 소실될 위험성을 안고 있다. 특히 SNS나 인터넷 커뮤니티에 기록되는 것들은 보존성이 매우 취약하다. 기록을 생산한 당사자가 이를 지워버리면 그 기록은 순식간에 사라지게 된다. SNS나 인터넷 커뮤니티의 기록들이 웹 서버상에 모여 존재하기 때문에 보존성이 뛰어난 것처럼 보일 수도 있으나, 문제는 이러한 서비스를 제공하는 주체가 '기업'이라는 데 있다. 만약 현재 서비스를 제공하는 기업들이 서비스를 포기한다면 기록들은 모두 사라지게 된다. 1990년대 초반 PC통신 게시판에 남겼던 수많은 기록이 사라졌다는 것과 2000년대 이후 업체가 서비스를 중단하면서 기록들이 사라진 네띠앙, 엠파스, 파란, 프리챌 등의 사례에서 이를 실감할 수 있다.[26] 국가 및 공공기관의 기록물이나 인터넷 기사 등도 한순간에 삭제될 가능성이 존재한다. 그만큼 자료의 휘발성이 높다는 것인데, 기록의 소실을 막는다는 측면에서도 빠른 수집과 보존에 대한 대책이 강구되어야 할 것이다.

당대사 서술의 필요성에 초점을 맞춘 탓에 현재의 기록을 어떻게 남길 것인가에 관해서만 이야기했지만, 과거의 기록과 자료들을 디지털 데이터로 옮기는 작업 역시 중요하며 함께 수행되어야 할 과제이다. 이러한 데이터들이 활용 가능한 빅데이터로 축적이 된다면 커다란 시너

4차 산업혁명과 한국사 연구

지가 발생할 것이다. 그리고 '4차 산업혁명'의 기술혁신 가운데 중요한 요소 중 하나인 인공지능의 발달은 디지털화 된 비정형 데이터 사료들을 관리하고 분석하는데 큰 도움을 주리라 생각한다.

2) 빅데이터를 활용한 역사 쓰기 방법론

사료로 활용하기 위한 빅데이터 수집이 진행되었다면, 다음 단계는 분석과 역사 쓰기이다. 아래에서는 한국근현대사 분야의 연구사례들을 살펴보면서 앞으로의 가능성에 대해 모색해보고자 한다. 물론 이 글에서 제시되는 사례와 방법 외에도 수많은 방식의 역사 쓰기가 가능하다. 모든 것을 다룬다기보다는 하나의 참조점으로 사례들을 바라봐 주기를 바란다.

우선 인터넷 커뮤니티와 SNS의 게시물을 분석한 연구들을 찾을 수 있다. 이런 연구들은 상대적으로 최근의 사례들을 분석하고 있기에 아직은 역사학보다는 정치학이나 사회학 등의 분야에서 많이 이뤄지고 있다. 박창식은 2008년 촛불집회의 중요한 특징 가운데 하나를 여성과 청소년이 적극 참여했다는 것으로 보고, 온라인 정치커뮤니티에 참여한 20~30대 여성들을 중심으로 그들의 정체성과 소통의 특징을 분석하였다.[27] 인터넷 커뮤니티의 확산과 함께 처음부터 특정 정치인을 지지하는 것은 아니었지만 정치색을 짙게 드러내고, 그 영향력 또한 상당한 커뮤니티들이 우후죽순 생겨났다. 일간 베스트저장소(일베)나 메갈리아 같은 커뮤니티들이 그 사례이다. 박가분은 이러한 커뮤니티의 게시물을 통해 그들의 생각과 문화, 나아가 인터넷 커뮤니티 문화에 대한 분석을 시도한 바 있다.[28] 특히 '일베'는 한국 사회에 어떠한 방식으로든 큰 영향을 미친 인터넷 커뮤니티였기에 해당 커뮤니티를 분석하고 연구한 글들은 다양하게 찾아볼 수 있다.[29] 트위터나 페이스북 같은 SNS를 분석한 연구도 존재하는데, 이는 대중들의 여론 및 정치적 의견표출에 관한

분석이나 정치인의 트윗분석 등 '정치영역'에서 활발히 이루어지는 중이다.[30]

이처럼 인터넷 커뮤니티와 SNS의 분석은 당대인들의 현실인식이나 중요한 사회이슈를 분석하기 위한 연구방법론으로 떠오르면서 활기를 띠어가고 있다. 관련 연구들에서 빅데이터라는 단어를 직접 언급하지는 않지만, 이미 기존과는 비교할 수 없는 커다란 데이터 규모를 분석대상으로 삼고 있으므로 빅데이터를 활용한 연구라고 평가할 수 있다.[31] 물론 인터넷 커뮤니티 분석의 경우는 연구자가 관련 게시물들을 직접 검색하여 수집·분류하는 노력이 수반되어야 했기에 연구방법론 측면에서는 앞으로 인공지능의 발달과 함께 더욱 많은 개선이 이루어져야 할 것이고, 또 개선될 것으로 기대된다.

앞으로 빅데이터 기술이 더욱 발달하게 된다면 특정 국면이나 정치적인 사안에 한정되지 않고 일상의 여러 부문으로 연구 관심이 확대될 수 있을 것이다. 인터넷 커뮤니티와 SNS는 대중의 여론을 살필 수 있는 도구에 그치지 않고, 현재를 살아가는 우리의 다양한 일상을 모두 기록하고 있기 때문이다. 특히 SNS나 블로그에 개인기록을 활발히 남기고 있는 현재의 모습은 '일기'를 써서 남긴 근대인들의 모습과 겹쳐 보인다. 역사학 연구 가운데 개인이 남긴 일기를 토대로 역사 쓰기를 시도한 사례는 쉽게 찾을 수 있다. 정병욱은 일제시기 경성 유학생이었던 강상규의 일기자료를 바탕으로 그의 삶과 생각을 재구성하는 연구를 진행한 바 있으며, 1919년 3·1운동 당시 쓰인 일기자료를 정리하며 특성을 파악하는 연구도 진행하였다.[32] 여러 연구자들이 일기자료를 이용해 전통·근대·식민지·국가 등의 주제에 대한 개인의 인식과 삶을 분석한 연구도 진행되었다.[33] 또한 평택의 농민이 남긴 『평택 대곡일기』를 토대로 농민들의 일상, 의례, 농촌마을의 공론장 등을 분석한 연구가 있다.[34]

일기와는 조금 성격이 다르지만 조선시대의 문집류를 토대로 당시의 시대상을 그려내려 한 연구들도 비슷한 맥락에서 해석될 수 있다. 일기나 문집 같은 개인이 남긴 기록을 토대로 연구를 진행할 때 반드시 따라 오는 것은, 그것이 한 개인의 특수한 상황을 서술하는데 그치는 것이 아니라 '보편성'을 담보할 수 있느냐는 의문일 것이다. 하지만 SNS나 인터넷 커뮤니티, 블로그 등의 개인기록들이 빅데이터로 수집이 되고 분석이 된다면 특수/보편의 논란은 필요치 않게 될 것으로 전망된다. 연구자는 본인의 문제의식에 맞게 어느 한 개인의 특수한 상황을 분석할 수도, 아니면 수많은 개인기록을 모으고 분석하여 시대상을 그려낼 수도 있을 것이기 때문이다.

또 하나의 커다란 변화는 축적되는 데이터 형태가 변화하고 있다는 것이다. 지금까지는 일기와 문집처럼 텍스트 형식의 기록이 주로 축적되어 왔다. 인터넷 커뮤니티와 SNS 분석 단계에서는 이미지 등이 추가되었다. 현재는 영상이 주된 기록매체로 등극하였다. 1인 미디어의 성장에 따라 대표적 동영상 공유 플랫폼 유튜브(Youtube)에 업로드 되는 데이터는 기하급수적으로 늘고 있다.[35] 점차 많은 이들이 자신의 기록을 텍스트와 이미지가 아닌 영상으로 남기게 될 것이고, 이 또한 당대인의 삶을 들여다 볼 수 있는 중요한 사료가 될 것이다. 영상이라는 비정형 데이터를 수집하고 활용할 수 있게 된다면 역사를 비롯한 여러 연구의 비약적인 발전이 가능해진다. 그리고 우리의 일상과 문화를 기록하는 빅데이터는 사물인터넷의 발달과 함께 성장해 나갈 것이다. 사물인터넷은 우리가 인식조차 하지 못했던 수많은 활동을 모두 기록해 데이터로 축적한다. 이를 통해 의식주, 여가생활, 건강상태 등 무궁무진한 주제로 당대인의 역사 쓰기가 가능해 진다.

신문이나 잡지를 통해 역사 쓰기를 하는 작업은 이미 많은 연구에서 폭넓게 활용되는 방식이다. 시대상을 보여주는 기본적인 사료로서의 가치가 있는 것들이기에 시간이 흐른다고 하여도 그 중요도는 변치 않을 것이다. 다만 디지털 데이터로 기사들이 남겨진다는 형태의 변화와 이에 따른 활용 방법의 변화가 있을 것으로 전망된다. 앞서 언급했지만 매체의 변화에 따른 자료 수집과 정리 방안을 마련할 필요성은 차고 넘친다. 빅데이터가 구축된다면 더욱 입체적인 시대상 서술이 가능해 질 것으로 기대된다.

빅데이터 분석의 초기 단계라고 평가할 수 있을 신문 빅데이터와 관련된 연구들은 이미 진행 중이다. 대표적인 것으로는 고려대학교 민족문화연구원 디지털인문학센터에서 2008년부터 구축해 온 대규모 신문 코퍼스[36]인 '물결21'을 활용한 연구성과가 있다.[37] 신문 빅데이터에서 추출되는 키워드, 공기어 분석을 통해 시간의 흐름에 따른 특정 개념의 의미변화 연구를 시도하였고, 분단체제 하에서 정체성과 이념 갈등 관련 핵심어들의 변화 등도 연구하였다. 허수 또한 『동아일보』 기사를 토대로 1980년대 '민중' 개념의 의미변화를 추적한 바 있다.[38] 이러한 코퍼스 분석은 신문 빅데이터 분석의 한 방법을 제시하고 있음은 틀림없다. 그러나 말뭉치의 관계에 집중해서 분석을 진행하기 때문에 개념사적인 연구에 치우치게 되는 한계도 있다.

이러한 선행연구들과 함께 앞으로의 발전 가능성을 생각해 본다면, 기존에 해오던 역사 쓰기 작업들이 방법론적으로는 동일하면서 데이터의 크기만 커진 것이라고 보여질 수 있겠다. 그럼에도 빅데이터의 활용을 통해 기존에는 바라볼 수 없었던 측면에서 해석할 수 있는 것들이 생겨날 것이고, 양적으로 방대한 표본을 분석대상으로 삼게 되면서 '객관성'이 조금 더 담보될 수 있는 측면도 있을 것이다. 예를 들어 특정 시기 대중들의 인식을 살펴보기 위해 여론조사 자료를 활용한다고 할 때, 빅데이터를 활용한다면 한정된 인원을 대상으로 한 여론조사보다 더 자세하고 정확한 정보의 제공이 가능해진다.

물론 이것 역시 방법론적으로는 '혁신'이라 할 수 없다. 본 절에서는 기존의 연구성과들을 토대로 여러 가능성을 점쳐 본 것에 지나지 않는다. 역사 연구에서 빅데이터를 본격적으로 활용한 모델이 있다면 그 사례를 중심으로 서술할 수 있겠으나 한국사의 영역에서 마땅한 사례를 찾기는 어렵다. 디지털 데이터가 활용되기 시작한 한국근현대사 연구도 빅데이터 활용은 이제야 시작단계라고 평가할 수 있다. 빅데이터 기술이 앞으로 더욱 발전하는 과정에서 얼마든지 혁신적이고 새로운 방법론이 등장할 수 있을 것이며, 그것을 탐구해 나가는 것은 역사학 연구자들의 공동과제라 할 수 있겠다.

3. 역사학 연구자의 역할과 필요성

1) 가치판단이 필요한 지점들

역사학에서 당대의 시대상을 반영하는 방대한 자료들을 수집하는 것은 현재적인 과제이다. 이는 빅데이터의 가장 기본적인 수집 단계에 해당하는 일이라고 할 수 있겠다. 그러나 방대한 자료들을 무조건 긁어모은다고 해서 이를 '수집'이라고 할 수는 없다. 당대사 자료를 수집하기 위해서는 아래와 같은 문제들에 대해 고민해 보아야 한다.

우선 빅데이터라고 지칭되는 방대한 자료 속에서 유용한 정보를 어떻게 솎아낼 것인가 하는 문제가 있다. 시시각각 생산되는 수많은 데이터 가운데는 잘못된 정보를 담고 있는 것들도 많다. 근래에 큰 문제가 되고 있는 가짜뉴스의 범람, 많은 이들의 손을 거치며 왜곡되는 이미지나 영상정보 등은 오히려 잘못된 역사 쓰기를 부추기는 사료들이 될 가능성이 높다. 물론 여러 사료들 간에 교차검증을 거치며 사료비판을 하는 것이 역사 쓰기의 기본자세이므로, 이는 당연히 수행되어야 할 과정이며 큰 문제가 아니라고 생각할 수 있다. 하지만 잘못된 정보들이 제대로 된 정보들을 뒤덮게 된다면 이에 대한 판단은 무척 복잡한 문제가 될 것이다. 추후에는 인공지능의 도움을 기대할 수도 있겠으나, 결국 무엇이 왜곡되지 않은 정보인지 판단하는 초기의 작업은 인간들의 몫일 수

밖에 없다. 특히 사료비판은 전문적인 훈련을 받은 이들의 역할이 절실히 요구되는 과정이므로 역사학 연구자의 중요성은 더욱 커진다고 할 수 있다.

왜곡되지 않은 정보들을 수집하고 나면, 그 속에서도 다시 정보들을 분류해야 한다. 수집된 모든 데이터들이 유의미한 데이터라고 판단할 수는 없는 노릇이기 때문이다. 인간 활동의 모든 정보들을 다 기록하고 수집할 수 있다고 했지만, 그것들이 모두 역사 쓰기에 유용한 데이터인지 아니면 그저 의미 없는 '쓰레기 데이터'일 뿐인지에 대해 가치판단을 해야 하는 것이다. SNS는 풍부한 통찰력의 원천이지만 데이터의 대부분은 엄청난 양 그 자체 때문에 잠겨 있으며, 잡담이 너무 많아서 유용한 정보와 무익한 정보의 비율이 무익한 정보 쪽으로 기울어지고 있다는 평가[39]는 '쓰레기 데이터' 문제를 잘 보여준다.

수집된 데이터는 누가 어떻게 활용하느냐에 따라 그 유용성에 대한 의미부여도 달라지게 된다. 그 대표적인 사례로 코시미즈 시게오미(越水重臣) 교수의 일화를 들 수 있다. 코시미즈 교수와 엔지니어로 구성된 연구 팀은 자동차 시트의 360개 위치에 센서를 설치하고 각 지점의 압력을 측정해서 이를 0에서 256까지의 척도로 나타내는 방식의 엉덩이 데이터로 전환시키고, 이를 각 개인의 고유한 디지털 코드로 만들었다. 이 시스템은 98퍼센트의 정확성으로 사람을 구분해냈으며, 이 기술은 자동차의 도난방지 시스템으로 개발되는 중이다. 또한 운전자의 자세가 어떻게 바뀌면 그다음에 어떤 사고가 뒤따랐는지 정보가 축적된다면, 이를 통해 미리 사고를 방지하는 식의 기술도 개발될 수 있을 것으로 기대되고 있다. 사람들이 앉는 방식이 정보가 될 수 있다는 점에 착안하고 실행한 코시미즈 교수는 한 번도 데이터로 취급된 적이 없고, 정보적 속성을 가질 거라고 상상조차 한 적 없는 정보를 발굴해 수량화 된 형태로 바꾼 것이다.[40] 앞서 소개했던 모리 중령의 사례도 포함해서, 이는 많은 이들이 불필요하다고 생각하는 '쓰레기 데이터' 속에서 유용성을 발견해 낸 사례이다.

이러한 가치판단은 누구의 몫이냐고 질문한다면, 아직까지는 '인간'의 몫이라고 대답해야 할 것이다. 역사 쓰기로 분야를 한정한다면 그 답은 역사학 연구자가 될 것이다. 역사학 연구자는 과거의 수많은 사건들과 사료 속에서 시대를 설명하기에 유용한 것들을 솎아내고 분석하는 훈련을 쌓아왔다. 그러한 '전문성'이 빅데이터 수집과 분류에서도 발휘될 수 있어야 한다. 현재의 시대상을 설명하기에 유용하다고 생각되는 자료들 가운데 우선순위를 나눈다고 할 때도 그 '전문성'은 유효하다.

또 하나의 중요한 문제는 개인정보 보호와 관련된 것이다. 이는 우리 삶의 많은 부분에서 디지털화가 급격히 진행된 현재에도 여러 분야에서 고민하고 있지만, SNS를 비롯한 개인 기록을 빅데이터화 하기 위해 수집하게 된다면 더욱 중요한 문제로 부각될 사안이다. SNS를 서비스하는 기업들이 개인정보 유출문제로 인해 곤혹을 치렀던 사례는 이미 쉽게 찾을 수 있다. 과거에 개인정보가 의미하는 범주는 회원가입 시 필수적으로 수집하는 항목 정도에 불과한 것이었지만, 현재에는 개인의 활동 및 사생활에 관한 자료들, 개인이 게시한 자료까지 개인정보에 포함된다. 사료로서 기록들을 수집한다고 할 때 유의해야 할 내용들은 후자의 범주까지를 포괄한다. 즉, 무엇을 수집할 것인가를 결정하는 단계가 수행된 후에 발생할 수 있는 문제점들을 확인하고 처리하는 과정이다.

개인정보 활용에 대한 소비자의 인식을 분석한 연구에서 드러나는 바처럼, 동의하지 않은 개인정보 활용에 사람들은 부정적이다. 그렇기에 개인정보 활용에 대한 정보주체의 선택권을 강화하는 일은 필수이다. 그리고 그 정보를 활용하려고 하는 이들은 과정과 범위에 대해 명확하게 전달하고 이해시키려는 노력이 있어야 한다.[41] 특히 인터넷 커뮤니티나 SNS의 게시물들을 수집하거나 활용한다고 할 때는, 이 정보들이 단순히 개인 기록의 차원에만 머물지 않는다는 점을 설득할 필요도 있다. 이러한 데이터들은 '평범한 사람들의 집단화된 개인 기록'이라는 가치를 지니고 있기 때문이다. 이메일의 경우에도 처음에는 개인 기록으로 치부되어 관리되지 않다가 업무적 사용 빈도가 잦아지고 그 중요성이 제기되면서 현재는 기록으로 관리되고 있다. 기록학 분야에서는 이와 더불어 업무적으로 이용되지만 개인 또는 소그룹간의 실시간 잡담이 주를 이루는 인스턴트 메시지나 핸드폰이 생산한 음성메일, 문자메시지, 사진 등에 대한 기록적 가치나 관리방안에 대한 논의도 이뤄지고 있는 상황이다.[42] 개인 기록이 단순히 개인정보라는 측면만 강조되어 그 누구도 범접할 수 없는 자료가 되지 않도록 이해시키는 공동의 노력이 필요하다.

개인정보 보호라는 민감한 문제를 고민하고 해결방안을 만들어 나가는 과정 역시 역사학 연구자를 비롯한 '인간'의 몫이다. 어떠한 가이드라인을 만들고, 어떻게 사람들을 설득해 나갈지는 컴퓨터나 인공지능이 감당할 영역은 아니다. 유용한 정보를 솎아내는 기준을 마련하는 것과 인간에게 중요한 개인적 가치를 지키는 일은 아직 인간의 영역이기 때문이다. 맥스 테그마크(Max Tegmark)가 한스 모라벡(Hans Moravec)의 '인간 능력의 지형도'를 표현한 일러스트는 여러 가지의 인간활동 영역들을 육지로 표현하고 인공지능이 인간을 대신할 수 있는 영역을 해수면으로 표현한 것이다.[43] 고도가 높을 수록 인공지능이 도달하기 어려운 일이라는 것을 뜻하는데, 예술이나 책 저술을 포함한 가치판단과 관련된 일들은 높은 고도에 위치해 있다. 인공지능이 이 영역에 도달하기까지는 아직 긴 시간이 필요할 것이다.

하나 더 강조하고 싶은 것은 다른 분과학문의 연구자들과 협업이 무척 중요해졌다는 점이다. 유용한 정보를 솎아낸다고 할 때 역사학 연구자만이 아닌 다른 영역의 연구자들이 함께 한다면, 다른 시각으로 새로운 가능성을 찾아낼 가능성은 훨씬 높아진다. 또한 개인정보 문제와 관련해서도 기록학 전문가나 법률 전문가 등이 함께 고민하고 노력할 영역이 많을 것이다. 점점 더 역사학 연구자의 개인 연구만으로 수행하기 힘든 연구 방법론들이 많아지고 있다.

2) '역사학 연구자'의 통찰력과 역사학

빅데이터를 분석하고 실제로 글을 쓰며 이야기를 만들어가는 과정에서 역사학 연구자가 필요한 이유는 어디에 있을까. 이 또한 가치판단의 어려움과 중요성을 언급했던 것과 궤를 같이 한다. 역사 쓰기에는 역사학 연구자, 즉 '인간'의 통찰력이 필요하다는 것이다. 이는 '근대 역사학'이라고 이름 붙여왔던 객관과 실증을 강조하는 역사학이 빅데이터 기술이 발달한 '4차 산업혁명' 시대에는 의미를 잃는다는 의미이다.

빅데이터 기술의 발달은 인공지능 기술의 발달과 떼놓고 이야기 할 수 없는데, 현재 인공지능은 스스로 경제보고서와 소설을 쓸 수 있는 수준까지 성장하였다. 이미 프로스포츠 결과나 주식, 날씨예보 등은 주어진 데이터 조건만 맞으면 인공지능이 인간보다 더 빠르게 기사를 작성할 수 있다. 이러한 기사들은 특별한 창의성을 요구하는 문장이 필요 없고 대부분 동일한 패턴의 문장이 반복되기 때문에, 이를 학습시킨 다음 데이터만 충분히 주어진다면 상황에 맞는 문장들을 조합하여 빠르게 기사를 생성할 수 있는 것이다.[44]

미국 시카고에 있는 회사인 내러티브 사이언스(Narrative Science)는 빅데이터를 사용해 이야기 제작 과정을 자동화하는 도전을 하고 있는데, 이제는 포브스와 같은 국제적인 언론기관에 비즈니스 및 금융 관련 뉴스를 올릴 정도로 발전했다. 이 보고서들은 사람이 작성한 것과 실질적으로 구별하기 어렵다. 단지 인간이 대화하는 다양한 방식들의 차이와 언어의 미묘한 뉘앙스 때문에 발생하는 문제가 존재할 뿐이다.[45]

일본 나고야대학교에서 자연어 처리와 인공지능을 연구하고 있는 사토 사토시(佐藤理史) 교수 연구실은 2015년 일본 경제신문에서 주관하는 호시이 신이치 문학상에 컴퓨터를 통한 인공지능으로 쓴 소설 작품

을 응모했다. 호의적인 반응을 얻은 사토 교수팀은 이듬해에도 인공지능으로 쓴 소설 작품을 응모했는데, 그것이 『컴퓨터가 소설을 쓰는 날(コンピュ·タが小說を書く日)』이라는 단편소설이다. 이 소설이 문학상 예심을 통과했다는 소식이 화제를 불러일으켰고 국내 언론에도 수차례 소개가 된 바 있다.[46] 하지만 사토 교수를 비롯한 프로젝트 관계자들이 이야기하듯이 인공지능이 소설을 창작했다고 하기에는 아직 무리가 따른다.[47] 이정엽 또한 여전히 예술적 글쓰기가 인간의 영역에 남겨져 있음을 시사한다고 평가하였다.[48]

다시 역사학으로 돌아오면 "과거의 사실을 얼마나 잘 '재현(representation)'하는가?" 하는 것은 생각보다 빠르게 인공지능의 해수면 아래로 잠길 수 있다. 그것이 과거를 있는 그대로 '재현'한 것이냐의 논쟁은 차치하고서, 인공지능은 방대한 데이터를 인간보다 더욱 짧은 시간에 분석할 수 있으며, 그것을 조합해 내는 것에서 머지않아 인간보다 우위에 서게 될 것이다. 축적된 빅데이터 자료들만 제공된다면 이것을 바탕으로 단순한 사실관계를 구성해 내는 것은 인공지능이 더 잘할 것이라는 말이다. 과거를 객관적으로 실증하는 것을 역사학이라고 강변하게 된다면, 조만간 역사 쓰기는 빅데이터를 기반으로 한 인공지능의 일이 될 것이다.

하지만 소설 쓰기와 같은 '창작'은 아직 인간의 영역이다. 역사학에서 '창작'이라는 것이 사실을 왜곡하고 만들어 낸다고 이해할 사람은 없을 것이다. 이야기하고자 하는 바는 인공지능이 수행할 수 없는 인간의 역사적 통찰력이 필요하다는 점이다. 빅데이터 수집과 정리 작업은 인공지능의 도움이 필요한 분야이지만, 그것을 통해 연구를 하고 역사 쓰기를 하는 것은 여전히 인간의 몫일 수밖에 없다.

'객관과 실증'을 지나치게 강조하는 '근대 역사학'에 대한 비판과 새로운 역사 쓰기에 대한 고민은 역사학 연구자들이 현재에도 치열하게 논쟁하고 있는 지점이다. 이러한 고민과 논쟁의 소용돌이 속에 빅데이터 기술이라는 것이 들어오게 됨으로써 기존에는 생각지 못했던 방향으로 돌파구가 마련될지 모르겠다는 생각도 든다. 사실관계를 잘 엮어서 '역사 쓰기'를 하는 것은 전문 역사학 연구자만의 활동이 아니게 된 것은 이미 오래 전의 일이다. 지금도 수많은 사람들이 과거의 '객관과 실증'들을 '역사'로 생산하고 소비하고 있다. 어떤 한 분야에 몰두하는 매니아들 중에 그 분야의 과거 사실들을 엮어 이야기를 만들어내는데 특출난 재능을 보여주는 사람들이 많다. 그리고 그것은 그 분야의 역사로 일컬어지고 있다. 그러나 역사학 연구자에게는 그처럼 사실관계를 엮는 것 이상의 자세와 역할이 요구된다.

개인적인 견해를 밝히자면, 역사학 연구자가 가져야할 중요한 자세는 데틀레프 포이케르트(Detlev Peukert)가 이야기한 상심(傷心, Betroffenheit)[49]을 지니는 자세가 아닐까 한다. 그는 '나치즘의 경험'을 당대인들의 인지 및 행위방식을 의미하는 측면과 그들의 행동이 낳은 결과와 그들이 자신의 시대를 이해한 특수한 방식이 남긴 증거들에 대한 우리의 논의를 가리킨다고 설명하였다. 이 두 가지가 학문적 작업에서는 분석적으로 분리되어야 하지만, 그렇다고 그 분리가 완전해서는 안 된다는 것이다. 완전히 분리할 경우 과거와 대면하는 역사가 자신의 상심을 가로막게 되는 한편, 독일의 과거에 대한 우리의 물음이 우리 현재의 경험에서 비롯되고 있다는 점을 불명료하게 만들 것이기 때문이라고 말한다.[50] 이는 '공감의 역사 쓰기'를 이야기하였던 이영남과도 뜻이 통한다.[51]

상심과 공감 등은 결국 인간 역사학 연구자가 가질 수 있는 통찰력의 또 다른 말이다. 역사학 분야의 용어를 빌리자면 사관(史觀)이라고도 부를 수 있겠다. 이 글에서 역사학을 인문학이라고 분류하고자 했던 것도 앞으로는 역사학 연구자가 각자의 관점을 갖고 역사를 바라보는 자세를 지닐 필요성이 더욱 요청된다고 보았기 때문이다. 역사학 연구자의 '전문분야'가 사실관계의 확인에 머무르는 시절은 점차 저물고 있다. 이러한 '4차 산업혁명' 시대에 요청되는 것은 역설적이게도 '인간다움'이라고 지칭되는 측면들이 아닐까.

맺음말

'4차 산업혁명'을 어떻게 정의내리든 변화는 이미 우리 곁에 와 있다. 여러 분야에서 기술혁신이 이루어지고 있으며, 이는 우리 삶 전반에 영향을 미치게 되었다. 학문 영역도 예외는 아니어서 이러한 기술혁신이 역사학 연구에 어떠한 변화를 가져다 줄 수 있을지 함께 생각해보고자 하는 뜻에서 이 글을 쓰게 되었다.

역사학 연구에서 가장 기본이 되는 것은 사료를 수집하고 분류하는 작업이다. 빅데이터 기술의 발달은 이 작업에 많은 변화를 가져오게 될 것이다. 무엇보다 당대사 서술에 필요한 사료들을 수집하는 데 큰 역할을 할 것으로 기대된다. 기존의 역사학 연구에서 개인 기록이나 공공 기록들을 수집하던 방식은 더욱 확대된 형태로 이루어질 것이다. 개별 연구자가 혼자서 하던 작업은 빅데이터 기술의 발달에 따라 손쉽게 방대한 데이터를 수집할 수 있는 형태로 변화할 것이며, 이때 수집되는 기록/데이터의 종류는 기존에 생각지 못했던 것들을 포함하게 된다. 신문이나 잡지, 공공기관의 기록물 등은 물론이고 인터넷 커뮤니티나 SNS에 업로드 되는 개인 기록들도 사료로서 수집 가능해 진다. 이러한 데이터들은 숫자나 텍스트 뿐만 아니라 이미지, 음성, 영상 등 다양한 비정형 데이터의 형태를 지니고 있을 것이고, 이는 당대사의 서술을 더욱 풍부하게 만들어주는 훌륭한 사료가 될 것이다. 빅데이터 기술의 활용은 기존의 역사 쓰기 방식이 아닌 새로운 역사 쓰기 방법론을 가져다 줄 수도 있을 것인데, 이에 대해서는 앞으로 역사학 연구자들의 고민과 탐구가 더욱 필요하다.

빅데이터 기술은 인공지능 기술과 함께 발전해 나간다. 빅데이터의 수집과 분석에서도 인공지능의 역할은 점차 커지고 강조될 것이 틀림없다. 그렇기에 빅데이터 기술이 발달하면 할수록 인간, 즉 역사학 연구자의 역할과 필요성에 대해서는 물음이 제기될 수밖에 없다. 하지만 빅데이터 수집과 분석에 있어서 가치판단이 필요한 지점이 여전히 많다. 범람하는 데이터 속에서 그 진위여부를 판단해야 하며, '쓰레기 데이터' 속에서 유용한 정보를 솎아내야 한다. 또한 개인정보 보호와 관련된 첨예한 논쟁은 앞으로 관련 연구자들이 더 고민하고, 많은 이들을 설득하는 과정을 거쳐야 한다. 이는 전문성이 요구되는 지점이며, 아직 인간의 영역이라고 평가될 수 있는 부분이다.

이러한 물음과 문제제기들은 빅데이터 기술의 발달에 따라 역사 쓰기의 방법이 어떻게 변화해야 할 것인가 하는 고민에 닿게 된다. 역사학과 역사 쓰기의 특징을 여러 가지 꼽을 수 있겠지만, 많은 이들이 객관과 실증을 역사학/역사 쓰기의 중요한 특징이자 가치로 꼽는다. 이는 랑케 이후의 '근대 역사학'이 선점했던 위치이다. 하지만 빅데이터와 인공지능의 발달은 이러한 '객관과 실증'이 단순한 사실 관계의 확인 수준에서 그쳐서는 안 된다는 것을 깨닫게 만든다. 주어진 정보를 조합하여 사실 관계를 밝혀내는 작업은 조만간 인간의 영역에서 인공지능의 영역으로 변화할 것이기 때문이다. 이미 인공지능은 기사나 경제보고서 등을 작성할 수 있는 수준까지 성장했다. 그렇기에 빅데이터 기술의 발달은 역설적이게도 역사학 연구자가 역사적 통찰력을 발휘해야 할 필요성을 강조한다. 객관과 실증을 넘어선 역사 쓰기를 위한 고민과 탐구 또한 역사학 연구자들의 몫이다. 물론 이것이 역사학 연구자만의 과제는 아니며, 다른 분과의 연구자들과 적극적으로 협업하면서 고민하고 해결해 나가야 할 과제이다.

빅데이터를 비롯한 '4차 산업혁명'은 많은 가능성과 과제를 던져주고 있다. 그 내용 또한 빠르게 변화하고 있고, 여기에 대응하는 역사학적 모델이 제시되지 못하고 있는 실정이다. 그렇기에 실질적인 내용이나 답을 제시하지 못한 것이 이 글의 가장 큰 한계라고 생각된다. 역사학 연구자들이 이제서야 고민을 시작하고 있는 단계라고 양해해 주기를 바란다. 이 글이 그 고민을 함께 나누고, 앞으로의 변화 양상에 대한 탐구와 역사학 연구를 어떻게 만들어 갈 것인지를 이야기하는 시발점 역할이라도 할 수 있다면 그것으로 맡은 바 소임을 다했다고 평가할 수 있지 않을까 한다.

고려시대 사료 서비스의 현황과 새로운 방향성 | 박수찬
— 외국 사례의 분석과 활용 —

1 해당 내용은 필자 이전 세대 연구자들의 구술을 채록한 내용을 정리한 것이다. 다만 이와 같이 카드를 만드는 작업은 역사학자들의 공통된 연구 방법의 하나였던 것으로 짐작된다. 김성칠, 『역사 앞에서—한 역사학자의 6.25 일기—』, 창작과 비평사, 1997, 113쪽에는 6.25의 혼란 속에서 사료 정리 카드를 잃어버린 상황에 대한 역사학자의 안타까운 심정이 묘사되고 있다.

2 이러한 『고려사』의 CD-ROM 개발에 대해서는 李南姫, 「『高麗史』 디지털화의 방향과 과제」, 『淸溪史學』 18, 2003이 참고된다.

3 李南姫, 앞의 논문 379쪽, 그림 1.

4 朴晉勳, 「고려시대 문헌자료 정보화 사업 현황 및 이용실태와 효과적인 활용방안」, 『한국중세사연구』 30, 2011, 5쪽.

5 이러한 고려시대 문헌자료의 정보화 산업에 대해서는 朴晉勳, 앞의 논문에서 다루어진 바 있다. 다만 이는 10년 전의 상황을 분석한 것으로 현재는 당시에 비해 많은 부분에서 발전이 있다.

6 http://db.history.go.kr/KOREA/

7 송용덕, 「국사편찬위원회 고려시대 사료 정보화 현황과 과제」, 『고려건국 1,100주년 기념 제53회 국사편찬위원회 한국사 학술회의 경계를 넘어 새로운 길로』, 국사편찬위원회, 2018, 17~22쪽.

8 https://terms.naver.com/list.nhn?cid=62131&categoryId=62131

9 http://www.khistory.org/hj/index.do

10 http://db.itkc.or.kr/

11 http://www.gutenberg.org

12 http://www.gutenberg.org/wiki/Gutenberg:The_History_and_Philosophy_of_Project_Gutenberg_by_Michael_Hart

13 이상의 내용은 제15회 한국문학 번역출판 국제워크샵(2016)에서 Greg Newby가 발표한 「Forty-Five Years of Digitizing eBooks: Project Gutenberg's Practices」를 참고하였다.

14 이는 구텐베르크 프로젝트에서 내건 주요한 슬로건인 No Fees, and No Custom Apps Required의 결과이기도 하다.

15 http://ctext.org

16 고려시대 사료의 전산화에 대한 글로는 최연주, 「고려시대 미정보화 자료의 현황과 전산화 방안-묘지명, 일반 금석문을 중심으로-」, 『한국중세사연구』 30, 2010이 참조된다. 다만 이 논문은 10년 전의 현황을 다룬 것으로 이후 묘지명과 금석문의 전산화 작업은 상당 부분 진행된 상황이다.

17 崔永好, 「고려시대 대장경문집고문서 자료의 정보화 현황과 전산화 방안」, 『한국중세사연구』 30, 2011.

18 洪榮義, 「한국역사상 고·중세 島嶼(관련 기초자료 DB 구축과 활용―도서(섬 역사문화·지리학을 통한 해양권역 연구 활성화―」, 『한국학논총』 46, 2016. 홍영의, 「한국 섬과 연안의 문헌자료 데이터(DB)의 구축과 활용 전망」, 『한국학논총』 50, 2018.

19 Donald Sturgeon의 Digital China Initiative Workshop 자료집 중 「Digital Research Tools for Pre-modern Chinese Texts」, 2017, 6쪽의 표 'Static versus dynamic'에서 일부분을 번역하였다.

'4차 산업혁명' 시대에 인공지능을 통한 고전문헌 사료 번역과 역사학의 미래 | 홍근혜

1 클라우스 슈밥 저, 송경진 역, 『클라우스 슈밥의 4차 산업혁명』, 새로운현재, 2016.

2 김소영 외, 『4차 산업혁명이라는 유령』, Humanist, 2017.
이 책에서 김소영은 '4차 산업혁명'은 '4차 산업혁명'에 대한 본원적 관심보다는 위기를 강조하는 정치적 수사로서 소비되었을 뿐이라고 비판하였다. 또한 홍기빈은 '4차 산업혁명론'은 사회 속의 과학기술 전반이 아니라 특정 정보통신기술에 주목하게 하며, 이런 기술이 발전하면 산업이 발전하고 사회가 변할 것이라는 기술결정론식의 발전관을 피력하고 있다고 비판하였다. 이에 과학을 기술

발전의 도구로만 생각하지말고, 사회를 합리적으로 변화하는 노력에 중점을 두면서 정보통신기술과 과학기술의 역할을 조정해야 함을 주장하였다.

3 맥스 테그마크, 역자 백우진, 『맥스 테그마크의 라이프 3.0』, 동아시아, 2017. 맥스 테그마크는 인간 수준 범용인공지능(AGI)이 개발될 수 있다고 보고, 인류가 멸종되는 상황을 막기 위해 기술 향상을 통해 생명의 잠재력을 극대화해야 한다고 주장하며 인공지능이 이러한 의도에 부합할 수 있도록 개발되어야 한다고 주장한다. 그리고 기계에 의해 지능이 추월되는 상황에서 인간은 감각질을 주관적으로 경험하는 호모 센티언스(sentience)로서 정체성을 지녀야 한다고 보았다.

4 조승래, 「국정감사 보도자료」(2018.10.12).

5 서한석, 「의궤 번역의 현황과 번역 방안 연구」, 『민족문화』 42, 2013, 343·344쪽.

6 이현진, 「의궤 번역의 難題 ─ '凶禮' 관련 의궤를 중심으로」, 『고전번역연구』 5, 2014.

7 과학기술정보통신부·한국정보화진흥원, 『2018년도 ICT기반 공공서비스 촉진 사업 설명회 자료집』, 2018, 4쪽.

8 한국고전번역원, 「2. 인공지능 기반 고전문헌 자동번역 시스템 고도화」, 『2018년도 ICT기반 공공서비스 촉진사업 설명회』, 2018, 44쪽.

9 신지선·김은미, 「인공지능 번역 시스템의 출현에 대한 소고」, 『번역학연구』 18-5, 2017, 96·97쪽.

10 유성민, 「기계번역 어디까지 진화했나?」, 『ScienceTimes』(2018.10.11), https://www.sciencetimes.co.kr/?news=기계번역-어디까지-진화했나 (검색일 2019.05.19)

11 신지선·김은미, 앞의 논문, 2017, 97쪽.

12 이기범, 「시스트란, 인공지능 고전문헌 자동 번역 시스템 구축」, 『BLOTER』, 2018.(1월 22일) http://www.bloter.net/archives/300807(검색일 2019.05.19)

13 한국고전번역원, 앞의 논문, 39~52쪽.

14 강병규·이지은, 「신경망 기계번역의 작동 원리와 번역의 정확률─중한 번역을 실례로─」, 『중어중문학』 73, 2018, 257쪽.

15 한국고전번역원, 앞의 논문, 48쪽.

16 강병규·이지은, 앞의 논문, 258~260쪽.

17 이승일, 「AI번역의 속성 및 번역주체에 대한 논의」, 『통번역학연구』 22-4, 2018, 194·195쪽.

18 강병규·이지은, 앞의 논문, 260·261쪽.

19 한국고전번역원, 앞의 논문, 47쪽.

20 신지선·김은미, 앞의 논문, 98~100쪽.

21 검색일 2019. 7. 30.

22 한국고전번역원·한국천문연구원, 「20. 클라우드 기반 고문헌자동번역 확산 서비스 구축」, 『2019년도 ICT기반 공공서비스 촉진사업 설명회』, 2019, 295쪽.

23 한국정보화진흥원, 「고전문헌 자동번역 시스템 보도자료」, 2017.(12월 20일 현재 고전번역원에서 개발 중인 자동번역 시스템은 서비스가 공개되지 않아 고전번역원에서 제공한 번역 예시를 활용할 수 밖에 없었다. 뒤에 언급했듯이 고전번역원에서는 2020년 이후 서비스를 제공할 계획이다.

24 과학기술정보통신부·한국정보화진흥원, 앞의 논문, 10쪽.

25 강병규·이지은, 앞의 논문, 286·287쪽.

26 한국고전번역원·한국천문연구원, 앞의 논문, 258쪽

27 한국고전번역원·한국천문연구원, 앞의 논문, 254~263쪽.

28 한국고전번역원, 앞의 논문, 51쪽.

29 한국고전번역원·한국천문연구원, 앞의 논문, 257쪽.

30 다음의 연구에서 인간 번역과 비교되는 인공 지능 번역의 수준과 그 한계점이 지적되고 있다.
서보현·김순영, 「기계번역 결과물의 오류유형 고찰」, 『번역학연구』 19-1, 2018.
남철진, 「중한 번역을 통해 본 구글번역(GNMT)의 문제」, 『중국과 중국학』 34, 2018.
권도경 외, 「2018년 인공지능번역기의 중한 번역 현황 – 구글과 파파고 번역을 중심으로」, 『한국중어중문학회 학술대회』 2018.
마승혜, 「기계화되기 어려운 인간 능력과 문학번역 능력 비교·고찰 및 논의」, 『통번역학연구』 21-3, 2017.

31 김범수, 「구글 번역 최고담당자의 예상 밖 답변 "번역기가 인간을 완전 대체하는 시점은 오지 않을 수도"」, 『조선비즈』, 2017.(9월 26일) http://biz.chosun.com/site/data/html_dir/2017/09/26/2017092601082.html?fbclid=IwAR30cRAXJUfXhmhaqdHHtziX6b38KJ67MOBVAjbQQbk70ZV_gd6Wv4UO9pU (검색일 2019.07.30).

32 김범수, 앞의 기사, 『조선비즈』, 2017.09.26.

'4차 산업혁명'의 첨단 기술과 한국 고대사 | 임동민

— 목간의 인공지능 판독과 고대사 유적의 VR·AR 복원을 중심으로 —

1 클라우스 슈밥, 송경진 옮김, 『클라우스 슈밥의 제4차 산업혁명』, 새로운현재, 2016.

2 윤선태, 『목간이 들려주는 백제 이야기』, 주류성, 2007, 25~28쪽.

3 도미야 이타루, 임병덕 옮김, 『목간과 죽간으로 본 중국 고대 문화사』, 사계절, 2005.

4 사토 마코토, 송완범 옮김, 『목간에 비친 고대 일본의 서울, 헤이조쿄』, 성균관대학교 출판부, 2017.

5 윤선태, 앞의 책, 47~94쪽.

6 國立奈良文化財研究所, 『日本古代木簡字典』, 國立奈良文化財研究所, 2013(改訂新版).

7 타리크 라사드, 송교석 옮김, 『신경망 첫걸음』, 한빛미디어, 2017, 195~239쪽.

8 奈良文化財研究所·東京大學史料編纂所, 『木簡·くずし字解讀システム— MOJIZO — 專門家でも解讀できない 2 割に挑戰』, 2016.

9 畵像準備マニュアル PDF 자료(http://mojizo.nabunken.go.jp/)

10 국립창원문화재연구소, 『韓國의 古代木簡』, 2004.
국립창원문화재연구소, 『(개정판)韓國의 古代木簡』, 2006.
국립가야문화재연구소, 『韓國木簡字典』, 2011.
국립가야문화재연구소, 『韓國의 古代木簡 II』, 2017.

11 김성필, 『딥러닝 첫걸음』, 한빛미디어, 2016, 17~23쪽.

12 관련 프로젝트로는 「목간 등 출토 문자자료의 자원화를 위한 기능적 정보집적과 지식의 결집」(2013~2017, 渡辺晃宏), 「역사적 문자에 관한 경험 지식의 공유자원화와 다원적 분석을 위한 인문·정보학 융합연구」(2014~2017, 馬場基), 「역사지식정보의 오픈 데이터화를 향한 스키마와 정보 활용 방식의 재구축」(2014~2018, 久留島典子), 「2015~2017 고문서 자형의 기관횡단적 디지털 아카이브의 확충·활용을 지원하는 정보기술」(2015~2017, 耒代誠仁) 등이 있다.

13 최희수, 「체험형 역사콘텐츠와 한국고대사」 『한국고대사연구』 84, 2016, 208쪽.

14 양정석, 「한국의 문화유적 VR복원의 추이」 『선사와 고대』 53, 2017.

15 박진호·김상헌, 「가상현실 기술을 이용한 고구려 고분벽화 VR콘텐츠 개발과

의미」『한국콘텐츠학회 2017 춘계종합학술대회』, 2017.

16 박진호·김상헌,「황룡사 디지털 복원형 가상현실(假想現實) 콘텐츠 개발 및 활용방안 연구」『글로벌문화콘텐츠학회 동계학술대회』, 2016.

17 김숙경,「황룡사 고대건축 고증연구 성과」『황룡사 고대건축 고증연구 현황과 과제』, 국립문화재연구소, 2017.

18 한욱,「황룡사 복원정비의 방향」『황룡사 고대건축 고증연구 현황과 과제』, 국립문화재연구소, 2017.

19 박진호·김상헌,「경기도 전곡선사박물관 인류의 진화 가상현실 콘텐츠 개발」『글로벌문화콘텐츠학회 하계학술대회』, 2018.

20 김은석·우운택,「유적지 투어 지원을 위한 증강 현실기반 프레임워크」『한국 HCI학회 논문지』 10-2, 2015.

21 오성환·김기덕,「증강현실(AR) 기술을 이용한 덕수궁 관광안내서비스 구축방안 연구」,『문화재』 46-2, 2013.

22 현재 구글플레이스토어에서 '창덕궁의 보물- AR 체험'이라는 제목의 애플리케이션을 내려받아 활용할 수 있다.

23 양정석, 앞의 논문, 211·212쪽.

24 최희수·김상헌,「역사교육을 위한 메타버스 콘텐츠 연구」『글로벌문화콘텐츠』 26, 2017.

25 이종욱·박현아·박강아,「지역 문화유산을 활용한 증강현실 기반 관광 콘텐츠 개발」『한국콘텐츠학회논문지』 18-6, 2018.

26 https://ctl.yale.edu/UsingImmersiveEnvironments 설명 참조.

27 강병길·이완복·유석호,「휴대용 가상현실 안경을 접목한 백제문화 관광 콘텐츠 개발」『한국융합학회논문지』 9-1, 2018.

28 안양시·한울문화재연구원,『安養寺址 - 안양 구 유유부지 발굴조사 -』, 새한문화사, 2013.

29 최희수, 앞의 논문, 215쪽.

30 경기도 교육청 보도자료,「360°VR 체험으로 경기도 문화유산 수업해요!」, 2019.05.01.

31 M. Canciani, E. Conigliaro b, M. Del Grasso c, P. Papalini d, M. Saccone, "3D Survey and Augmented Reality for Cultural Heritage. The Case Study of Aurelian Wall at Castra Praetoria in Rome", *The International Archives*

of the Photogrammetry XXIII ISPRS Congress, XLI-B5(The International Archives of the Photogrammetry)(2016).

문화유산 정보 제공의 현황과 정보의 '연결' | 홍민호

1 「정부 "4차 산업혁명 선도로 2030년 460조 경제효과 창출"」, 『연합뉴스』, 2017. 10.11.
2 대통령 직속 4차 산업혁명위원회 홈페이지(https://www.4th-ir.go.kr/참조).
3 John Fredette · Revital Marom · Kurt Steinert · Louis Witters, "The Promise and Peril of Hyperconnectivity for Organizations and Societies", 『Global Information Technology Report』, World Economic Forum, 2012, 113쪽.
4 「직장인 51% "노동시간 단축으로 실제 여가 증가"」, 『연합뉴스』, 2018.10.05. 해당 기사에 따르면 주 52시간 근무제의 시행으로 여행 관련 카드 지출액이 증가하였으며, 향후 국내여행 등에 대한 관심이 증가할 것으로 전망하였다.
5 김지학, 『국민의 여행지 선택 이유와 만족도 분석 연구』, 한국문화관광연구원, 2018.
6 인터넷 서점 알라딘(https://www.aladin.co.kr/)에 따르면 유홍준의 『나의 문화유산답사기』 시리즈는 신편부터 비교적 출간 된지 오래된 편까지 지속적으로 베스트셀러를 유지하고 있다. 현재(2018.12.06. 판매순위로 역사 분야 200위 안에 있는 해당 시리즈들은 다음과 같다.

권호	출간년도	현 순위	비고
산사순례편	2018	역사 9위	종합 Top 100 10주
9권	2017	역사 42위	종합 Top 10 6주
10권	2017	역사 43위	종합 Top 10 4주
일본편3	2014	역사 66위	종합 Top 10 3주
일본편4	2014	역사 76위	종합 Top100 6주
7권	2012	역사 133위	종합 Top10 9주
1권	2011	역사 134위	종합 Top100 5주
일본편1	2013	역사 181위	종합 Top10 3주
8권	2015	역사 185위	종합 Top10 4주
3권	2011	역사 188위	역사 Top100 147주

7 「올해 스마트폰 사용자 30억명 도달」, 『연합뉴스』, 2018.09.12.
8 「한국, 인터넷 사용률·스마트폰 보급률 '세계 1위'」, 『데일리 한국』, 2018.06.24.

9 「성인 10중 8명, 블로그 통해 여행 정보 수집」, 『투어코리아』, 2018.10.22.

10 온라인상에서 공민왕 사당은 소재 동명과 관련한 명칭인 '창천동 공민왕 사당', 주변 지하철역과 관련한 명칭인 '광흥창 공민왕 사당', 소재 구명과 관련한 명칭인 '마포구 공민왕 사당' 등으로 지칭되고 있었다. 2018.12.01. 기준 '창천동 공민왕 사당'은 37건, '광흥창 공민왕 사당'은 361건, '마포구 공민왕 사당'은 369건의 블로그가 검색되었다.

11 남은 20건에 해당한 사례는 다른 대상의 위치를 설명하기 위해 언급된 경우, 종묘에 있는 공민왕 사당을 언급한 경우, 공민왕 사당 주변 시설 보수에 관련된 경우, 드라마 「신의」와 관련하여 언급된 경우 등이 있었다.

12 온라인상에서 신숭겸 장군 유적은 앞으로 소재 지역명이 붙는 경우는 있었지만 대다수가 '신숭겸 장군 유적'이라는 자구가 포함된 채로 지칭되고 있었다. 때문에 '신숭겸 장군 유적'을 그대로 검색으로 채택하였다.

13 남은 8건에 해당하는 사례는 춘천의 장절공 묘역을 언급한 경우와 다른 대상의 위치를 설명하기 위해 언급된 경우 등이 있었다.

14 「이상헌 의원 "전국 문화재 안내판 오류시정 기간, 평균 89일 넘어"」, 『울산종합일보』, 2018.10.17.

15 문화재청, 『문화재안내판 가이드라인 및 개선 사례집』, 문화재청, 2009.

16 「[현장에선] '불친절' 문화재 안내판 어쩌할까」, 『세계일보』, 2018.08.23. 「"더 쉽고 흥미롭게"…난해한 문화재 안내판에 불똥」, 『연합뉴스』, 2018.06.06. 「문화재 안내판, 얼마나 이해하십니까…직접 물어봤습니다!」, 『매일경제』, 2018.07.06.

17 위의 기사, 『매일경제』, 2018.07.06.

18 위의 기사, 『매일경제』, 018.07.06.

19 鄭娟, 「고등학교 세계사 교과서의 독해 난이도 : 일반 어휘의 난이도 측면에서」, 『歷史敎育』 92, 2004, 70쪽.

20 金秀美, 「고등학교 역사학습 부진학생의 문항 풀이 과정 분석」, 『歷史敎育』 136, 2015, 65쪽.

21 金秀美, 앞의 논문, 68쪽.

22 사용되는 어휘와 고유명사 표기 방식에 대한 현황 조사는 문화재청 내에서도 진행하였다(문화재청, 『문화재 안내표기(설명문 등) 및 체계 개선 방안 연구결과 보고서』, 2014, 문화재청). 그러나 정보를 판단하는 사용자 어휘 수준이 다양하다는 점은 고려되지 못했다.

23 최일선·정회경,「XML 및 모바일 RFID 기반의 문화재 안내 시스템」,『한국멀티미디어학회지』 10-1, 2006.

최영환·이상용,「유비쿼터스 환경에서 문화재정보의 효율적인 서비스를 위한 모바일 기반 RFID 시스템」,『한국컴퓨터게임학회논문지』 8, 2006.

24 다단계로 정보를 작성하고, 하이퍼텍스트를 통해 추가 정보를 제공하는 형태를 구현하도록 문화재청 내부에서 보고서 형태로 대안을 제안하기도 하였다. (문화재청,『문화재 안내표기(설명문 등) 및 체계 개선 방안 연구결과 보고서』, 2014) 물론 진일보한 노력이지만, 데이터를 통해 사용자에게 처음부터 맞춤 정보를 제공하는 형식이 아니라, 사용자가 선택하여 추가 정보를 얻는 형태인 점은 다소 아쉽게 느껴진다. 무엇보다, 해당 보고서에서 제시한 2015년부터 2019년까지 5개년 추진 계획의 마지막 해임에도 앞서 현황 분석에서 언급한 바와 같이 정보 제공 방식은 개선되지 않고 있다.

25 문화재청,『통계로 보는 문화유산 2017』, 문화재청, 2018.

26 연상호·이영욱·김주일,「지역공간영상을 이용한 문화재 안내시스템구축 방안」,『한국콘텐츠학회 종합학술대회 논문집』 3-2, 2005.

27 오성환·김기덕,「증강현실(AR) 기술을 이용한 덕수궁 관광안내서비스 구축방안 연구」,『문화재』 46-2, 2013.

28 「장성군, 인기 관광지 10곳 AR(증강현실) 프로그램 구축」,『아시아경제』, 2018.06.18.

29 「증강현실로 즐기는 경주…'스마트 탐방 앱' 배포」,『연합뉴스』, 2018.11.04.

30 「'앞산' 역사·문화·생태, 증강현실로 본다」,『경북매일』, 2018.04.04.

31 「신안군, 관광객 편의를 위해 증강 현실을 이용한 애플리케이션 개발」,『투어타임즈』, 2018.04.26.

32 「의정부시, AR-증강현실 게임을 적용 '모바일 스탬프 투어' 운영」,『보안뉴스』, 2018.07.05.

33 「증강현실로 만나는 '언양읍성'과 '서생포왜성'」,『보안뉴스』, 2018.08.21.

34 「세종-공주시, 관광 명소 통합 '앱' 개발 나서」,『디트뉴스』, 2018.11.21.

35 2018.12.06. Google Play Store 기준.

36 이진한,「고려시대 본품항두(本品行頭)」,『역사와현실』 54, 2004.

한국사 연구자 네트워크기반 역사지식 플랫폼의 구축 방안 | 곽금선
— 연구자간 소통 확대와 역사대중화를 위한 모색 —

1   박근혜 탄핵소추안이 가결된 4일 뒤인 2016년 12월 13일부터 문재인은 '대한민국 바로세우기 포럼'을 개최하여 새로운 정부의 정책기조를 모색하기 시작했다. 포럼은 이후에도 계속되었는데, 문재인은 각 포럼마다 기조연설을 했다.

2   〈문재인 페이스북〉, 2017.02.01.

3   『경향신문』, 2017.07.19, '[문재인 정부 100대 국정과제]4차 산업혁명 주도해 신성장동력 창출 및 경제성장 견인'.

4   〈대통령직속4차 산업혁명위원회 홈페이지〉(https://www.4th-ir.go.kr)

5   클라우스 슈밥, 송경진 옮김, 『클라우스 슈밥의 제4차 산업혁명』, 새로운 현재, 2016, 34쪽.

6   「정재승 "4차 산업혁명, 한국이 걱정」, 『사이언스타임즈』, 2016.10.14.

7   김현, 「문화콘텐츠, 정보기술 플랫폼, 그곳에서의 인문지식」, 『철학연구』 90, 2010, 71쪽.

8   김현, 앞의 논문, 76·77쪽.

9   이항우, 『클릭의 사회학』, 이매진, 2013, 158쪽.

10 〈위키피디아〉, '누피디아' 일본어 항목(https://ja.wikipedia.org/wiki/ヌ＿ペディア).

11 2000년 3월 샌저의 보고에 따르면 참가자의 25~40%(또는 35~56%)가 박사학위 소지자였다고 한다.

12 〈위키백과〉, '위키백과: 소개' 항목(https://ko.wikipedia.org/wiki/위키백과:소개).

13 〈위키백과〉, '위키백과: 다섯 원칙' 항목(https://ko.wikipedia.org/wiki/위키백과:다섯_원칙).

14 이항우, 앞의 책, 184·185쪽.

15 이항우, 앞의 책, 162쪽.

16 〈위키피디아〉, "Wikipedia Statistics (All languages)". (https://stats.wikimedia.org/EN/TablesWikipediaZZ.htm).

17 「위키피디아가 알려준 인공지능과의 공존법」, 『한겨레』, 2015.12.24.

18 부길만, 『출판기획물의 세계사』, 커뮤니케이션북스, 2013, 97~99쪽.

19 〈위키백과〉, 나무위키 항목. (https://ko.wikipedia.org/wiki/%EB%82%98%
EB%AC%B4%EC%9C%84%ED%82%A4)

20 「집단지성의 성채' 위키백과, '지식정보의 편향' 넘을 수 있을까」, 『한겨레』,
2019.01.05.

21 김창겸, 「『한국민족문화대백과사전』 웹서비스의 현황과 발전방안」, 『동양학』
54, 2013, 5쪽.

22 〈Encyves 위키〉, '데이터 기반 인문지식 백과사전' 항목(http://dh.aks.ac.kr/
Encyves/wiki/index.php?title=%EB%8D%B0%EC%9D%B4%ED%84%B0
_%EA%B8%B0%EB%B0%98_%EC%9D%B8%EB%AC%B8%EC%A7%80
%EC%8B%9D_%EB%B0%B1%EA%B3%BC%EC%82%AC%EC%A0%84
&oldid=104854)

23 〈위키백과〉, 독립협회 항목, 2006.02.12 기준.

24 〈위키백과〉, '독립협회' 항목, 2018.11.11 기준.

25 〈위키백과〉, '독립협회의 편집 역사'.

26 이러한 오류는 필자에 의해 2018년 12월 9일에 수정되었다.

27 〈Encyves 위키〉, '독립협회' 항목, 2019.03.13 기준.

28 김현 등은 디지털 인문학적인 연구가 무엇인가라는 질문에 "종래에 인간의 언
어로만 기술되었던 인문 지식의 요소들을 기계가독적(machine readable 데이
터로 전환하여, 컴퓨터가 그 정보의 해석을 도울 수 있게 하는 것"이라는 답변
을 내어놓고 있다. Encyves는 이러한 기계가독형 데이터의 구축이 파생하는 역
사연구 혹은 역사교육과의 연계 사례를 보여주고 있다고 생각한다(김현·안승
준·류인태, 「데이터 기반 인문학 연구 방법의 모색」, 『횡단인문학』 창간호,
2018, 20쪽).

29 〈위키백과〉, '묘청의 난' 항목, 2019.03.13 기준.

30 〈나무위키〉, '묘청' 항목, 2019.03.13 기준.

31 〈Encyves 위키〉, '묘청의 난' 항목, 2019.03.13 기준.

32 〈한국민족문화대백과사전〉, '묘청의 난'(http://encykorea.aks.ac.kr/Contents/
Item/E0018893).

33 〈위키백과〉, '임나일본부설' 항목, 2019.07.29 기준.

34 〈나무위키〉, '임나일본부설' 항목, 2019.07.30 기준.

35 〈Encyves 위키〉, '임나일본부설' 항목, 2019.07.30 기준.

36 〈한국민족문화대백과사전〉, '임나일본부설'(http://encykorea.aks.ac.kr/Contents/Item/E0047414)

37 김현·임영상·김바로 공저, 『디지털 인문학 입문』, HUEBOOKs, 2016, 164~165쪽.

▎ '4차 산업혁명'시대 '역사학의 대중화'를 위한 시론 | 김태현
　 — 팟캐스트: 만인만색 〈역사공작단〉을 중심으로 —

1 클라우스 슈밥·송건진 옮김, 「클라우스 슈밥의 제4차 산업혁명」, 새로운현재, 2016, 참조.

2 대통령 직속 4차 산업혁명위원회, 『제1기 4차 산업혁명위원회 회의 심의안건 추진현황』, 2018.09.27.
　 『4차 산업혁명위원회 심의·의결안건 추진현황』, 2019.07.04 참조.

3 역사연구자들의 '역사 대중화' 참여에 대한 문제의식은 이하나의 글을 참조할 것, 이하나는 역사연구자들이 역사영화를 매개로 관객이 현재의 문제에 더 적극적으로 참여할 수 있도록 자극과 계기를 마련할 필요성이 있다는 문제제기를 했다(이하나, 「역사영화를 매개로 한 역사비평의 가능성 역사대중화와 역사의 대중문화화 사이에서 역사연구자의 역할을 고민함」, 『사학연구』 121, 2016.

4 '역사학의 대중화'는 다음 세 가지를 원칙으로 한다. ①연구성과 반영, ②연구자가 직접 생산·유통에 관여, ③전문적인 사료 해석

5 김재원, 「소셜 미디어(Social Media)에서의 한국사 콘텐츠 생산과 판매-팟캐스트(Podcast)와 유튜브(YouTube)를 중심으로」, 『한국사연구』 183, 2018, 5쪽.
　 정다함, 「역사학은 어떻게 "예능"이 되었나 : 2000년대 이후 한국사의 대중화와 TV 미디어의 여러 문제들」, 『한국사연구』 183, 2018, 119쪽.

6 「아마추어가 쓴 전문서적 잇따른 베스트셀러로 "주목"」, 『한겨레』, 1993.08.05.
　 「베끼고 내용도 부실하고 '얼렁뚱땅' 大衆역사서 판친다」, 『동아일보』, 1999.08.21.
　 「역사를 가볍게만 볼건가」, 『한겨레』, 1997.04.29.

7 오항녕, 「역사대중화 역사학-역사의 향유와 모독사이」, 『역사와현실』 100, 2016, 110~114쪽.

8 '사이비역사학'은 종교나 이데올로기적 열망에 근거한, 주관적이고 닫혀 있는
   사고 체계의 산물로 학문의 범주에 포함시킬 수 없다(기경량 외 9인, 『욕망 너머
   의 한국고대사』, 서해문집, 2018, 5쪽).
   오항녕은 '사이비역사학'의 토양으로 해석을 역사학의 '본질'로 착각하는 전도,
   국사의 특권을 벗어나지 못하는 역사학의 편협성, '근대' 또는 '진보'를 자명한
   것을 받아들이는 목적론적 역사학의 안이함을 지적했다(오항녕, 「'사이비 역사
   학'의 평범성에 대하여」, 『역사학보』 241, 2019 참조).

9 오종록, 「역사학의 전문성과 대중성」, 『정신문화연구』 22, 1999.
   정병설, 「길 잃은 역사대중화 : 이덕일의 『사도세자의 고백』에 대한 비판」, 『역사
   비평』 94, 2011.
   오항녕, 앞의 논문.
   기경량 외 9인, 앞의 책.

10 설혜심, 「역사소비의 가능성 모색-교육현장에서」, 『역사와 문화』 11, 2006.

11 '역사 대중화'를 둘러싼 역사학계와 관련 종사자와의 토론 및 좌담은 지속적으
   로 이루어 졌다.
   임지현·육영수·최갑수, 「역사의 대중화, 대중의 역사화 : 시민사회의 역사학
   을 향하여」, 『중앙사론』 10-11, 1998.
   이이화·이덕일·윤관백·최세정·김용진·하원호, 「역사는 누가 읽는가?」, 『내
   일을 여는 역사』 50, 2013.
   도서를 통한 '역사학의 대중화'는
   김기덕, 「한국사의 대중화 경향과 과제-한국사 저작물을 중심으로-」, 『중앙사
   론』 10-11, 1998.
   백승종, 「성공적인 대중 역사서, 어떻게 쓸까?-하나의 역사적 성찰」, 『역사와
   현실』 76, 2010 등을 참조할 것.

12 관객 통계는 영화진흥위원회, http://www.kofic.or.kr/kofic/참조.

13 예를 들어 '연구자의 언어'와 '대중의 언어'의 간극을 줄이거나 학술적 용어를
   대중의 언어로 재구성하는 작업등을 의미한다(김재원, 앞의 논문, 26~31쪽).

14 한편 시대별로 역사 인물인식에 관한 담론과 소비양상을 테마로 한 한국역사
   연구회의 특집호는 앞으로 '역사 대중화' 연구의 중요한 부분이 될 것으로 보
   인다(김인호, 「정몽주 신화와와 역사소비」; 박경, 「신사임당 실재와 이미지 사
   이-해석된 이미지의 선택적 소비」; 한승훈, 「근대시기 명성황후에 관한 상반된
   인식과 담론형성」; 이주호, 「냉전기 김일성 개인숭배 비판과 북한사 인식-1970
   년대 미국인 방북기를 중심으로-」는 『역사와 현실』 111, 2019에 수록되어 있다).

15 인터넷을 기초로 한 스마트폰, 모바일웹, IPTV, 애플리케이션, 팟캐스트 등을 의미한다.

16 「강의실이 따로 없네…팟캐스트로 만나는 인문학 인기」, 『JTBC』, 2012.01.29.

17 한국미디어패널조사, 「2017년 한국미디어패널조사 결과 주요 내용」, 『정보통신정책연구원』 17, 2017.

18 크라우드 소싱은 'crowd'와 'outsourcing'의 합성으로 대중들의 참여를 통해 해결책을 찾는 방식이다(케빈 알로카·엄성수 역, 『유튜브 컬처』, 스타리치 북스 2018, 41쪽).

19 KBS 역사저널 그날 프로그램 정보(http://program.kbs.co.kr/1tv/culture/theday/pc/detail.html?smenu=c8e571)

20 국방TV 토크멘터리 전쟁史 프로그램 소개(http://tv.dema.mil.kr/web/home/warhistory/articleRead.do)

21 김기덕, 「전통 역사학의 응용적 측면의 새로운 흐름과 과제」, 『역사와현실』 58, 2005, 379쪽.

22 2019년 4월 24일 기준.

23 2019년 4월 24일 기준.

24 홍수민, 「'유튜브 공부족' 2명 중 1명 "학원·도서 활용도 줄었다"」, 『중앙일보』, 2018.11.05.

25 2019년 4월 24일 기준.

26 2019년 4월 24일 기준.

27 2019년 4월 24일 기준.

28 「[사설]공무원 한국사 과목 하루빨리 검정시험으로 대체해야」, 『법률신문』, 2018. 04.12.
「토론수업 확대 '물거품'…'문제풀이 교실'로 원위치 우려」, 『한겨레』, 2018.08. 20.

29 2018년 3월 기준 (스마트포스팅, 「오디오 콘텐츠 전성시대, 대한민국 팟캐스트 앱3대장 알아보기」, 2018.06.29).

30 「'청소년 역사인식 부재?'…"너희들 잘못이 아니야"」, [마부작침] '청소년 역사인식 부재?'」 『SBS뉴스』, 2016.08.31(https://news.sbs.co.kr/news/endPage.do?news_id=N1003758638&plink=COPYPASTE&cooper=SBSNEWSEND.

31 한국리서치, 「팟캐스트(Podcast)에 대하여 알고 싶은 두세 가지 것들」, 2018.

32 철학 전공자들이 운영하는 유튜브의 〈책이다〉는 구독자 2,394명, 총 조회수 104,688회로 철학자, 철학책 소개를 중심 콘텐츠로 한다.

33 메리 E 위스터 행크스·노영순 역, 『젠더의 역사』, 역사비평사, 2006 참조.

34 172화 여성 통치자1-왜..전 성골로 태어나지 못했을까요(재생 요청 수: 39,169), 173화 여성 통치자2-여왕에 대한 엇갈리는 평가(재생 요청 수: 21,912), 174화 여성 통치자3-공백의 역사, 천추태후(재생 요청 수:21,560), 175화 여성 통치자4-'요물'도 '여걸'도 아닌, 천추태후(재생 요청 수:16,792).

35 김헌주, 「드라마 〈미스터 션샤인〉의 애국서사 분석과 역사콘텐츠의 명과 암」, 『글로벌문화콘텐츠』 38, 2019.

36 최우석, 「재일유학생의 국내 3·1운동 참여―「양주흡 일기」를 중심으로―」, 『역사문제연구』 3, 2014.

37 김기덕·이병민은 역사학의 개입 수준은 전통역사학자, 디지털기술의 도움을 받는 역사학자, 디지털기술을 다루는 역사학자로 구분한다. 그중 디지털 기술의 도움을 받는 역사학자는 인문학 원천자료를 맥락·구조화하고 텍스트·이미지·GIS·교육정보 기반 콘텐츠·빅데이터 인포그래픽으로 시각화할 수 있는 수준을 의미한다 (김기덕·이병민, 「문화콘텐츠의 핵심 원천으로서의 역사학」, 『역사학보』 224, 2014, 436·437쪽).

빅데이터와 역사학 연구의 전망 | 문민기
― 한국근현대사 연구사례와 과제를 중심으로 ―

1 클라우스 슈밥, 『클라우스 슈밥의 제4차 산업혁명』, 새로운현재, 2016, 25쪽.

2 박병원, 「Introduction: 인공지능, 로봇, 빅데이터와 제4차 산업혁명」, 『Future Horizon』 28, 2016, 4쪽 ;
홍성욱, 「왜 '4차 산업혁명론'이 문제인가?」, 홍성욱 기획, 『4차 산업혁명이라는 유령』, 휴머니스트, 2017, 32쪽.

3 W. W. Rostow, 「한국과 제4차 산업혁명 : 1960~2000」, 『전경련』 1983-11, 47쪽.

4 클라우스 슈밥, 앞의 책, 12·13쪽.

5 클라우스 슈밥, 위의 책, 29~31쪽.

6 W. W. Rostow, 「한국과 제4차 산업혁명 : 1960~2000」, 『전경련』 1983-12, 50쪽.

7 역사학 분야와의 대표적인 접목사례로는 중국 역사 속의 인물들 전기(傳記)를 모아 방대한 데이터베이스로 전환시킨 하버드대학교의 CBDB 프로젝트(China Biographical Database Project)를 들 수 있다(https://projects.iq.harvard.edu/cbdb).

8 디지털 인문학의 개념 정의 및 국내 논의의 진행과정은 다음의 연구를 참고하였다.
최희수, 「디지털 인문학의 현황과 과제」, 『소통과 인문학』 13, 2011.
김현, 「디지털 인문학-인문학과 문화콘텐츠의 상생 구도에 관한 구상-」, 『인문콘텐츠』 29, 2013.
해외의 디지털 인문학 동향에 대해서는 다음의 연구를 참고하였다.
김바로, 「해외 디지털인문학 동향」, 『인문콘텐츠』 33, 2014.
김동윤, 「프랑스 '디지털 인문학'의 인문학적 맥락과 동향」, 『인문콘텐츠』 34, 2014.

9 사용자가 직접 제작하는 UCC를 비롯한 동영상 콘텐츠, 휴대전화와 SNS에서 생성되는 문자 등은 데이터의 증가 속도 뿐 아니라, 형태와 질에서도 기존과 다른 양상을 보이고 있다. 트위터에서만 하루 평균 1억 5500만 건이 생겨나고 유튜브의 하루 평균 동영상 재생건수는 40억회에 이른다(정용찬, 『빅데이터』, 커뮤니케이션북스, 2013, 2~3쪽). 씨게이트테크놀로지(Seagate Technology)는 IDC에 의뢰한 '데이터 에이지 2025(Data Age 2025)' 백서 발간을 알리며, 2025년에는 전 세계 데이터 총량이 현재보다 10배 늘어난 163제타바이트 규모에 달할 것이라고 밝혔다(〈2025년 전 세계 데이터 총량, 지금의 10배인 163ZB 규모〉, 《IT DAILY》, 2017년 4월 4일 (http://www.itdaily.kr/news/articleView.html?idxno= 82830)). 비유하자면 1제타바이트는 1000엑사바이트이고, 1엑사바이트는 미 의회도서관 인쇄물의 10만 배에 해당하는 정보량이다.

10 버나드 마, 『빅데이터 : 4차 산업혁명의 언어』, 학고재, 2017, 6쪽.

11 빅토르 마이어 쇤버거 · 케네스 쿠키어, 『빅 데이터가 만드는 세상』, 21세기북스, 2013, 17쪽.

12 버나드 마, 앞의 책, 7쪽.

13 정우진, 『빅데이터를 말하다』, 클라우드북스, 2013, 58~60쪽.

14 빅토르 마이어 쇤버거 · 케네스 쿠키어, 앞의 책, 18 · 19쪽.

15 손민선 · 문병순, 「빅데이터 시대의 한국 : 갈라파고스가 되지 않으려면」, 정우진, 앞의 책, 18~20쪽.

16 버나드 마, 앞의 책, 241~256쪽.

17 빅토르 마이어 쉰버거·케네스 쿠키어, 앞의 책, 139~145쪽.

18 정용찬, 앞의 책, 32쪽.

19 정용찬, 앞의 책, 42~49쪽.

20 윤철, 「빅데이터에 기반한 기록정보서비스의 방향」, 한신대학교 기록관리학 석사학위논문, 2013.
조병철·육현승, 「빅 데이터 시대 문화적 기억 보존소로서의 영상 아카이브의 역할」, 『디지털융복합연구』 12-2, 2014.
안대진·임진희, 「제4차 산업혁명 기술의 기록관리 적용 방안」, 『기록학연구』 54, 2017.
진주영, 「국가기록원 웹사이트의 빅 데이터 분석과 활용」, 명지대학교 기록관리전공 석사학위논문, 2018.

21 버나드 마, 앞의 책, 133쪽.

22 버나드 마, 앞의 책, 231~235쪽.

23 송주형, 「기록관리 대상으로서 SNS 연구」, 『기록학연구』 39, 2014, 103쪽.

24 네이버 뉴스 라이브러리(newslibrary.naver.com)

25 조선일보 DB조선(http://srchdb1.chosun.com/pdf/i_service/index.jsp)

26 송주형, 앞의 논문, 122·123쪽.

27 주로 분석한 정치커뮤니티는 노무현 전 대통령의 죽음을 계기로 만들어진 이해찬(대장부엉이), 유시민(시미니즘), 안희정(아나요)의 지지자들이 모인 커뮤니티이다. 박창식, 「정치적 소통의 새로운 전망 : 20~30대 여성들의 온라인 정치커뮤니티를 중심으로」, 광운대학교 신문방송학과 박사학위논문, 2010.

28 박가분, 『일베의 사상』, 오월의봄, 2013 .
『혐오의 미러링 : 혐오의 시대와 메갈리아 신드롬 바로보기』, 바다출판사, 2016.

29 한윤형, 「한국 좌우파 투쟁의 흐름 속에서 '일베'를 바라보다 : '일베'는 기존의 좌우파와 어떻게 닮았고, 또 다른가」, 『진보평론』 57, 2013.
윤보라, 「일베와 여성 혐오 : "일베는 어디에나 있고 어디에도 없다"」, 『진보평론』 57, 2013.
김학준, 「인터넷 커뮤니티 '일베저장소'에서 나타나는 혐오와 열광의 감정동학」, 서울대학교 사회학과 석사학위논문, 2014.

30 류철균·이주희, 「트위터를 통한 선거 후보자의 스토리텔링 분석 : 4·27 재·보궐 선거기간의 최문순·엄기영 후보의 트윗을 중심으로」, 『인문콘텐츠』 23, 2011.

장덕진, 「트위터 공간의 한국 정치 : 정치인 네트워크와 유권자 네트워크」, 『언론정보연구』 48-2, 2011.

홍주현·이창현, 「트위터에서 형성된 정치적 의견 분석을 통한 분화된 공중 연구 : 10·26 서울시장 재보궐 선거를 중심으로」, 『한국언론정보학보』 59, 2012.

박지원·박한우, 「페이스북 팬페이지의 동시댓글 데이터를 이용한 네트워크 분석 : 대구·경북 유력 후보자를 중심으로」, 『Journal of the Korean Data Analysis Society』 16-6, 2014.

박지영·박한우, 「의미망 분석을 통한 페이스북 대중여론의 역동성 분석 : 서울 교육감 선거를 중심으로」, 『Journal of the Korean Data Analysis Society』 17-3, 2015.

31 장덕진은 2010년 9월 30일 기준으로 트위터 계정을 갖고 있는 145명의 정치인 계정과 2010년 8월 1일부터 9월 30일까지 수집된 1,113,365개의 한국인 계정 및 동 계정에서 작성된 77,425,090개의 트윗을 분석하여 연구를 진행하였다(장덕진, 앞의 논문, 81·82쪽).

32 정병욱, 『식민지 불온열전 : 미친 생각이 뱃속에서 나온다』, 역사비평사, 2013 ; 「1919년 삼일운동과 일기 자료」, 『한국사학보』 73, 2018.

33 정병욱·이타가키 류타 편, 『일기를 통해 본 전통과 근대, 식민지와 국가』, 소명출판, 2013.
이 연구서의 뒤에는 활용할 수 있는 [근현대 일기 자료·연구 목록]이 수록되어 있다.

34 안혜경, 「'평택일기'를 통해 본 일생의례와 속신」, 『실천민속학연구』 18, 2011.
김영미, 「『평택대곡일기』를 통해서 본 1960~70년대 초 농촌마을의 공론장, 동회와 마실방」, 『한국사연구』 161, 2013.
양윤주, 「1960~70년대 농민의 일상생활과 정체성의 변화 : 농민 일기 자료를 중심으로」, 국민대학교 국사학과 석사학위논문, 2017.

35 세계에서 한 달에 유튜브를 보는 인구는 18억명에 이르며, 이들의 유튜브 시청량은 매일 10억 시간이 넘는다. 그리고 1분당 업로드 되는 유튜브 영상은 400 시간을 훨씬 웃돌고 있다. 필요한 정보를 포털사이트가 아닌 유튜브에서 검색하는 인구가 점차 증가하고 있다. 「전 세계서 18억명 시청 '유튜브 제국' 포털 꺾고 온라인 제패 '손안의 TV'」, 《MK News》 2018. 6. 22. (http://news.mk.co.kr/newsRead.php?year=2018&no=393811)

36 코퍼스(corpus)는 언어 연구의 대상이 되는 텍스트들의 집합을 의미하며, 우리 말로는 '말뭉치', '말모둠' 등의 용어가 사용되고 있다. 가장 광범위한 의미로

사용되는 코퍼스란 어떤 종류와 형식의 것이든지 글 또는 말 텍스트를 모아 놓은 것이다. 좁게는 컴퓨터를 이용한 언어 연구 대상으로 구축된 전자 형태의 텍스트 집합을 의미한다(강범모, 『언어, 컴퓨터, 코퍼스 언어학』, 고려대학교 출판부, 2003, 17~19쪽).

37　'물결21'은 국내의 대표적 신문사인 『조선일보』, 『동아일보』, 『중앙일보』, 『한겨레신문』 네 곳으로부터 2000년 이후 기사를 일괄 제공받고, 매년 상반기 전년도 기사를 제공받아 이를 정제 가공하여 축적하는 방식으로 구축작업을 진행해왔다. '물결21'은 전체 약 257만 건의 기사, 연평균 18만 건의 기사로 구성되어 있으며, 누적 어절 수는 6억 어절에 이른다.

　　김일환 외, 『키워드, 공기어, 그리고 네트워크 : 신문 빅데이터가 보여주는 것』, 소명출판, 2017, 57·58쪽.

38　허수, 「네트워크 분석을 통해 본 1980년대 '민중'―『동아일보』의 용례를 중심으로―」, 『개념과 소통』 18, 2016.

39　버나드 마, 앞의 책, 287쪽.

40　빅토르 마이어 쇤버거·케네스 쿠키어, 앞의 책, 146·147쪽.

41　김인혜·여정성, 「빅데이터 환경에서의 개인정보 활용에 대한 소비자인식」, 『소비자학연구』 28-6, 2017, 145쪽.

42　송주형, 앞의 논문, 111쪽.

43　맥스 테그마크, 『맥스 테그마크의 라이프 3.0』, 동아시아, 2017, 81쪽.

44　이정엽, 「AI를 통한 글쓰기와 작가의 운명―「コンピュータが小説を書く日」을 중심으로―」, 『현대소설연구』 68, 2017, 105쪽.

45　버나드 마, 앞의 책, 153~159쪽.

46　이정엽, 앞의 논문, 106·107쪽.

47　프로젝트의 총괄 책임자인 하고다테미래대의 마쓰바라 히토시 교수는 "드디어 소설다운 형태로 응모하는 데까지는 왔지만, 현시점에서 기여도를 말한다면 AI가 20%, 인간은 80%라고 볼 수 있다. 하지만 2년 뒤에는 인공지능이 완벽하게 소설을 쓸 수 있게 하겠다"고 밝혔다. 사토 사토시 교수는 "현재의 기술로 만든 소설은 컴퓨터가 100% 썼다고 해도 상관없지만, 인간이 전부 썼다는 말도 맞다"고 밝혔다(「소설 쓰는 알파고는 없었다」, 《한겨레》 2016.06.26; http://www.hani.co.kr/arti/science/science_general/749770. html).

48　이정엽, 앞의 논문, 127쪽.

49 포이케르트가 사용한 Betroffenheit를 상심으로 번역하면서, 역자인 김학이는
  역주를 통해 다음과 같이 부연하고 있다. "나치즘이라는 역사적 과거를 작업 및
  극복하고자 했던 독일의 역사가들이 그를 위한 가장 중요한 기제로 내세운 것
  이 바로 상심, 즉 나치즘이라는 과거를 바라보는 개인이 그 과거에 가슴 아파
  하는 것이다. 상심은 과거에 대한 망각과 미화를 막아주고, 그 과거의 피해자들
  과 화해하게 해주며, 그 과거의 가해자들을 용서하게 해주는 것이다."(데틀레
  프 포이케르트, 『나치 시대의 일상사』, 개마고원, 2003, 14쪽).

50 데틀레프 포이케르트, 앞의 책, 13·14쪽.

51 이영남, 『푸코에게 역사의 문법을 배우다』, 푸른역사, 2007, 100~103쪽.

> 고려시대 사료 서비스의 현황과 새로운 방향성 | 박수찬
> ─ 외국 사례의 분석과 활용 ─

단행본

김성칠, 『역사 앞에서 ─ 한 역사학자의 6.25 일기 -』, 창작과 비평사, 1997.

논문

李南姬, 「『高麗史』 디지털화의 방향과 과제」, 『淸溪史學』 18, 2003.

朴晉勳, 「고려시대 문헌자료 정보화 사업 현황 및 이용실태와 효과적인 활용방
안」, 『한국중세사연구』 30, 2011.

崔永好, 「고려시대 대장경문집고문서 자료의 정보화 현황과 전산화 방안」, 『한국
중세사연구』 30, 2011.

洪榮義, 「한국역사상 고·중세 島嶼(곰) 관련 기초자료 DB 구축과 활용-도서(섬)
역사문화·지리학을 통한 해양권역 연구 활성화-」, 『한국학논총』 46, 2016.

Greg Newby, 「Forty-Five Years of Digitizing eBooks: Project Gutenberg's
Practices」, 『제15회 한국문학 번역출판 국제워크샵 한국 고전문학의 가치
와 공유』, 한국문학번역원, 2016.

Donald Sturgeon, Digital Research Tools for Pre-modern Chinese Texts」,
『Digital China Initiative Workshop Sereis』, fairbank Center for Chinese
Studies·Harvard University, 2017.

송용덕, 「국사편찬위원회 고려시대 사료 정보화 현황과 과제」, 『고려건국 1,100주
년 기념 제53회 국사편찬위원회 한국사 학술회의 경계를 넘어 새로운 길
로』, 국사편찬위원회, 2018.

홍영의, 「한국 섬과 연안의 문헌자료 데이터(DB)의 구축과 활용 전망」, 『한국학논
총』 50, 2018.

웹사이트

고려사 연구(http://www.khistory.org/hj/index.do)
고려시대 史料(DATABASE http://db.history.go.kr/KOREA/)
국역 고려사(https://terms.naver.com/list.nhn?cid=62131&categoryId=62131)
한국고전종합DB(http://db.itkc.or.kr/)
Chinese Text Project(http://ctext.org)
Project Gutenberg(http://www.gutenberg.org)

'4차 산업혁명' 시대에 인공지능을 통한
고전문헌 사료 번역과 역사학의 미래 | 홍근혜

단행본

클라우스 슈밥 저, 송경진 역, 『클라우스 슈밥의 4차 산업혁명』, 새로운현재, 2016.
김소영 외, 『4차 산업혁명이라는 유령』, Humanist, 2017.
맥스 테그마크, 역자 백우진, 『맥스 테그마크의 라이프 3.0』, 동아시아, 2017.
과학기술정보통신부·한국정보화진흥원, 『2018년도 ICT기반 공공서비스 촉진 사
      업 설명회 자료집』, 2018.
한국고전번역원, 『2018 년도 ICT기반 공공서비스 촉진사업 설명회』, 2018.

논문

서한석, 「의궤 번역의 현황과 번역 방안 연구」, 『민족문화』 42, 2013.
이현진, 「의궤 번역의 難題 - '凶禮' 관련 의궤를 중심으로」, 『고전번역연구』 5.
      2014.
신지선·김은미, 「인공지능 번역 시스템의 출현에 대한 소고」, 『번역학연구』 18-5,
      2017.
마승혜, 「기계화되기 어려운 인간 능력과 문학번역 능력 비교·고찰 및 논의」, 『통
      번역학연구』 21-3, 2017.
이승일, 「AI번역의 속성 및 번역주체에 대한 논의」, 『통번역학연구』 22-4, 2018.

강병규·이지은, 「신경망 기계번역의 작동 원리와 번역의 정확률―중한 번역을 실
　　례로―」, 『중어중문학』 73. 2018.
서보현·김순영, 「기계번역 결과물의 오류유형 고찰」, 『번역학 연구』 19-1, 2018.
남철진, 「중한 번역을 통해 본 구글번역(GNMT)의 문제」, 『중국과 중국학』 34,
　　2018.
권도경 외, 「2018년 인공지능번역기의 중한 번역 현황―구글과 파파고 번역을 중
　　심으로―」, 『한국중어중문학회 학술대회』, 2018.

신문기사

김범수, 「구글 번역 최고담당자의 예상 밖 답변 "번역기가 인간을 완전 대체하는
　　시점은 오지 않을 수도"」, 『조선비즈』, 2017.09.26.
한국정보화진흥원, 「고전문헌 자동번역 시스템 보도자료」, 2017.12.20.
이기범, 「시스트란, 인공지능 고전문헌 자동 번역 시스템 구축」, 『BLOTER』, 2018.
　　01.22.
유성민, 「기계번역 어디까지 진화했나?」, 『ScienceTimes』, 2018.10.11.
조승래, 「국정감사 보도자료」, 2018.10.12.

'4차 산업혁명'의 첨단 기술과 한국 고대사 | 임동민
― 목간의 인공지능 판독과 고대사 유적의 VR·AR 복원을 중심으로 ―

단행본

미야 이타루, 임병덕 옮김, 『목간과 죽간으로 본 중국 고대 문화사』, 사계절, 2005.
윤선태, 목간이 들려주는 백제 이야기』, 주류성, 2007.
國立奈良文化財研究所(改訂新版), 『日本古代木簡字典』, 國立奈良文化財研究所,
　　2013.
안양시·한울문화재연구원, 『安養寺址―안양 구 유유부지 발굴조사―』, 새한문화
　　사, 2013.
클라우스 슈밥, 송경진 옮김, 『클라우스 슈밥의 제4차 산업혁명』, 새로운 현재, 2016.
김성필, 『딥러닝 첫걸음』, 한빛미디어, 2016.

사토 마코토, 송완범 옮김, 『목간에 비친 고대 일본의 서울, 헤이조쿄』, 성균관대학
　교 출판부, 2017.
타리크 라사드, 송교석 옮김, 『신경망 첫걸음』, 한빛미디어, 2017.

논문

오성환·김기덕, 「증강현실(AR) 기술을 이용한 덕수궁 관광안내서비스 구축방안
　연구」, 『문화재』 46-2. 2013.
김은석·우운택, 「유적지 투어 지원을 위한 증강 현실기반 프레임워크」, 『한국HCI
　학회 논문지』 10-2, 2015.
박진호·김상헌, 「황룡사 디지털 복원형 가상현실(假想現實) 콘텐츠 개발 및 활용방
　안 연구」, 『글로벌문화콘텐츠학회 동계학술대회』, 2016.
奈良文化財硏究所·東京大學史料編纂所, 「木簡·くずし字解讀システム―
　MOJIZO― 門家でも解讀できない 2 割に挑戰」, 2016.
M. Canciani, E. Conigliaro b, M. Del Grasso c, P. Papalini d, M. Saccone
"3D Survey and Augmented Reality for Cultural Heritage. The Case Study of
　Aurelian Wall at Castra Praetoria in Rome", The International Archives
　of the Photogrammetry XXIII ISPRS Congress, XLI-B5(The International
　Archives of the Photogrammetry)(2016).
최희수, 「체험형 역사콘텐츠와 한국고대사」, 『한국고대사연구』 84, 2016.
양정석, 「한국의 문화유적 VR복원의 추이」, 『선사와 고대』 53, 2017.
박진호·김상헌, 「가상현실 기술을 이용한 고구려 고분벽화 VR콘텐츠 개 발과 의
　미」, 『한국콘텐츠학회 2017 춘계종합학술대회』, 2017.
최희수·김상헌, 「역사교육을 위한 메타버스 콘텐츠 연구」, 『글로벌문화 콘텐츠』
　26, 2017.
박진호·김상헌, 「경기도 전곡선사박물관 인류의 진화 가상현실 콘텐츠 개발」, 『글
　로벌문화콘텐츠학회 하계학술대회』, 2018.
이종욱·박현아·박강아, 「지역 문화유산을 활용한 증강현실 기반 관광 콘텐츠 개
　발」, 『한국콘텐츠학회논문지』 18, 2018.
강병길·이완복·유석호, 「휴대용 가상현실 안경을 접목한 백제문화 관광 콘텐츠
　개발」, 『한국융합학회논문지』 9, 2018.

웹사이트

畫像準備マニュアル PDF 자료(http://mojizo.nabunken.go.jp/)

신문기사

경기도 교육청 보도자료, 「360°VR 체험으로 경기도 문화유산 수업 해요!」, 2019.
05.01.

▌ 문화유산 정보 제공의 현황과 정보의 '연결' | 홍민호

단행본

문화재청, 『문화재안내판 가이드라인 및 개선 사례집』, 문화재청, 2009.
문화재청, 『문화재 안내표기(설명문 등) 및 체계 개선 방안 연구결과 보고서』, 2014.
김지학, 『국민의 여행지 선택 이유와 만족도 분석 연구』, 한국문화관광연구원, 2018.
문화재청, 『통계로 보는 문화유산 2017』, 문화재청, 2018.

논문

이진한, 「고려시대 본품항두(本品行頭)」, 『역사와현실』 54, 2004.
鄭娟, 「고등학교 세계사 교과서의 독해 난이도 : 일반 어휘의 난이도 측면에서」,
    『歷史敎育』 92, 2004.
연상호·이영욱·김주일, 「지역공간영상을 이용한 문화재 안내시스템구축 방안」,
    『한국콘텐츠학회 종합학술대회 논문집』 3, 2005.
최일선·정회경, 「XML 및 모바일 RFID 기반의 문화재 안내 시스템」, 『한국멀티 미
    디어학회지』 10, 2006.
최영환·이상용, 「유비쿼터스 환경에서 문화재정보의 효율적인 서비스를 위한 모
    바일 기반 RFID 시스템」, 『한국컴퓨터게임학회논문지』 8, 2006.
John Fredette·Revital Marom·Kurt Steinert·Louis Witters, "The Promise and
    Peril of Hyperconnectivity for Organizations and Societies", 『Global

Information Technology Report』, World Economic Forum, 2012.
오성환·김기덕, 「증강현실(AR) 기술을 이용한 덕수궁 관광안내서비스 구축방 안 연구」, 『문화재』 제46권(제2호), 국립문화재연구소, 2013.
金秀美, 「고등학교 역사학습 부진학생의 문항 풀이 과정 분석」, 『歷史敎育』 136, 2015.

웹사이트

대통령 직속 4차 산업혁명위원회 홈페이지(https://www.4th-ir.go.kr/참조).
인터넷 서점 알라딘(https://www.aladin.co.kr/).

신문기사

「정부 "4차 산업혁명 선도로 2030년 460조 경제효과 창출"」, 『연합뉴스』, 2017. 10.11.
「'앞산' 역사·문화·생태, 증강현실로 본다」, 『경북매일』, 2018.04.04.
「신안군, 관광객 편의를 위해 증강 현실을 이용한 애플리케이션 개발」, 『투어타 임즈』, 2018. 04.26.
「장성군, 인기 관광지 10곳 AR(증강현실) 프로그램 구축」, 『아시아경제』, 2018. 06.18.
「한국, 인터넷 사용률·스마트폰 보급률 '세계 1위'」, 『데일리 한국』, 2018.06.24.
「의정부시, AR-증강현실 게임을 적용 '모바일 스탬프 투어' 운영」, 『보안뉴스』, 2018. 07.05.
「증강현실로 만나는 '언양읍성'과 '서생포왜성'」, 『보안뉴스』. 2018.08.21.
「[현장에선] '불친절' 문화재 안내판 어찌할까」, 『세계일보』, 2018.08.23.
「올해 스마트폰 사용자 30억명 도달」, 『연합뉴스』, 2018.09.12.
「직장인 51% "노동시간 단축으로 실제 여가 증가"」, 『연합뉴스』, 2018.10.05.
「이상헌 의원 "전국 문화재 안내판 오류시정 기간, 평균 89일 넘어"」, 『울산종 합일보』, 2018.10.17.
「성인 10중 8명, 블로그 통해 여행 정보 수집」, 『투어코리아』, 2018.10.22.
「증강현실로 즐기는 경주…'스마트 탐방 앱' 배포」, 『연합뉴스』, 2018.11.04.
「세종-공주시, 관광 명소 통합 '앱' 개발 나서」, 『디트뉴스』, 2018.11.21.

단행본

이항우, 『클릭의 사회학』, 이매진, 2013.
부길만, 『출판기획물의 세계사』, 커뮤니케이션북스, 2013.
클라우스 슈밥, 송경진 옮김, 『클라우스 슈밥의 제4차 산업혁명』, 새로운 현재,
2016.
김현·임영상·김바로 공저, 『디지털 인문학 입문』, HUEBOOKs, 2016.

논문

김현, 「문화콘텐츠, 정보기술 플랫폼, 그곳에서의 인문지식」, 『철학연구』 90, 2010.
김창겸, 「『한국민족문화대백과사전』 웹서비스의 현황과 발전방안」, 『동양학』 54,
2013.

웹사이트

대통령직속4차 산업혁명위원회 홈페이지(https://www.4th-ir.go.kr)
위키디피아(https://ja.wikipedia.org/wiki/)
한국민족문화대백과사전(http://encykorea.aks.ac.kr)

신문기사

「위키피디아가 알려준 인공지능과의 공존법」, 『한겨레』, 2015.12.24.
「정재승 "4차 산업혁명, 한국이 걱정」, 『사이언스타임즈』, 2016.10.14.
「[문제인 정부 100대 국정과제]4차 산업혁명 주도해 신성장동력 창출 및 경제성장
견인'」, 『경향신문』, 2017.07.19.
「'집단지성의 성채' 위키백과, '지식정보의 편향' 넘을 수 있을까」, 『한겨레』, 2019.
01.05.

단행본

메리 E 위스터 행크스· 노영순 역, 『젠더의 역사』, 역사비평사, 2006.
Dursun Delen ·허선,신동민 옮김, 『데이터마이닝 : 데이터를 정보로, 정보를 지식
　　　　으로 변환』, 시그마프레스, 2016.
기경량 외 9인, 『욕망 너머의 한국고대사』, 서해문집, 2018.
케빈 알로카· 엄성수, 『유튜브 컬처』, 스타리치 북스 2018.

논문

김기덕, 「한국사의 대중화 경향과 과제-한국사 저작물을 중심으로-」, 『중앙사론』,
　　　　10-11, 1998.
임지현·육영수·최갑수, 「역사의 대중화, 대중의 역사화 : 시민사회의 역사학을 향
　　　　하여」, 『중앙사론』 10-11, 1998.
김기덕, 「콘텐츠의 개념과 인문콘텐츠」, 『인문콘텐츠』 1, 2002.
설혜심, 「역사소비의 가능성 모색-교육현장에서」, 『역사와 문화』 11, 2006.
김정기·김달환, 「대학생 이용자의 댓글 읽기와 쓰기 동기 및 만족감」, 『사이버커
　　　　뮤니케이션학보』 25, 2008.
백승종, 「성공적인 대중 역사서, 어떻게 쓸까?-하나의 역사적 성찰」, 『역사와현실』
　　　　76, 2010.
이이화·이덕일·운관백·최세정·김용진·하원호, 「역사는 누가 읽는가?」, 『내일을
　　　　여는 역사』 50, 2013.
김기덕·이병민, 「문화콘텐츠의 핵심 원천으로서의 역사학」, 『역사학보』 224, 2014.
최우석, 「재일유학생의 국내3·1운동 참여-「양주흡 일기」를 중심으로-」, 『역사문
　　　　제연구』 3, 2014.
이하나, 「역사영화를 매개로 한 역사비평의 가능성 역사대중화와 역사의 대중문
　　　　화화 사이에서 역사연구자의 역할을 고민함」, 『사학연구』 121, 2016.
한국미디어패널조사, 「2017년 한국미디어패널조사 결과 주요 내용」, 『정보통신정
　　　　책연구원』 17, 2017.

김재원, 「소셜 미디어(Social Media)에서의 한국사 콘텐츠 생산과 판매-팟캐스트 (Podcast)와 유튜브(YouTube)를 중심으로」, 『한국사연구』 183, 2018.
정다함, 「역사학은 어떻게 "예능"이 되었나 : 2000년대 이후 한국사의 대중화와 TV 미디어의 여러 문제들」, 『한국사연구』 183, 2018.
한국리서치, 「팟캐스트(Podcast)에 대하여 알고 싶은 두세 가지 것들」, 2018.
한국문화관광연구원, 「2018 인문정신문화 실태조사」, 2018.
김헌주, 「드라마 〈미스터 션샤인〉의 애국서사 분석과 역사콘텐츠의 명과 암」, 『글 로벌문화콘텐츠』 38, 2019.

웹사이트

영화진흥위원회(http://www.kofic.or.kr/kofic/).
팟빵 크리에이티브 스튜디오(http://www.podbbang.com/creatorstudio/).
SBS뉴스(https://news.sbs.co.kr/news/endPage.do?news_id=N1003758638&plink =COPYPASTE&cooper=SBSNEWSEND).

신문기사

「강의실이 따로 없네…팟캐스트로 만나는 인문학 인기」, 『JTBC』, 2012.01.29.
「공무원 한국사 과목 하루빨리 검정시험으로 대체해야」, 『법률신문』, 2018.04.12.
「토론수업 확대 '물거품'…'문제풀이 교실'로 원위치 우려」, 『한겨레』, 2018.08.20.
「홍수민, 「'유튜브 공부족' 2명 중 1명 "학원·도서 활용도 줄었다"」, 『중앙일보』, 2018.11.05.

빅데이터와 역사학 연구의 전망 | 문민기
— 한국근현대사 연구사례와 과제를 중심으로 —

단행본

강범모, 『언어, 컴퓨터, 코퍼스 언어학』, 고려대학교 출판부, 2003.
데틀레프 포이케르트, 『나치 시대의 일상사』, 개마고원, 2003.

이영남, 『푸코에게 역사의 문법을 배우다』, 푸른역사, 2007.

박가분, 『일베의 사상』, 오월의봄, 2013.

빅토르 마이어 쉔버거·케네스 쿠키어, 『빅 데이터가 만드는 세상』, 21세기북스, 2013.

정용찬, 『빅데이터』, 커뮤니케이션북스, 2013.

정우진, 『빅데이터를 말하다』, 클라우드북스, 2013.

정병욱, 『식민지 불온열전 : 미친 생각이 뱃속에서 나온다』, 역사비평사, 2013.

정병욱·이타가키 류타 편, 『일기를 통해 본 전통과 근대, 식민지와 국가』, 소명출판, 2013.

박원익, 『혐오의 미러링 : 혐오의 시대와 메갈리아 신드롬 바로보기』, 바다출판사, 2016.

클라우스 슈밥, 『클라우스 슈밥의 제4차 산업혁명』, 새로운현재, 2016.

버나드 마, 『빅데이터 : 4차 산업혁명의 언어』, 학고재, 2017.

홍성욱 기획, 『4차 산업혁명이라는 유령』, 휴머니스트, 2017.

김일환 외, 『키워드, 공기어, 그리고 네트워크 : 신문 빅데이터가 보여주는 것』, 소명출판, 2017.

논문

박창식, 『정치적 소통의 새로운 전망 : 20~30대 여성들의 온라인 정치커뮤니티를 중심으로』, 광운대학교 신문방송학과 박사학위논문, 2010.

류철균·이주희, 「트위터를 통한 선거 후보자의 스토리텔링 분석 : 4·27 재·보궐 선거기간의 최문순·엄기영 후보의 트윗을 중심으로」, 『인문콘텐츠』 23, 2011.

최희수, 「디지털 인문학의 현황과 과제」, 『소통과 인문학』 13, 2011.

장덕진, 「트위터 공간의 한국 정치 : 정치인 네트워크와 유권자 네트워크」, 『언론정보연구』 48-2, 2011.

안혜경, 「'평택일기'를 통해 본 일생의례와 속신」, 『실천민속학연구』 18, 2011.

홍주현·이창현, 「트위터에서 형성된 정치적 의견 분석을 통한 분화된 공중 연구 : 10·26 서울시장 재보궐 선거를 중심으로」, 『한국언론정보학보』 59, 2012.

김영미, 「『평택대곡일기』를 통해서 본 1960~70년대 초 농촌마을의 공론장, 동회와 마실방」, 『한국사연구』 161, 2013.

김현, 「디지털 인문학-인문학과 문화콘텐츠의 상생 구도에 관한 구상-」, 『인문콘텐츠』 29, 2013.

윤보라, 「일베와 여성 혐오 : "일베는 어디에나 있고 어디에도 없다"」, 『진보평론』
57, 2013.

윤철, 「빅데이터에 기반한 기록정보서비스의 방향」, 한신대학교 기록관리학 석사
학위논문, 2013.

한윤형, 「한국 좌우파 투쟁의 흐름 속에서 '일베'를 바라보다 : '일베'는 기존의 좌
우파와 어떻게 닮았고, 또 다른가」, 『진보평론』 57, 2013.

기타·잡지

W. W. Rostow, 「한국과 제4차 산업혁명 : 1960~2000」, 『전경련』 1983.11.

W. W. Rostow, 「한국과 제4차 산업혁명 : 1960~2000」, 『전경련』 1983.12.

4차 산업혁명과 한국사 연구

4차 산업혁명과 한국사 연구

편자 및 집필자 소개(편자와 수록순)

이진한 고려대 한국사학과 교수
박수찬 고려대 대학원 한국사 전공 박사과정 수료
홍근혜 인천대학교 역사교육과 직원
임동민 안양시청 학예사
홍민호 고려대 대학원 한국사 전공 석사과정 수료
곽금선 일본 게이오 대학 방문연구원
문민기 일본 도시샤대 객원연구원
김태현 역사문제연구소 연구원

4차 산업혁명과 한국사 연구

2019년 10월 18일 초판 인쇄 | 2019년 10월 25일 초판 발행

저   자 고려대학교 한국사연구소
편   자 이진한
펴 낸 이 한정희

편 집 부 김지선 한명진 유지혜 박지현 한주연
마 케 팅 전병관 유인순 하재일

펴 낸 곳 역사인
출판신고 제406-2010-000060호

주   소 경기도 파주시 회동길 445-1 경인빌딩 B동 4층
대표전화 031-955-9300 | 팩스 031-955-9310
홈페이지 www.kyunginp.co.kr | 이메일 kyungin@kyunginp.co.kr

ISBN 979-11-86828-18-2 03910
값 20,000원

역사인은 경인문화사의 자매 브랜드입니다.